W0314023

HARRAP'S

Verbes espagnols

HARRAP

© Éditions Larousse, 2012
21, rue du Montparnasse
75283 Paris Cedex 06, France

HARRAP's® est une marque de Larousse SAS
www.harrap.com

ISBN 978 2 81 870039 6

Directeur de projet : Georges Pilard
Avec : Nadia Cornuau, Laurence Larroche
Direction éditoriale : Anna Stevenson
Prépresse : Nicolas Echallier
Maquette : Chambers Harrap Publishers Ltd, Edinburgh

Toute représentation ou reproduction, intégrale ou partielle, faite sans le consentement de l'auteur, ou de ses ayants-droit, ou ayants-cause, est illicite (article L. 122-4 du Code de la Propriété Intellectuelle). Cette représentation ou reproduction, par quelque procédé que ce soit, constituerait une contrefaçon sanctionnée par l'article L. 335-2 du Code de la Propriété Intellectuelle.

Les termes considérés comme des marques déposées sont signalés dans cet ouvrage par ®. Cependant la présence ou l'absence de ce symbole ne constitue nullement une indication quant à la valeur juridique de ces termes.

Imprimé en Italie par LegoPrint
Dépôt légal : janvier 2009
306120-03/11031224 – mai 2015

Préface

Cet ouvrage a pour but de donner à l'utilisateur la possibilité de consulter rapidement la conjugaison des verbes espagnols. Facile d'utilisation, il est destiné à tous ceux qui souhaitent maîtriser les temps verbaux espagnols et les irrégularités des verbes.

L'introduction vous permettra d'apprendre ou de réviser les bases de la conjugaison espagnole. Vous y trouverez des explications claires sur les principaux emplois des temps avec des exemples et leur traduction, un tableau de concordance des temps pour l'utilisation du subjonctif, ainsi qu'un verbe à la voix passive conjugué à tous les temps. Une section est également consacrée aux différences d'emploi entre **ser** et **estar**. Enfin, les principales irrégularités des verbes sont expliquées de façon claire et précise afin de faciliter l'apprentissage des difficultés récurrentes.

L'ouvrage comprend en tout 212 verbes classés par ordre alphabétique et conjugués à tous les temps. La couleur bleue est utilisée dans les tableaux de conjugaison afin de pouvoir repérer facilement les irrégularités et les modifications orthographiques auxquelles il convient de faire attention. L'index à la fin de l'ouvrage contient une liste de verbes dont chacun renvoie à un tableau de conjugaison d'un verbe se construisant sur le même modèle.

TABLE DES MATIÈRES

INTRODUCTION

A LES GROUPES DE VERBES

Il existe trois groupes de verbes en espagnol. La terminaison du verbe à l'infinitif indique le type de conjugaison.

- Tous les verbes se terminant en -ar appartiennent au premier groupe, hablar par exemple.
- Tous les verbes se terminant en -er appartiennent au deuxième groupe, comer par exemple.
- Tous les verbes se terminant en -ir appartiennent au troisième groupe, vivir par exemple.

Tous les verbes réguliers suivent le modèle d'un de ces types de conjugaison. Vous trouverez le modèle de conjugaison de ces verbes et celui d'un grand nombre de verbes irréguliers dans les tableaux de conjugaison de cet ouvrage.

B L'EMPLOI DES TEMPS

Les temps se forment en ajoutant différentes terminaisons à la racine du verbe (c'est-à-dire le verbe sans -ar, -er ou -ir).

La section suivante donne des explications accompagnées d'exemples sur l'usage des différents temps et modes qui apparaissent dans les tableaux de conjugaison de cet ouvrage, ainsi que, de manière plus générale, sur la façon de rendre en espagnol les diverses modalités du présent, du passé et du futur.

1 On emploie le PRÉSENT :

i) pour exprimer un état présent ou un fait du moment présent :

estoy enfermo
je suis malade

vivo en Burdeos
je vis à Bordeaux

ii) pour exprimer des affirmations d'ordre général ou des vérités universelles :

la vida **es** dura *la vie est dure*	el tiempo **es** oro *le temps, c'est de l'argent*

iii) pour exprimer un futur lorsqu'il y a une intention ferme de la part du locuteur :

vuelvo ahora mismo *j'arrive tout de suite*	mañana mismo lo **termino** *je terminerai demain*

Le PRÉSENT PROGRESSIF d'un verbe se forme à partir de l'auxiliaire **estar** au présent suivi du verbe au participe présent (par exemple : ¿qué **estás haciendo**? *qu'est-ce que tu es en train de faire ?* ; **están escuchando** la radio *ils sont en train d'écouter la radio*). On l'emploie :

i) lorsqu'une action est en train de se dérouler :

estoy escribiendo una carta
j'écris/je suis en train d'écrire une lettre

ii) pour exprimer une activité qui a débuté dans le passé et qui se poursuit dans le présent, même si elle ne se produit pas au moment où l'on parle :

estoy escribiendo un libro
j'écris/je suis en train d'écrire un livre

2 On emploie l'IMPARFAIT comme en français :

i) pour décrire une action qui se déroulait dans le passé :

hacía mucho ruido
il faisait beaucoup de bruit

ii) pour faire référence à une action qui a duré un certain temps, par opposition à un moment précis du passé :

mientras **veíamos** la televisión, un ladrón entró por la ventana
alors que nous regardions la télévision, un voleur entra par la fenêtre

iii) pour décrire une action habituelle du passé :

cuando era pequeño **iba** de vacaciones a Mallorca
quand j'étais petit, j'allais en vacances à Majorque

iv) pour décrire le contexte d'une histoire :

el sol brillaba
le soleil brillait

Le PASSÉ PROGRESSIF. Comme le présent, l'imparfait a une forme progressive qui se construit avec l'auxiliaire estar à l'imparfait suivi d'un verbe au participe présent :

estábamos viendo una película
nous regardions/étions en train de regarder un film

3 Le PASSÉ COMPOSÉ s'emploie en général pour exprimer une action du passé ayant un lien avec le présent, sans que l'on spécifie quand cette action s'est produite. Il s'emploie donc beaucoup moins qu'en français, où il sert aussi à parler d'une action complètement achevée (voir PASSÉ SIMPLE). En espagnol, le passé composé se construit toujours avec l'auxiliaire haber :

he conocido a tu hermano
j'ai fait la connaissance de ton frère

he leído el libro
j'ai lu le livre

4 On emploie le PASSÉ SIMPLE pour exprimer une action achevée du passé. Contrairement au passé simple français, c'est un temps qui s'emploie beaucoup et fait partie de la langue de tous les jours. Dans les contextes courants, il se traduit par un passé composé :

ayer fui a la discoteca
hier je suis allé à la discothèque

Pedro me llamó por teléfono
Pedro m'a téléphoné

5 Le PLUS-QUE-PARFAIT s'emploie, comme en français :

i) pour exprimer une action ou un fait qui s'était déroulé à une certaine date du passé :

mi amiga había llamado por teléfono
mon amie avait téléphoné

ii) pour exprimer une action achevée du passé qui s'est produite avant une autre action du passé :

cuando llegué, Elena ya se había marchado
quand je suis arrivé, Elena était déjà partie

6 Le FUTUR :

i) Il s'emploie, comme en français, pour exprimer des faits qui vont se produire dans l'avenir :

este verano iré a España
cet été j'irai en Espagne

ii) Vous noterez qu'en espagnol le futur est souvent rendu par un présent (voir 1, iii ci-dessus).

La différence entre les deux emplois tient au degré de décision de la part du locuteur. Comparez par exemple :

lo compro mañana
je l'achèterai demain *(= je suis fermement décidé à l'acheter)*

lo compraré mañana
je l'achèterai demain *(= il se pourrait que je change d'avis d'ici là)*

iii) Le futur peut aussi s'exprimer par l'emploi du verbe ir au présent suivi de la préposition a, puis du verbe à l'infinitif :

voy a estudiar
je vais étudier

van a comer con unos amigos
ils vont manger avec des amis

iv) On utilise le futur de façon idiomatique pour exprimer la supposition :

serán las cuatro
il doit être quatre heures

tendrá unos treinta años
elle doit avoir dans les trente ans

7 Le FUTUR ANTÉRIEUR :

i) s'emploie pour indiquer qu'une action du futur sera achevée au moment où une deuxième action se produira :

lo habré terminado antes de que lleguen
j'aurai terminé avant qu'ils arrivent

ii) peut s'utiliser de façon idiomatique pour exprimer une supposition :

lo habrá olvidado
il l'aura oublié

8 Le CONDITIONNEL PRÉSENT s'emploie :

i) dans certaines expressions pour exprimer un souhait :

me gustaría conocer a tu hermano
j'aimerais rencontrer ton frère

ii) pour faire référence à ce qui se passerait ou à ce que quelqu'un ferait dans certaines conditions :

si pasara eso, me pondría muy contento
si cela arrivait, je serais très content

9 Le CONDITIONNEL PASSÉ s'emploie pour exprimer ce qui se serait passé si certaines conditions avaient été réunies :

si hubieras llegado antes, lo habrías visto
si tu étais arrivé plus tôt, tu l'aurais vu

10 Le PASSÉ ANTÉRIEUR s'emploie en espagnol littéraire, où il est précédé d'une conjonction de temps :

cuando hubo terminado, se levantó
quand il eut fini, il se leva

11 On emploie principalement le SUBJONCTIF :

i) dans des hypothèses où la condition n'a pas été réalisée ou n'est pas réalisable. Notez que ce sont toujours les temps du subjonctif passé que l'on emploie ici :

si tuviera más tiempo, iría de paseo
si j'avais plus de temps, j'irais me promener

si me lo hubiera pedido, le habría prestado el dinero
s'il me l'avait demandé, je lui aurais prêté l'argent

si fuera mi cumpleaños
si c'était mon anniversaire

ii) dans des propositions subordonnées introduites par des verbes exprimant une opinion personnelle (sentiment, souhait, etc.) :

siento que no puedas venir
je suis désolé que tu ne puisses pas venir

mi madre quería que fuera a la Universidad
ma mère voulait que j'aille à l'université

iii) avec des expressions impersonnelles :

es fácil que suspenda el examen
il est probable qu'il échoue à son examen

iv) avec des expressions exprimant un doute :

no creo que **quiera** ir al cine
je ne pense pas qu'il veuille aller au cinéma

dudo que lo **sepa**
je doute qu'il le sache

v) dans des propositions relatives, lorsque l'antécédent n'est pas spécifique ou lorsqu'on nie son existence :

buscamos a un candidato que **sepa** de informática
nous cherchons un candidat qui s'y connaisse en informatique

¿conoces a alguien que no **quiera** ganar mucho dinero?
connais-tu quelqu'un qui ne veuille pas gagner beaucoup d'argent ?

aquí no hay nadie que **hable** alemán
ici il n'y a personne qui sache parler allemand

vi) dans des expressions introduites par un pronom indéfini faisant référence à un fait qui doit se produire dans le futur, ou par une conjonction exprimant la concession :

quienquiera que **venga**, le diré que no puede entrar
si quelqu'un vient, je lui dirai qu'il ne peut pas entrer

dondequiera que **esté**, lo encontraré
où qu'il soit, je le trouverai

vii) avec des verbes exprimant une exigence ou un conseil :

te aconsejo que **dejes** de fumar
je te conseille d'arrêter de fumer

mi amiga me dijo que **fuera** a verla
mon amie m'a dit d'aller la voir

viii) après certaines conjonctions lorsqu'elles expriment un futur ou une action qui se produira peut-être :

aunque **llueva**, iré a los toros
même s'il pleut, j'irai à la corrida

quizás **cambie**, quién sabe
il changera peut-être, qui sait

Notez que, avec **quizás**, l'emploi de l'indicatif indique une plus grande certitude :

quizás **me equivoco**
je me trompe peut-être

On emploie le subjonctif avec des conjonctions de temps lorsque le verbe de la principale est au futur, étant donné que l'on ne sait pas avec certitude si l'action se produira :

en cuanto venga, se lo diré
dès qu'il arrivera, je le lui dirai

te avisaremos cuando haya empezado la película
nous te préviendrons quand le film aura commencé

ix) après como si, on emploie l'imparfait du subjonctif :

haz como si no estuviéramos aquí
fais comme si nous n'étions pas là

x) L'emploi de tel ou tel temps du subjonctif dépend du temps utilisé dans la principale. C'est ce que l'on appelle la concordance des temps. Elle est beaucoup plus stricte en espagnol qu'en français, où on n'emploie plus que dans la langue très littéraire les temps passés du subjonctif, contrairement à l'espagnol, qui les emploie tous couramment :

Temps de l'indicatif dans la principale	*Temps du subjonctif dans la subordonnée*
PRÉSENT	**PRÉSENT / PASSÉ COMPOSÉ**
es posible... *il est possible...*	... que llame / que se haya marchado *... qu'il appelle / qu'il soit parti*
FUTUR	**PRÉSENT / PASSÉ COMPOSÉ**
te llamaré... *je t'appellerai...*	... cuando esté listo / cuando haya terminado *... quand je serai prêt / quand j'aurai terminé*
PASSÉ COMPOSÉ	**PRÉSENT**
les he pedido... *je leur ai demandé...*	... que se callen *... de se taire*
IMPARFAIT	**IMPARFAIT**
quería que... *je voulais que...*	... me contaras tus vacaciones *... tu me racontes tes vacances*
PASSÉ SIMPLE	**IMPARFAIT**
le riñó... *il l'a grondée...*	... para que no volviera a hacer eso *... pour qu'elle ne recommence pas*
CONDITIONNEL	**IMPARFAIT**
me gustaría... *j'aimerais...*	... que me dejaras leer tu deber *... que tu me laisses lire ton devoir*

12 Le PARTICIPE PRÉSENT s'utilise rarement seul.

i) On l'emploie principalement avec **estar**, pour construire les temps progressifs :

estoy estudiando español
j'étudie/je suis en train d'étudier l'espagnol

estábamos comiendo una paella
nous mangions/étions en train de manger une paella

ii) Employé seul, il correspond à la forme verbale "en faisant", "en allant", et exprime la manière ou le moyen d'accomplir une action, ou encore la simultanéité de deux actions :

consiguió abrir la puerta **dándole** patadas
il a réussi à ouvrir la porte en donnant des coups de pied dedans

entró **silbando**
il est entré en sifflant

Remarque :

Le "en" du gérondif français ne se traduit pas.

13 Le PARTICIPE PASSÉ peut non seulement s'employer pour former les temps composés et le passif, mais aussi seul comme adjectif :

ese **condenado** coche
cette fichue voiture

está **sentado/a**
il/elle est assis(e)

Remarque :

Le participe passé espagnol s'accorde avec le nom sujet lorsqu'il est épithète ou attribut (las fiestas fueron organizad**as** por el ayuntamiento), mais pas avec l'objet direct placé avant le verbe (las manzanas que he comid**o**).

14 On emploie l'IMPÉRATIF pour donner des ordres ou faire des suggestions :

¡**ven** aquí!
viens ici !

¡**deja** de hacer el tonto!
arrête de faire l'imbécile !

¡ten cuidado!
sois prudent !

¡vámonos!
allons-y !

Les deuxièmes personnes de l'impératif, lorsqu'elles sont à la forme NÉGATIVE, se construisent avec les deuxièmes personnes du subjonctif :

¡no corras tanto!
ne cours pas tant !

¡no habléis todos a la vez!
ne parlez pas tous en même temps !

15 On emploie l'INFINITIF :

i) après une préposition :

se fue sin hablar conmigo
il est parti sans me parler

al abrir la puerta
en ouvrant la porte

ii) comme complément d'objet direct d'un autre verbe :

pueden Vds pasar
vous pouvez entrer

me gusta bailar
j'aime danser

iii) comme nom (parfois précédé d'un article) :

el comer tanto no es bueno
il n'est pas bon de manger autant

16 On construit le PASSIF en utilisant le verbe ser suivi du participe passé. Le complément d'agent (ou celui qui fait l'action) est introduit par por. À la voix passive, le participe passé s'accorde avec le sujet :

el presidente fue informado por sus asesores
le président fut informé par ses conseillers

las cartas han sido destruidas por el fuego
les lettres ont été détruites par le feu

La traduction la plus naturelle du passif français est souvent en espagnol une construction pronominale :

la casa se vendió hace dos años
la maison a été vendue il y a deux ans

Vous trouverez ci-après un verbe entièrement conjugué au passif.

SER AMADO *être aimé*

Notez que la forme du participe passé donnée ci-dessous est le masculin (**soy amado** = *je suis aimé*, mais *je suis aimée* = **soy amada**, *elles sont aimées* = **son amadas**, etc.).

	PRÉSENT	IMPARFAIT	FUTUR
1	soy amado	era amado	seré amado
2	eres amado	eras amado	serás amado
3	es amado	era amado	será amado
1	somos amados	éramos amados	seremos amados
2	sois amados	erais amados	seréis amados
3	son amados	eran amados	serán amados

	PASSÉ SIMPLE	PASSÉ COMPOSÉ	PLUS-QUE-PARFAIT
1	fui amado	he sido amado	había sido amado
2	fuiste amado	has sido amado	habías sido amado
3	fue amado	ha sido amado	había sido amado
1	fuimos amados	hemos sido amados	habíamos sido amados
2	fuisteis amados	habéis sido amados	habíais sido amados
3	fueron amados	han sido amados	habían sido amados

PASSÉ ANTÉRIEUR	FUTUR ANTÉRIEUR
hube sido amado, etc.	habré sido amado, etc.

CONDITIONNEL | *IMPÉRATIF*

	PRÉSENT	PASSÉ
1	sería amado	habría sido amado
2	serías amado	habrías sido amado
3	sería amado	habría sido amado
1	seríamos amados	habríamos sido amados
2	seríais amados	habríais sido amados
3	serían amados	habrían sido amados

SUBJONCTIF

	PRÉSENT	IMPARFAIT	PLUS-QUE-PARFAIT
1	sea amado	fu-era/ese amado	hub-iera/ese sido amado
2	seas amado	fu-eras/eses amado	hubi-eras/eses sido amado
3	sea amado	fu-era/ese amado	hubi-era/ese sido amado
1	seamos amados	fu-éramos/ésemos amados	hubi-éramos/semos sido amados
2	seáis amados	fu-erais/eseis amados	hubi-erais/eseis sido amados
3	sean amados	fu-eran/esen amados	hubi-eran/esen sido amados

PASSÉ COMPOSÉ haya sido amado, etc.

INFINITIF	*PARTICIPE*
PRÉSENT	**PRÉSENT**
ser amado	siendo amado
PASSÉ	**PASSÉ**
haber sido amado	sido amado

17 On emploie les STRUCTURES PRONOMINALES espagnoles :

i) pour traduire le passif français (voir 16 ci-dessus)

ii) pour traduire “on” et les tournures indéterminées. On emploie alors la troisième personne du singulier :

se dice que es él el culpable
on dit que c'est lui le coupable

se decidió tomar medidas enseguida
il a été décidé de prendre immédiatement des mesures

iii) pour exprimer la possession, comme équivalent de l'adjectif possessif français, notamment pour les parties du corps et les vêtements :

no quiso quitarse el abrigo
elle n'a pas voulu enlever son manteau

Le pronom réfléchi peut se détacher de l'infinitif si celui-ci est précédé d'un autre verbe :

no quiso quitarse el abrigo = no se quiso quitar el abrigo
elle n'a pas voulu enlever son manteau

C SER OU ESTAR

Ces deux verbes se traduisent par "être".

On emploie ser :

i) pour exprimer l'identité :

soy Elena
je m'appelle Elena

es mi prima
c'est ma cousine

ii) pour indiquer l'origine ou la nationalité :

él es de Madrid
il est de Madrid

mis amigos son madrileños
mes amis sont madrilènes

iii) pour indiquer une qualité ou des caractéristiques :

la playa es grande
la plage est grande

mi profesor es muy amable
mon professeur est très gentil

las paredes son blancas
les murs sont blancs

iv) pour exprimer une occupation :

mi novio es arquitecto
mon fiancé est architecte

v) pour exprimer la possession :

ese libro es de Ana
ce livre est à Ana

vi) pour indiquer le matériau dans lequel un objet est fait :

la mesa es de madera
la table est en bois

vii) pour indiquer le temps :

es la una y media
il est une heure et demie

mañana es domingo
demain c'est dimanche

viii) dans des expressions impersonnelles :

es mejor levantarse temprano
c'est mieux de se lever tôt

ix) pour construire la voix passive (voir p. 9)

On emploie estar :

i) pour indiquer le lieu :

el hotel está en la calle principal
l'hôtel se trouve dans la rue principale

España está en Europa
l'Espagne se trouve en Europe

ii) pour exprimer un état ou une condition temporaires :

ese hombre está borracho
cet homme est ivre

el agua está fría
l'eau est froide

iii) dans la construction des temps progressifs :

estamos viendo la televisión
nous sommes en train de regarder la télévision

iv) pour exprimer le résultat d'une action :

el ejercicio está hecho
l'exercice est fait

v) Le sens de certains mots peut changer suivant qu'on les emploie avec ser ou estar :

ser bueno *(de bonne qualité, en parlant d'un livre, d'un film, etc.)* ? estar bueno *(être bon, en parlant de la nourriture)*

ser consciente de... *(être conscient de...)* ? estar consciente *(être conscient = éveillé)*

ser listo *(être intelligent)* ? estar listo *(être prêt)*

ser malo *(être mauvais)* ? estar malo *(être malade)*

ser moreno *(être brun)* ? estar moreno *(être bronzé)*

ser rico *(être riche)* ? estar rico *(être bon, en parlant de la nourriture)*

ser verde *(être vert, en parlant de la couleur)* ? estar verde *(être vert = pas mûr)*

Notez que certains mots ne changent pas de sens selon qu'ils sont employés avec ser ou estar ; en revanche, c'est la perspective qui change : caractéristique permanente avec ser et caractéristique temporaire avec estar.

Comparez par exemple :

ese chico es muy guapo
ce garçon est très beau

¡qué guapo estás!
que tu es beau ! (= bien habillé, bien coiffé, etc.)

D L'AUXILIAIRE HABER

Il s'emploie pour former les temps composés :

ha pedido una beca *(passé composé)*
il a fait une demande de bourse

ya se había ido cuando llegamos *(plus-que-parfait)*
elle était déjà partie quand nous sommes arrivés

¿crees que habrás terminado para el lunes? *(futur antérieur)*
tu crois que tu auras terminé pour lundi ?

entraremos al cine aunque haya empezado la película *(subjonctif passé composé)*
nous entrerons dans le cinéma même si le film a commencé

si hubieras dicho la verdad, no se habrían enfadado *(subjonctif plus-que-parfait + conditionnel passé)*
si tu avais dit la vérité, ils ne se seraient pas fâchés

E PRINCIPALES IRRÉGULARITÉS

1 Modifications du radical

Le radical de certains verbes change dans certains cas. C'est ce radical modifié qu'il faut utiliser pour la formation des temps :

Le -e- du radical devient -ie- lorsqu'il est accentué. Par exemple :

acertar → acierto
apretar → aprieto
enterrar → entierro

Le -e- du radical devient -ie- lorsqu'il est accentué, et -i- aux 1ère et 2ème personnes du pluriel du présent du subjonctif, au participe présent, aux 3èmes personnes du singulier et du pluriel du passé simple, ainsi qu'à l'imparfait du subjonctif. Par exemple :

advertir → advierto, advirtamos
divertir → divierto, divirtió
herir → hiero, hiriendo

Le -e- du radical devient -i- lorsqu'il est accentué ou lorsque l'accent est sur la terminaison (sauf sur un -i-). Par exemple :

conseguir → consigo, consiguió
despedir → despido, despidiera
repetir → repito, repitieron

Le -o- du radical devient -ue- lorsqu'il est accentué ; le radical de jugar présente la même irrégularité. Par exemple :

acordarse → me acuerdo, se acuerde
devolver → devuelvo, devuelva
jugar → juego, juegues

Le -o- du radical devient -ue- lorsqu'il est accentué, et -u- aux 1ère et 2ème personnes du pluriel du présent du subjonctif, au participe présent, aux 3èmes personnes du singulier et du pluriel du passé simple, ainsi qu'à l'imparfait du subjonctif. Par exemple :

dormir → duermo, durmamos, durmiendo
morir → muere, murió, muriera

2 Au présent

- Les verbes en -ecer ont une 1ère personne du singulier en -ezco. Par exemple : crecer → crezco
- Les verbes en -ucir ont une 1ère personne du singulier en -uzco. Par exemple : conducir → conduzco
- Les verbes en -uir, ainsi que le verbe oír, prennent un -y- au radical, sauf aux 1ère et 2ème personnes du pluriel. Par exemple :

  huir → huyo (mais huimos, huís)
  oír → oyen (mais oímos, oís)

- Certains verbes ont une 1ère personne du singulier irrégulière, sans qu'il y ait de règle particulière pour leur formation :

caber → quepo	hacer → hago	ser → soy
caer → caigo	ir → voy	tener → tengo
conocer → conozco	oír → oigo	traer → traigo
dar → doy	poner → pongo	valer → valgo
decir → digo	saber → sé	venir → vengo

estar → estoy   salir → salgo

3 Au futur

Certains verbes forment leur futur sur un radical irrégulier :

caber → cabr-é, cabr-ás, etc.
decir → dir-é, dir-ás, etc.
haber → habr-é, habr-ás, etc.
hacer → har-é, har-ás, etc.
poder → podr-é, podr-ás, etc.
poner → pondr-é, pondr-ás, etc.
querer → querr-é, querr-ás, etc.
saber → sabr-é, sabr-ás, etc.
salir → saldr-é, saldr-ás, etc.
tener → tendr-é, tendr-ás, etc.
valer → valdr-é, valdr-ás, etc.
venir → vendr-é, vendr-ás, etc.

4 Au passé simple

Certains verbes sont totalement irréguliers au passé simple; il s'agit donc de les apprendre par cœur. Il s'agit de andar, caber, conducir et tous les verbes en -ucir (à l'exception de lucir), dar, decir, estar, haber, hacer, ir, poder, poner, querer, saber, ser, tener, traer, venir, ver.

Les dérivés de ces verbes présentent les mêmes irrégularités ; par exemple, deshacer se conjugue comme hacer au passé simple, suponer comme poner, etc.

Les verbes en -aer, -eer, -oer, -uir et le verbe oír : le -i- de la terminaison des 3èmes personnes du singulier et du pluriel devient -y-. Par exemple :

caer → cayó, cayeron
leer → leyó, leyeron
roer → royó, royeron
huir → huyó, huyeron
oír → oyó, oyeron

5 Au subjonctif

Le présent du subjonctif se formant sur la 1ère personne du singulier du présent de l'indicatif, toutes les irrégularités de cette dernière se retrouvent au présent du subjonctif. Par exemple :

	Indicatif		*Subjonctif*
caber	quepo	→	quepa
parecer	parezco	→	parezca

L'imparfait du subjonctif se formant sur la 3ème personne du pluriel du passé simple, toutes les irrégularités de cette dernière se retrouvent à l'imparfait du subjonctif. Par exemple :

	Indicatif		*Subjonctif*
conducir	condujeron	→	condujera
huir	huyeron	→	huyera

6 Modifications orthographiques

Les modifications habituelles destinées à conserver la prononciation s'appliquent aux conjugaisons :

Les verbes en -gar, -car, -zar et -guar changent leur consonne respectivement en -gu, -qu, -c et -gü lorsque la terminaison commence par un -e-, afin de conserver le son [g], [k], [θ] ou [gw]. Par exemple :

abrigar → abrigue
publicar → publiques
rezar → recen
averiguar → averigüe

Les verbes en -cer, -cir, -ger, -gir et -quir changent leur consonne respectivement en -z, -z, -j, -j et -c lorsque la terminaison commence par un -o- ou un -a-, afin de conserver le son [θ], [χ] ou [k]. Par exemple :

cocer → cuezo, cueza
esparcir → esparzo, esparza
coger → cojo, coja
dirigir → dirijo, dirija
delinquir → delinco, delinca

Les verbes en -guir perdent le -u- lorsque la terminaison commence par un -o- ou un -a-, afin de conserver le son [g]. Par exemple :

seguir → sigo, siga

Dans les tableaux de conjugaison, on a utilisé les chiffres 1, 2, 3 pour indiquer les 1ère, 2ème et 3ème personnes des verbes au singulier et au pluriel. On trouvera d'abord les personnes du singulier suivies des personnes du pluriel.

Il est important de noter que la forme de politesse "vous" (singulier et pluriel) se traduit en espagnol par **usted** au singulier, et **ustedes** au pluriel. Cependant, ce sont des pronoms de la troisième personne du singulier et du pluriel. Ils sont donc suivis d'un verbe respectivement à la troisième personne du singulier et à la troisième personne du pluriel.

Les irrégularités et les modifications orthographiques sont indiquées en bleu afin que vous puissiez les repérer au premier coup d'œil.

	PRÉSENT	IMPARFAIT	FUTUR
1	abandono	abandonaba	abandonaré
2	abandonas	abandonabas	abandonarás
3	abandona	abandonaba	abandonará
1	abandonamos	abandonábamos	abandonaremos
2	abandonáis	abandonabais	abandonaréis
3	abandonan	abandonaban	abandonarán

	PASSÉ SIMPLE	PASSÉ COMPOSÉ	PLUS-QUE-PARFAIT
1	abandoné	he abandonado	había abandonado
2	abandonaste	has abandonado	habías abandonado
3	abandonó	ha abandonado	había abandonado
1	abandonamos	hemos abandonado	habíamos abandonado
2	abandonasteis	habéis abandonado	habíais abandonado
3	abandonaron	han abandonado	habían abandonado

PASSÉ ANTÉRIEUR
hube abandonado, etc.

FUTUR ANTÉRIEUR
habré abandonado, etc.

CONDITIONNEL

	PRÉSENT	PASSÉ
1	abandonaría	habría abandonado
2	abandonarías	habrías abandonado
3	abandonaría	habría abandonado
1	abandonaríamos	habríamos abandonado
2	abandonaríais	habríais abandonado
3	abandonarían	habrían abandonado

IMPÉRATIF

(tú) abandona
(Vd) abandone
(nosotros) abandonemos
(vosotros) abandonad
(Vds) abandonen

SUBJONCTIF

	PRÉSENT	IMPARFAIT	PLUS-QUE-PARFAIT
1	abandone	abandon-ara/ase	hubiera abandonado
2	abandones	abandon-aras/ases	hubieras abandonado
3	abandone	abandon-ara/ase	hubiera abandonado
1	abandonemos	abandon-áramos/ásemos	hubiéramos abandonado
2	abandonéis	abandon-arais/aseis	hubierais abandonado
3	abandonen	abandon-aran/asen	hubieran abandonado

PASSÉ COMPOSÉ haya abandonado, etc.

INFINITIF

PRÉSENT
abandonar

PASSÉ
haber abandonado

PARTICIPE

PRÉSENT
abandonando

PASSÉ
abandonado

ABOLIR 2

abolir

	PRÉSENT	IMPARFAIT	FUTUR
1		abolía	aboliré
2		abolías	abolirás
3		abolía	abolirá
1	abolimos	abolíamos	aboliremos
2	abolís	abolíais	aboliréis
3		abolían	abolirán

	PASSÉ SIMPLE	PASSÉ COMPOSÉ	PLUS-QUE-PARFAIT
1	abolí	he abolido	había abolido
2	aboliste	has abolido	habías abolido
3	abolió	ha abolido	había abolido
1	abolimos	hemos abolido	habíamos abolido
2	abolisteis	habéis abolido	habíais abolido
3	abolieron	han abolido	habían abolido

PASSÉ ANTÉRIEUR
hube abolido, etc.

FUTUR ANTÉRIEUR
habré abolido, etc.

CONDITIONNEL / *IMPÉRATIF*

	PRÉSENT	PASSÉ	IMPÉRATIF
1	aboliría	habría abolido	
2	abolirías	habrías abolido	
3	aboliría	habría abolido	
1	aboliríamos	habríamos abolido	
2	aboliríais	habríais abolido	(vosotros) abolid
3	abolirían	habrían abolido	

SUBJONCTIF

	PRÉSENT	IMPARFAIT	PLUS-QUE-PARFAIT
1		abol-iera/iese	hubiera abolido
2		abol-ieras/ieses	hubieras abolido
3		abol-iera/iese	hubiera abolido
1		abol-iéramos/iésemos	hubiéramos abolido
2		abol-ierais/ieseis	hubierais abolido
3		abol-ieran/iesen	hubieran abolido

PASSÉ COMPOSÉ haya abolido, etc.

INFINITIF / *PARTICIPE*

	INFINITIF	*PARTICIPE*
PRÉSENT	abolir	aboliendo
PASSÉ	haber abolido	abolido

	PRÉSENT	IMPARFAIT	FUTUR
1	aborrezco	aborrecía	aborreceré
2	aborreces	aborrecías	aborrecerás
3	aborrece	aborrecía	aborrecerá
1	aborrecemos	aborrecíamos	aborreceremos
2	aborrecéis	aborrecíais	aborreceréis
3	aborrecen	aborrecían	aborrecerán

	PASSÉ SIMPLE	PASSÉ COMPOSÉ	PLUS-QUE-PARFAIT
1	aborrecí	he aborrecido	había aborrecido
2	aborreciste	has aborrecido	habías aborrecido
3	aborreció	ha aborrecido	había aborrecido
1	aborrecimos	hemos aborrecido	habíamos aborrecido
2	aborrecisteis	habéis aborrecido	habíais aborrecido
3	aborrecieron	han aborrecido	habían aborrecido

PASSÉ ANTÉRIEUR
hube aborrecido, etc.

FUTUR ANTÉRIEUR
habré aborrecido, etc.

CONDITIONNEL

	PRÉSENT	PASSÉ
1	aborrecería	habría aborrecido
2	aborrecerías	habrías aborrecido
3	aborrecería	habría aborrecido
1	aborreceríamos	habríamos aborrecido
2	aborreceríais	habríais aborrecido
3	aborrecerían	habrían aborrecido

IMPÉRATIF

(tú) aborrece
(Vd) aborrezca
(nosotros) aborrezcamos
(vosotros) aborreced
(Vds) aborrezcan

SUBJONCTIF

	PRÉSENT	IMPARFAIT	PLUS-QUE-PARFAIT
1	aborrezca	aborrec-iera/iese	hubiera aborrecido
2	aborrezcas	aborrec-ieras/ieses	hubieras aborrecido
3	aborrezca	aborrec-iera/iese	hubiera aborrecido
1	aborrezcamos	aborrec-iéramos/iésemos	hubiéramos aborrecido
2	aborrezcáis	aborrec-ierais/ieseis	hubierais aborrecido
3	aborrezcan	aborrec-ieran/iesen	hubieran aborrecido

PASSÉ COMPOSÉ haya aborrecido, etc.

INFINITIF

PRÉSENT
aborrecer

PASSÉ
haber aborrecido

PARTICIPE

PRÉSENT
aborreciendo

PASSÉ
aborrecido

ABRIR
4 *ouvrir*

	PRÉSENT	IMPARFAIT	FUTUR
1	abro	abría	abriré
2	abres	abrías	abrirás
3	abre	abría	abrirá
1	abrimos	abríamos	abriremos
2	abrís	abríais	abriréis
3	abren	abrían	abrirán
	PASSÉ SIMPLE	**PASSÉ COMPOSÉ**	**PLUS-QUE-PARFAIT**
1	abrí	he abierto	había abierto
2	abriste	has abierto	habías abierto
3	abrió	ha abierto	había abierto
1	abrimos	hemos abierto	habíamos abierto
2	abristeis	habéis abierto	habíais abierto
3	abrieron	han abierto	habían abierto
	PASSÉ ANTÉRIEUR		**FUTUR ANTÉRIEUR**
	hube abierto, etc.		habré abierto, etc.

CONDITIONNEL / *IMPÉRATIF*

	PRÉSENT	PASSÉ	IMPÉRATIF
1	abriría	habría abierto	
2	abrirías	habrías abierto	(tú) abre
3	abriría	habría abierto	(Vd) abra
1	abriríamos	habríamos abierto	(nosotros) abramos
2	abriríais	habríais abierto	(vosotros) abrid
3	abrirían	habrían abierto	(Vds) abran

SUBJONCTIF

	PRÉSENT	IMPARFAIT	PLUS-QUE-PARFAIT
1	abra	abr-iera/iese	hubiera abierto
2	abras	abr-ieras/ieses	hubieras abierto
3	abra	abr-iera/iese	hubiera abierto
1	abramos	abr-iéramos/iésemos	hubiéramos abierto
2	abráis	abr-ierais/ieseis	hubierais abierto
3	abran	abr-ieran/iesen	hubieran abierto

PASSÉ COMPOSÉ haya abierto, etc.

INFINITIF	*PARTICIPE*
PRÉSENT	**PRÉSENT**
abrir	abriendo
PASSÉ	**PASSÉ**
haber abierto	abierto

	PRÉSENT	IMPARFAIT	FUTUR
1	acabo	acababa	acabaré
2	acabas	acababas	acabarás
3	acaba	acababa	acabará
1	acabamos	acabábamos	acabaremos
2	acabáis	acababais	acabaréis
3	acaban	acababan	acabarán

	PASSÉ SIMPLE	PASSÉ COMPOSÉ	PLUS-QUE-PARFAIT
1	acabé	he acabado	había acabado
2	acabaste	has acabado	habías acabado
3	acabó	ha acabado	había acabado
1	acabamos	hemos acabado	habíamos acabado
2	acabasteis	habéis acabado	habíais acabado
3	acabaron	han acabado	habían acabado

PASSÉ ANTÉRIEUR
hube acabado, etc.

FUTUR ANTÉRIEUR
habré acabado, etc.

CONDITIONNEL

	PRÉSENT	PASSÉ
1	acabaría	habría acabado
2	acabarías	habrías acabado
3	acabaría	habría acabado
1	acabaríamos	habríamos acabado
2	acabaríais	habríais acabado
3	acabarían	habrían acabado

IMPÉRATIF

(tú) acaba
(Vd) acabe
(nosotros) acabemos
(vosotros) acabad
(Vds) acaben

SUBJONCTIF

	PRÉSENT	IMPARFAIT	PLUS-QUE-PARFAIT
1	acabe	acab-ara/ase	hubiera acabado
2	acabes	acab-aras/ases	hubieras acabado
3	acabe	acab-ara/ase	hubiera acabado
1	acabemos	acab-áramos/ásemos	hubiéramos acabado
2	acabéis	acab-arais/aseis	hubierais acabado
3	acaben	acab-aran/asen	hubieran acabado

PASSÉ COMPOSÉ haya acabado, etc.

INFINITIF

PRÉSENT
acabar

PASSÉ
haber acabado

PARTICIPE

PRÉSENT
acabando

PASSÉ
acabado

ACENTUAR 6

accenteur

	PRÉSENT	IMPARFAIT	FUTUR
1	acentúo	acentuaba	acentuaré
2	acentúas	acentuabas	acentuarás
3	acentúa	acentuaba	acentuará
1	acentuamos	acentuábamos	acentuaremos
2	acentuáis	acentuabais	acentuaréis
3	acentúan	acentuaban	acentuarán

	PASSÉ SIMPLE	PASSÉ COMPOSÉ	PLUS-QUE-PARFAIT
1	acentué	he acentuado	había acentuado
2	acentuaste	has acentuado	habías acentuado
3	acentuó	ha acentuado	había acentuado
1	acentuamos	hemos acentuado	habíamos acentuado
2	acentuasteis	habéis acentuado	habíais acentuado
3	acentuaron	han acentuado	habían acentuado

PASSÉ ANTÉRIEUR
hube acentuado, etc.

FUTUR ANTÉRIEUR
habré acentuado, etc.

CONDITIONNEL

	PRÉSENT	PASSÉ
1	acentuaría	habría acentuado
2	acentuarías	habrías acentuado
3	acentuaría	habría acentuado
1	acentuaríamos	habríamos acentuado
2	acentuaríais	habríais acentuado
3	acentuarían	habrían acentuado

IMPÉRATIF

(tú) acentúa
(Vd) acentúe
(nosotros) acentuemos
(vosotros) acentuad
(Vds) acentúen

SUBJONCTIF

	PRÉSENT	IMPARFAIT	PLUS-QUE-PARFAIT
1	acentúe	acentu-ara/ase	hubiera acentuado
2	acentúes	acentu-aras/ases	hubieras acentuado
3	acentúe	acentu-ara/ase	hubiera acentuado
1	acentuemos	acentu-áramos/ásemos	hubiéramos acentuado
2	acentuéis	acentu-arais/aseis	hubierais acentuado
3	acentúen	acentu-aran/asen	hubieran acentuado

PASSÉ COMPOSÉ haya acentuado, etc.

INFINITIF

PRÉSENT
acentuar

PASSÉ
haber acentuado

PARTICIPE

PRÉSENT
acentuando

PASSÉ
acentuado

	PRÉSENT	IMPARFAIT	FUTUR
1	me acerco	me acercaba	me acercaré
2	te acercas	te acercabas	te acercarás
3	se acerca	se acercaba	se acercará
1	nos acercamos	nos acercábamos	nos acercaremos
2	os acercáis	os acercabais	os acercaréis
3	se acercan	se acercaban	se acercarán

	PASSÉ SIMPLE	PASSÉ COMPOSÉ	PLUS-QUE-PARFAIT
1	me acerqué	me he acercado	me había acercado
2	te acercaste	te has acercado	te habías acercado
3	se acercó	se ha acercado	se había acercado
1	nos acercamos	nos hemos acercado	nos habíamos acercado
2	os acercasteis	os habéis acercado	os habíais acercado
3	se acercaron	se han acercado	se habían acercado

PASSÉ ANTÉRIEUR
me hube acercado, etc.

FUTUR ANTÉRIEUR
me habré acercado, etc.

CONDITIONNEL

	PRÉSENT	PASSÉ
1	me acercaría	me habría acercado
2	te acercarías	te habrías acercado
3	se acercaría	se habría acercado
1	nos acercaríamos	nos habríamos acercado
2	os acercaríais	os habríais acercado
3	se acercarían	se habrían acercado

IMPÉRATIF

(tú) acércate
(Vd) acérquese
(nosotros) acerquémonos
(vosotros) acercaos
(Vds) acérquense

SUBJONCTIF

	PRÉSENT	IMPARFAIT	PLUS-QUE-PARFAIT
1	me acerque	me acerc-ara/ase	me hubiera acercado
2	te acerques	te acerc-aras/ases	te hubieras acercado
3	se acerque	se acerc-ara/ase	se hubiera acercado
1	nos acerquemos	nos acerc-áramos/ásemos	nos hubiéramos acercado
2	os acerquéis	os acerc-arais/aseis	os hubierais acercado
3	se acerquen	se acerc-aran/asen	se hubieran acercado

PASSÉ COMPOSÉ me haya acercado, etc.

INFINITIF

PRÉSENT
acercarse

PASSÉ
haberse acercado

PARTICIPE

PRÉSENT
acercándose

PASSÉ
acercado

ACORDARSE
8
se souvenir

	PRÉSENT	IMPARFAIT	FUTUR
1	me acuerdo	me acordaba	me acordaré
2	te acuerdas	te acordabas	te acordarás
3	se aueerda	se acordaba	se acordará
1	nos acordamos	nos acordábamos	nos acordaremos
2	os acordáis	os acordabais	os acordaréis
3	se acuerdan	se acordaban	se acordarán

	PASSÉ SIMPLE	PASSÉ COMPOSÉ	PLUS-QUE-PARFAIT
1	me acordé	me he acordado	me había acordado
2	te acordaste	te has acordado	te habías acordado
3	se acordó	se ha acordado	se había acordado
1	nos acordamos	nos hemos acordado	nos habíamos acordado
2	os acordasteis	os habéis acordado	os habíais acordado
3	se acordaron	se han acordado	se habían acordado

PASSÉ ANTÉRIEUR
me hube acordado, etc.

FUTUR ANTÉRIEUR
me habré acordado, etc.

CONDITIONNEL / *IMPÉRATIF*

	PRÉSENT	PASSÉ	
1	me acordaría	me habría acordado	
2	te acordarías	te habrías acordado	(tú) acuérdate
3	se acordaría	se habría acordado	(Vd) acuérdese
1	nos acordaríamos	nos habríamos acordado	(nosotros) acordémonos
2	os acordaríais	os habríais acordado	(vosotros) acordaos
3	se acordarían	se habrían acordado	(Vds) acuérdense

SUBJONCTIF

	PRÉSENT	IMPARFAIT	PLUS-QUE-PARFAIT
1	me acuerde	me acord-ara/ase	me hubiera acordado
2	te acuerdes	te acord-aras/ases	te hubieras acordado
3	se acuerde	se acord-ara/ase	se hubiera acordado
1	nos acordemos	nos acord-áramos/ásemos	nos hubiéramos acordado
2	os acordéis	os acord-arais/aseis	os hubierais acordado
3	se acuerden	se acord-aran/asen	se hubieran acordado

PASSÉ COMPOSÉ me haya acordado, etc.

INFINITIF	*PARTICIPE*
PRÉSENT	**PRÉSENT**
acordarse	acordándose
PASSÉ	**PASSÉ**
haberse acordado	acordado

	PRÉSENT	IMPARFAIT	FUTUR
1	adquiero	adquiría	adquiriré
2	adquieres	adquirías	adquirirás
3	adquiere	adquiría	adquirirá
1	adquirimos	adquiríamos	adquiriremos
2	adquirís	adquiríais	adquiriréis
3	adquieren	adquirían	adquirirán

	PASSÉ SIMPLE	PASSÉ COMPOSÉ	PLUS-QUE-PARFAIT
1	adquirí	he adquirido	había adquirido
2	adquiriste	has adquirido	habías adquirido
3	adquirió	ha adquirido	había adquirido
1	adquirimos	hemos adquirido	habíamos adquirido
2	adquiristeis	habéis adquirido	habíais adquirido
3	adquirieron	han adquirido	habían adquirido

PASSÉ ANTÉRIEUR
hube adquirido, etc.

FUTUR ANTÉRIEUR
habré adquirido, etc.

CONDITIONNEL

	PRÉSENT	PASSÉ
1	adquiriría	habría adquirido
2	adquirirías	habrías adquirido
3	adquiriría	habría adquirido
1	adquiriríamos	habríamos adquirido
2	adquiriríais	habríais adquirido
3	adquirirían	habrían adquirido

IMPÉRATIF

(tú) adquiere
(Vd) adquiera
(nosotros) adquiramos
(vosotros) adquirid
(Vds) adquieran

SUBJONCTIF

	PRÉSENT	IMPARFAIT	PLUS-QUE-PARFAIT
1	adquiera	adquir-iera/iese	hubiera adquirido
2	adquieras	adquir-ieras/ieses	hubieras adquirido
3	adquiera	adquir-iera/iese	hubiera adquirido
1	adquiramos	adquir-iéramos/iésemos	hubiéramos adquirido
2	adquiráis	adquir-ierais/ieseis	hubierais adquirido
3	adquieran	adquir-ieran/iesen	hubieran adquirido

PASSÉ COMPOSÉ haya adquirido, etc.

INFINITIF

PRÉSENT
adquirir

PASSÉ
haber adquirido

PARTICIPE

PRÉSENT
adquiriendo

PASSÉ
adquirido

AGORAR

10 *prédire*

	PRÉSENT	IMPARFAIT	FUTUR
1	agüero	agoraba	agoraré
2	agüeras	agorabas	agorarás
3	agüera	agoraba	agorará
1	agoramos	agorábamos	agoraremos
2	agoráis	agorabais	agoraréis
3	agüeran	agoraban	agorarán

	PASSÉ SIMPLE	PASSÉ COMPOSÉ	PLUS-QUE-PARFAIT
1	agoré	he agorado	había agorado
2	agoraste	has agorado	habías agorado
3	agoró	ha agorado	había agorado
1	agoramos	hemos agorado	habíamos agorado
2	agorasteis	habéis agorado	habíais agorado
3	agoraron	han agorado	habían agorado

PASSÉ ANTÉRIEUR
hube agorado, etc.

FUTUR ANTÉRIEUR
habré agorado, etc.

CONDITIONNEL

	PRÉSENT	PASSÉ
1	agoraría	habría agorado
2	agorarías	habrías agorado
3	agoraría	habría agorado
1	agoraríamos	habríamos agorado
2	agoraríais	habríais agorado
3	agorarían	habrían agorado

IMPÉRATIF

(tú) agüera
(Vd) agüere
(nosotros) agoremos
(vosotros) agorad
(Vds) agüeren

SUBJONCTIF

	PRÉSENT	IMPARFAIT	PLUS-QUE-PARFAIT
1	agüere	agor-ara/ase	hubiera agorado
2	agüeres	agor-aras/ases	hubieras agorado
3	agüere	agor-ara/ase	hubiera agorado
1	agoremos	agor-áramos/ásemos	hubiéramos agorado
2	agoréis	agor-arais/aseis	hubierais agorado
3	agüeren	agor-aran/asen	hubieran agorado

PASSÉ COMPOSÉ haya agorado, etc.

INFINITIF

PRÉSENT
agorar

PASSÉ
haber agorado

PARTICIPE

PRÉSENT
agorando

PASSÉ
agorado

	PRÉSENT	IMPARFAIT	FUTUR
1	agradezco	agradecía	agradeceré
2	agradeces	agradecías	agradecerás
3	agradece	agradecía	agradecerá
1	agradecemos	agradecíamos	agradeceremos
2	agradecéis	agradecíais	agradeceréis
3	agradecen	agradecían	agradecerán

	PASSÉ SIMPLE	PASSÉ COMPOSÉ	PLUS-QUE-PARFAIT
1	agradecí	he agradecido	había agradecido
2	agradeciste	has agradecido	habías agradecido
3	agradeció	ha agradecido	había agradecido
1	agradecimos	hemos agradecido	habíamos agradecido
2	agradecisteis	habéis agradecido	habíais agradecido
3	agradecieron	han agradecido	habían agradecido

PASSÉ ANTÉRIEUR
hube agradecido, etc.

FUTUR ANTÉRIEUR
habré agradecido, etc.

CONDITIONNEL

	PRÉSENT	PASSÉ
1	agradecería	habría agradecido
2	agradecerías	habrías agradecido
3	agradecería	habría agradecido
1	agradeceríamos	habríamos agradecido
2	agradeceríais	habríais agradecido
3	agradecerían	habrían agradecido

IMPÉRATIF

(tú) agradece
(Vd) agradezca
(nosotros) agradezcamos
(vosotros) agradeced
(Vds) agradezcan

SUBJONCTIF

	PRÉSENT	IMPARFAIT	PLUS-QUE-PARFAIT
1	agradezca	agradec-iera/iese	hubiera agradecido
2	agradezcas	agradec-ieras/ieses	hubieras agradecido
3	agradezca	agradec-iera/iese	hubiera agradecido
1	agradezcamos	agradec-iéramos/iésemos	hubiéramos agradecido
2	agradezcáis	agradec-ierais/ieseis	hubierais agradecido
3	agradezcan	agradec-ieran/iesen	hubieran agradecido

PASSÉ COMPOSÉ haya agradecido, etc.

INFINITIF

PRÉSENT
agradecer

PASSÉ
haber agradecido

PARTICIPE

PRÉSENT
agradeciendo

PASSÉ
agradecido

ALCANZAR

12 *attraper, atteindre*

	PRÉSENT	IMPARFAIT	FUTUR
1	alcanzo	alcanzaba	alcanzaré
2	alcanzas	alcanzabas	alcanzarás
3	alcanza	alcanzaba	alcanzará
1	alcanzamos	alcanzábamos	alcanzaremos
2	alcanzáis	alcanzabais	alcanzaréis
3	alcanzan	alcanzaban	alcanzarán

	PASSÉ SIMPLE	PASSÉ COMPOSÉ	PLUS-QUE-PARFAIT
1	alcancé	he alcanzado	había alcanzado
2	alcanzaste	has alcanzado	habías alcanzado
3	alcanzó	ha alcanzado	había alcanzado
1	alcanzamos	hemos alcanzado	habíamos alcanzado
2	alcanzasteis	habéis alcanzado	habíais alcanzado
3	alcanzaron	han alcanzado	habían alcanzado

PASSÉ ANTÉRIEUR
hube alcanzado, etc.

FUTUR ANTÉRIEUR
habré alcanzado, etc.

CONDITIONNEL / *IMPÉRATIF*

	PRÉSENT	PASSÉ	IMPÉRATIF
1	alcanzaría	habría alcanzado	
2	alcanzarías	habrías alcanzado	(tú) alcanza
3	alcanzaría	habría alcanzado	(Vd) alcance
1	alcanzaríamos	habríamos alcanzado	(nosotros) alcancemos
2	alcanzaríais	habríais alcanzado	(vosotros) alcanzad
3	alcanzarían	habrían alcanzado	(Vds) alcancen

SUBJONCTIF

	PRÉSENT	IMPARFAIT	PLUS-QUE-PARFAIT
1	alcance	alcanz-ara/ase	hubiera alcanzado
2	alcances	alcanz-aras/ases	hubieras alcanzado
3	alcance	alcanz-ara/ase	hubiera alcanzado
1	alcancemos	alcanz-áramos/ásemos	hubiéramos alcanzado
2	alcancéis	alcanz-arais/aseis	hubierais alcanzado
3	alcancen	alcanz-aran/asen	hubieran alcanzado

PASSÉ COMPOSÉ haya alcanzado, etc.

INFINITIF	*PARTICIPE*
PRÉSENT	**PRÉSENT**
alcanzar	alcanzando
PASSÉ	**PASSÉ**
haber alcanzado	alcanzado

	PRÉSENT	IMPARFAIT	FUTUR
1	almuerzo	almorzaba	almorzaré
2	almuerzas	almorzabas	almorzarás
3	almuerza	almorzaba	almorzará
1	almorzamos	almorzábamos	almorzaremos
2	almorzáis	almorzabais	almorzaréis
3	almuerzan	almorzaban	almorzarán

	PASSÉ SIMPLE	PASSÉ COMPOSÉ	PLUS-QUE-PARFAIT
1	almorcé	he almorzado	había almorzado
2	almorzaste	has almorzado	habías almorzado
3	almorzó	ha almorzado	había almorzado
1	almorzamos	hemos almorzado	habíamos almorzado
2	almorzasteis	habéis almorzado	habíais almorzado
3	almorzaron	han almorzado	habían almorzado

PASSÉ ANTÉRIEUR
hube almorzado, etc.

FUTUR ANTÉRIEUR
habré almorzado, etc.

CONDITIONNEL

	PRÉSENT	PASSÉ
1	almorzaría	habría almorzado
2	almorzarías	habrías almorzado
3	almorzaría	habría almorzado
1	almorzaríamos	habríamos almorzado
2	almorzaríais	habríais almorzado
3	almorzarían	habrían almorzado

IMPÉRATIF

(tú) almuerza
(Vd) almuerce
(nosotros) almorcemos
(vosotros) almorzad
(Vds) almuercen

SUBJONCTIF

	PRÉSENT	IMPARFAIT	PLUS-QUE-PARFAIT
1	almuerce	almorz-ara/ase	hubiera almorzado
2	almuerces	almorz-aras/ases	hubieras almorzado
3	almuerce	almorz-ara/ase	hubiera almorzado
1	almorcemos	almorz-áramos/ásemos	hubiéramos almorzado
2	almorcéis	almorz-arais/aseis	hubierais almorzado
3	almuercen	almorz-aran/asen	hubieran almorzado

PASSÉ COMPOSÉ haya almorzado, etc.

INFINITIF

PRÉSENT
almorzar

PASSÉ
haber almorzado

PARTICIPE

PRÉSENT
almorzando

PASSÉ
almorzado

AMANECER 14

faire jour, se réveiller

	PRÉSENT	IMPARFAIT	FUTUR
1	amanezco	amanecía	amaneceré
2	amaneces	amanecías	amanecerás
3	amanece	amanecía	amanecerá
1	amanecemos	amanecíamos	amaneceremos
2	amanecéis	amanecíais	amaneceréis
3	amanecen	amanecían	amanecerán

	PASSÉ SIMPLE	PASSÉ COMPOSÉ	PLUS-QUE-PARFAIT
1	amanecí	he amanecido	había amanecido
2	amaneciste	has amanecido	habías amanecido
3	amaneció	ha amanecido	había amanecido
1	amanecimos	hemos amanecido	habíamos amanecido
2	amanecisteis	habéis amanecido	habíais amanecido
3	amanecieron	han amanecido	habían amanecido

PASSÉ ANTÉRIEUR
hube amanecido, etc.

FUTUR ANTÉRIEUR
habré amanecido, etc.

CONDITIONNEL

	PRÉSENT	PASSÉ	*IMPÉRATIF*
1	amanecería	habría amanecido	
2	amanecerías	habrías amanecido	(tú) amanece
3	amanecería	habría amanecido	(Vd) amanezca
1	amaneceríamos	habríamos amanecido	(nosotros) amanezcamos
2	amaneceríais	habríais amanecido	(vosotros) amaneced
3	amanecerían	habrían amanecido	(Vds) amanezcan

SUBJONCTIF

	PRÉSENT	IMPARFAIT	PLUS-QUE-PARFAIT
1	amanezca	amanec-iera/iese	hubiera amanecido
2	amanezcas	amanec-ieras/ieses	hubieras amanecido
3	amanezca	amanec-iera/iese	hubiera amanecido
1	amanezcamos	amanec-iéramos/iésemos	hubiéramos amanecido
2	amanezcáis	amanec-ierais/ieseis	hubierais amanecido
3	amanezcan	amanec-ieran/iesen	hubieran amanecido

PASSÉ COMPOSÉ haya amanecido, etc.

INFINITIF	*PARTICIPE*
PRÉSENT	**PRÉSENT**
amanecer	amaneciendo
PASSÉ	**PASSÉ**
haber amanecido	amanecido

	PRÉSENT	IMPARFAIT	FUTUR
1	ando	andaba	andaré
2	andas	andabas	andarás
3	anda	andaba	andará
1	andamos	andábamos	andaremos
2	andáis	andabais	andaréis
3	andan	andaban	andarán

	PASSÉ SIMPLE	PASSÉ COMPOSÉ	PLUS-QUE-PARFAIT
1	anduve	he andado	había andado
2	anduviste	has andado	habías andado
3	anduvo	ha andado	había andado
1	anduvimos	hemos andado	habíamos andado
2	anduvisteis	habéis andado	habíais andado
3	anduvieron	han andado	habían andado

PASSÉ ANTÉRIEUR
hube andado, etc.

FUTUR ANTÉRIEUR
habré andado, etc.

CONDITIONNEL

	PRÉSENT	PASSÉ
1	andaría	habría andado
2	andarías	habrías andado
3	andaría	habría andado
1	andaríamos	habríamos andado
2	andaríais	habríais andado
3	andarían	habrían andado

IMPÉRATIF

(tú) anda
(Vd) ande
(nosotros) andemos
(vosotros) andad
(Vds) anden

SUBJONCTIF

	PRÉSENT	IMPARFAIT	PLUS-QUE-PARFAIT
1	ande	anduv-iera/iese	hubiera andado
2	andes	anduv-ieras/ieses	hubieras andado
3	ande	anduv-iera/iese	hubiera andado
1	andemos	anduv-iéramos/iésemos	hubiéramos andado
2	andéis	anduv-ierais/ieseis	hubierais andado
3	anden	anduv-ieran/iesen	hubieran andado

PASSÉ COMPOSÉ haya andado, etc.

INFINITIF

PRÉSENT
andar

PASSÉ
haber andado

PARTICIPE

PRÉSENT
andando

PASSÉ
andado

ANOCHECER 16

commencer à faire nuit

	PRÉSENT	IMPARFAIT	FUTUR
3	anochece	anochecía	anochecerá

	PASSÉ SIMPLE	PASSÉ COMPOSÉ	PLUS-QUE-PARFAIT
3	anocheció	ha anochecido	había anochecido

PASSÉ ANTÉRIEUR
hubo anochecido

FUTUR ANTÉRIEUR
habrá anochecido

CONDITIONNEL

	PRÉSENT	PASSÉ
3	anochecería	habría anochecido

IMPÉRATIF

SUBJONCTIF

	PRÉSENT	IMPARFAIT	PLUS-QUE-PARFAIT
3	anochezca	anochec-iera/iese	hubiera anochecido

PASSÉ COMPOSÉ haya anochecido

INFINITIF

PRÉSENT
anochecer

PASSÉ
haber anochecido

PARTICIPE

PRÉSENT
anocheciendo

PASSÉ
anochecido

	PRÉSENT	IMPARFAIT	FUTUR
1	anuncio	anunciaba	anunciaré
2	anuncias	anunciabas	anunciarás
3	anuncia	anunciaba	anunciará
1	anunciamos	anunciábamos	anunciaremos
2	anunciáis	anunciabais	anunciaréis
3	anuncian	anunciaban	anunciarán

	PASSÉ SIMPLE	PASSÉ COMPOSÉ	PLUS-QUE-PARFAIT
1	anuncié	he anunciado	había anunciado
2	anunciaste	has anunciado	habías anunciado
3	anunció	ha anunciado	había anunciado
1	anunciamos	hemos anunciado	habíamos anunciado
2	anunciasteis	habéis anunciado	habíais anunciado
3	anunciaron	han anunciado	habían anunciado

PASSÉ ANTÉRIEUR
hube anunciado, etc.

FUTUR ANTÉRIEUR
habré anunciado, etc.

CONDITIONNEL

IMPÉRATIF

	PRÉSENT	PASSÉ	
1	anunciaría	habría anunciado	
2	anunciarías	habrías anunciado	(tú) anuncia
3	anunciaría	habría anunciado	(Vd) anuncie
1	anunciaríamos	habríamos anunciado	(nosotros) anunciemos
2	anunciaríais	habríais anunciado	(vosotros) anunciad
3	anunciarían	habrían anunciado	(Vds) anuncien

SUBJONCTIF

	PRÉSENT	IMPARFAIT	PLUS-QUE-PARFAIT
1	anuncie	anunci-ara/ase	hubiera anunciado
2	anuncies	anunci-aras/ases	hubieras anunciado
3	anuncie	anunci-ara/ase	hubiera anunciado
1	anunciemos	anunci-áramos/ásemos	hubiéramos anunciado
2	anunciéis	anunci-arais/aseis	hubierais anunciado
3	anuncien	anunci-aran/asen	hubieran anunciado

PASSÉ COMPOSÉ haya anunciado, etc.

INFINITIF

PRÉSENT
anunciar

PASSÉ
haber anunciado

PARTICIPE

PRÉSENT
anunciando

PASSÉ
anunciado

APARECER 18

apparaître

	PRÉSENT	IMPARFAIT	FUTUR
1	aparezco	aparecía	apareceré
2	apareces	aparecías	aparecerás
3	aparece	aparecía	aparecerá
1	aparecemos	aparecíamos	apareceremos
2	aparecéis	aparecíais	apareceréis
3	aparecen	aparecían	aparecerán

	PASSÉ SIMPLE	PASSÉ COMPOSÉ	PLUS-QUE-PARFAIT
1	aparecí	he aparecido	había aparecido
2	apareciste	has aparecido	habías aparecido
3	apareció	ha aparecido	había aparecido
1	aparecimos	hemos aparecido	habíamos aparecido
2	aparecisteis	habéis aparecido	habíais aparecido
3	aparecieron	han aparecido	habían aparecido

PASSÉ ANTÉRIEUR
hube aparecido, etc.

FUTUR ANTÉRIEUR
habré aparecido, etc.

CONDITIONNEL

	PRÉSENT	PASSÉ
1	aparecería	habría aparecido
2	aparecerías	habrías aparecido
3	aparecería	habría aparecido
1	apareceríamos	habríamos aparecido
2	apareceríais	habríais aparecido
3	aparecerían	habrían aparecido

IMPÉRATIF

(tú) aparece
(Vd) aparezca
(nosotros) aparezcamos
(vosotros) apareced
(Vds) aparezcan

SUBJONCTIF

	PRÉSENT	IMPARFAIT	PLUS-QUE-PARFAIT
1	aparezca	aparec-iera/iese	hubiera aparecido
2	aparezcas	aparec-ieras/ieses	hubieras aparecido
3	aparezca	aparec-iera/iese	hubiera aparecido
1	aparezcamos	aparec-iéramos/iésemos	hubiéramos aparecido
2	aparezcáis	aparec-ierais/ieseis	hubierais aparecido
3	aparezcan	aparec-ieran/iesen	hubieran aparecido

PASSÉ COMPOSÉ haya aparecido, etc.

INFINITIF

PRÉSENT
aparecer

PASSÉ
haber aparecido

PARTICIPE

PRÉSENT
apareciendo

PASSÉ
aparecido

	PRÉSENT	IMPARFAIT	FUTUR
1	apetezco	apetecía	apeteceré
2	apeteces	apetecías	apetecerás
3	apetece	apetecía	apetecerá
1	apetecemos	apetecíamos	apeteceremos
2	apetecéis	apetecíais	apeteceréis
3	apetecen	apetecían	apetecerán

	PASSÉ SIMPLE	PASSÉ COMPOSÉ	PLUS-QUE-PARFAIT
1	apetecí	he apetecido	había apetecido
2	apeteciste	has apetecido	habías apetecido
3	apeteció	ha apetecido	había apetecido
1	apetecimos	hemos apetecido	habíamos apetecido
2	apetecisteis	habéis apetecido	habíais apetecido
3	apetecieron	han apetecido	habían apetecido

PASSÉ ANTÉRIEUR
hube apetecido, etc.

FUTUR ANTÉRIEUR
habré apetecido, etc.

CONDITIONNEL

	PRÉSENT	PASSÉ
1	apetecería	habría apetecido
2	apetecerías	habrías apetecido
3	apetecería	habría apetecido
1	apeteceríamos	habríamos apetecido
2	apeteceríais	habríais apetecido
3	apetecerían	habrían apetecido

IMPÉRATIF

(tú) apetece
(Vd) apetezca
(nosotros) apetezcamos
(vosotros) apeteced
(Vds) apetezcan

SUBJONCTIF

	PRÉSENT	IMPARFAIT	PLUS-QUE-PARFAIT
1	apetezca	apetec-iera/iese	hubiera apetecido
2	apetezcas	apetec-ieras/ieses	hubieras apetecido
3	apetezca	apetec-iera/iese	hubiera apetecido
1	apetezcamos	apetec-iéramos/iésemos	hubiéramos apetecido
2	apetezcáis	apetec-ierais/ieseis	hubierais apetecido
3	apetezcan	apetec-ieran/iesen	hubieran apetecido

PASSÉ COMPOSÉ haya apetecido, etc.

INFINITIF

PRÉSENT
apetecer

PASSÉ
haber apetecido

PARTICIPE

PRÉSENT
apeteciendo

PASSÉ
apetecido

N.B.

Attention à la construction du verbe apetecer : me apetece un helado (= *j'ai envie d'une glace*)

APRETAR
20 *serrer, presser*

	PRÉSENT	IMPARFAIT	FUTUR
1	aprieto	apretaba	apretaré
2	aprietas	apretabas	apretarás
3	aprieta	apretaba	apretará
1	apretamos	apretábamos	apretaremos
2	apretáis	apretabais	apretaréis
3	aprietan	apretaban	apretarán

	PASSÉ SIMPLE	PASSÉ COMPOSÉ	PLUS-QUE-PARFAIT
1	apreté	he apretado	había apretado
2	apretaste	has apretado	habías apretado
3	apretó	ha apretado	había apretado
1	apretamos	hemos apretado	habíamos apretado
2	apretasteis	habéis apretado	habíais apretado
3	apretaron	han apretado	habían apretado

PASSÉ ANTÉRIEUR
hube apretado, etc.

FUTUR ANTÉRIEUR
habré apretado, etc.

CONDITIONNEL / *IMPÉRATIF*

	PRÉSENT	PASSÉ	IMPÉRATIF
1	apretaría	habría apretado	
2	apretarías	habrías apretado	(tú) aprieta
3	apretaría	habría apretado	(Vd) apriete
1	apretaríamos	habríamos apretado	(nosotros) apretemos
2	apretaríais	habríais apretado	(vosotros) apretad
3	apretarían	habrían apretado	(Vds) aprieten

SUBJONCTIF

	PRÉSENT	IMPARFAIT	PLUS-QUE-PARFAIT
1	apriete	apret-ara/ase	hubiera apretado
2	aprietes	apret-aras/ases	hubieras apretado
3	apriete	apret-ara/ase	hubiera apretado
1	apretemos	apret-áramos/ásemos	hubiéramos apretado
2	apretéis	apret-arais/aseis	hubierais apretado
3	aprieten	apret-aran/asen	hubieran apretado

PASSÉ COMPOSÉ haya apretado, etc.

INFINITIF

PRÉSENT
apretar

PASSÉ
haber apretado

PARTICIPE

PRÉSENT
apretando

PASSÉ
apretado

	PRÉSENT	IMPARFAIT	FUTUR
1	apruebo	aprobaba	aprobaré
2	apruebas	aprobabas	aprobarás
3	aprueba	aprobaba	aprobará
1	aprobamos	aprobábamos	aprobaremos
2	aprobáis	aprobabais	aprobaréis
3	aprueban	aprobaban	aprobarán

	PASSÉ SIMPLE	PASSÉ COMPOSÉ	PLUS-QUE-PARFAIT
1	aprobé	he aprobado	había aprobado
2	aprobaste	has aprobado	habías aprobado
3	aprobó	ha aprobado	había aprobado
1	aprobamos	hemos aprobado	habíamos aprobado
2	aprobasteis	habéis aprobado	habíais aprobado
3	aprobaron	han aprobado	habían aprobado

PASSÉ ANTÉRIEUR
hube aprobado, etc.

FUTUR ANTÉRIEUR
habré aprobado, etc.

CONDITIONNEL

	PRÉSENT	PASSÉ
1	aprobaría	habría aprobado
2	aprobarías	habrías aprobado
3	aprobaría	habría aprobado
1	aprobaríamos	habríamos aprobado
2	aprobaríais	habríais aprobado
3	aprobarían	habrían aprobado

IMPÉRATIF

(tú) aprueba
(Vd) apruebe
(nosotros) aprobemos
(vosotros) aprobad
(Vds) aprueben

SUBJONCTIF

	PRÉSENT	IMPARFAIT	PLUS-QUE-PARFAIT
1	apruebe	aprob-ara/ase	hubiera aprobado
2	apruebes	aprob-aras/ases	hubieras aprobado
3	apruebe	aprob-ara/ase	hubiera aprobado
1	aprobemos	aprob-áramos/ásemos	hubiéramos aprobado
2	aprobéis	aprob-arais/aseis	hubierais aprobado
3	aprueben	aprob-aran/asen	hubieran aprobado

PASSÉ COMPOSÉ haya aprobado, etc.

INFINITIF

PRÉSENT
aprobar

PASSÉ
haber aprobado

PARTICIPE

PRÉSENT
aprobando

PASSÉ
aprobado

ARGÜIR 22

reprocher

	PRÉSENT	IMPARFAIT	FUTUR
1	arguyo	argüía	argüiré
2	arguyes	argüías	argüirás
3	arguye	argüía	argüirá
1	argüimos	argüíamos	argüiremos
2	argüís	argüíais	argüiréis
3	arguyen	argüían	argüirán

	PASSÉ SIMPLE	PASSÉ COMPOSÉ	PLUS-QUE-PARFAIT
1	argüí	he argüido	había argüido
2	argüiste	has argüido	habías argüido
3	arguyó	ha argüido	había argüido
1	argüimos	hemos argüido	habíamos argüido
2	argüisteis	habéis argüido	habíais argüido
3	arguyeron	han argüido	habían argüido

PASSÉ ANTÉRIEUR
hube argüido, etc.

FUTUR ANTÉRIEUR
habré argüido, etc.

CONDITIONNEL

	PRÉSENT	PASSÉ
1	argüiría	habría argüido
2	argüirías	habrías argüido
3	argüiría	habría argüido
1	argüiríamos	habríamos argüido
2	argüiríais	habríais argüido
3	argüirían	habrían argüido

IMPÉRATIF

(tú) arguye
(Vd) arguya
(nosotros) arguyamos
(vosotros) argüid
(Vds) arguyan

SUBJONCTIF

	PRÉSENT	IMPARFAIT	PLUS-QUE-PARFAIT
1	arguya	argu-yera/yese	hubiera argüido
2	arguyas	argu-yeras/yeses	hubieras argüido
3	arguya	argu-yera/yese	hubiera argüido
1	arguyamos	argu-yéramos/yésemos	hubiéramos argüido
2	arguyáis	argu-yerais/yeseis	hubierais argüido
3	arguyan	argu-yeran/yesen	hubieran argüido

PASSÉ COMPOSÉ haya argüido, etc.

INFINITIF

PRÉSENT
argüir

PASSÉ
haber argüido

PARTICIPE

PRÉSENT
arguyendo

PASSÉ
argüido

	PRÉSENT	IMPARFAIT	FUTUR
1	arranco	arrancaba	arrancaré
2	arrancas	arrancabas	arrancarás
3	arranca	arrancaba	arrancará
1	arrancamos	arrancábamos	arrancaremos
2	arrancáis	arrancabais	arrancaréis
3	arrancan	arrancaban	arrancarán

	PASSÉ SIMPLE	PASSÉ COMPOSÉ	PLUS-QUE-PARFAIT
1	arranqué	he arrancado	había arrancado
2	arrancaste	has arrancado	habías arrancado
3	arrancó	ha arrancado	había arrancado
1	arrancamos	hemos arrancado	habíamos arrancado
2	arrancasteis	habéis arrancado	habíais arrancado
3	arrancaron	han arrancado	habían arrancado

PASSÉ ANTÉRIEUR
hube arrancado, etc.

FUTUR ANTÉRIEUR
habré arrancado, etc.

CONDITIONNEL

	PRÉSENT	PASSÉ
1	arrancaría	habría arrancado
2	arrancarías	habrías arrancado
3	arrancaría	habría arrancado
1	arrancaríamos	habríamos arrancado
2	arrancaríais	habríais arrancado
3	arrancarían	habrían arrancado

IMPÉRATIF

(tú) arranca
(Vd) arranque
(nosotros) arranquemos
(vosotros) arrancad
(Vds) arranquen

SUBJONCTIF

	PRÉSENT	IMPARFAIT	PLUS-QUE-PARFAIT
1	arranque	arranc-ara/ase	hubiera arrancado
2	arranques	arranc-aras/ases	hubieras arrancado
3	arranque	arranc-ara/ase	hubiera arrancado
1	arranquemos	arranc-áramos/ásemos	hubiéramos arrancado
2	arranquéis	arranc-arais/aseis	hubierais arrancado
3	arranquen	arranc-aran/asen	hubieran arrancado

PASSÉ COMPOSÉ haya arrancado, etc.

INFINITIF

PRÉSENT
arrancar

PASSÉ
haber arrancado

PARTICIPE

PRÉSENT
arrancando

PASSÉ
arrancado

ARREGLAR

24 *réparer, arranger*

	PRÉSENT	IMPARFAIT	FUTUR
1	arreglo	arreglaba	arreglaré
2	arreglas	arreglabas	arreglarás
3	arregla	arreglaba	arreglará
1	arreglamos	arreglábamos	arreglaremos
2	arregláis	arreglabais	arreglaréis
3	arreglan	arreglaban	arreglarán

	PASSÉ SIMPLE	PASSÉ COMPOSÉ	PLUS-QUE-PARFAIT
1	arreglé	he arreglado	había arreglado
2	arreglaste	has arreglado	habías arreglado
3	arregló	ha arreglado	había arreglado
1	arreglamos	hemos arreglado	habíamos arreglado
2	arreglasteis	habéis arreglado	habíais arreglado
3	arreglaron	han arreglado	habían arreglado

PASSÉ ANTÉRIEUR
hube arreglado, etc.

FUTUR ANTÉRIEUR
habré arreglado, etc.

CONDITIONNEL

	PRÉSENT	PASSÉ
1	arreglaría	habría arreglado
2	arreglarías	habrías arreglado
3	arreglaría	habría arreglado
1	arreglaríamos	habríamos arreglado
2	arreglaríais	habríais arreglado
3	arreglarían	habrían arreglado

IMPÉRATIF

(tú) arregla
(Vd) arregle
(nosotros) arreglemos
(vosotros) arreglad
(Vds) arreglen

SUBJONCTIF

	PRÉSENT	IMPARFAIT	PLUS-QUE-PARFAIT
1	arregle	arregl-ara/ase	hubiera arreglado
2	arregles	arregl-aras/ases	hubieras arreglado
3	arregle	arregl-ara/ase	hubiera arreglado
1	arreglemos	arregl-áramos/ásemos	hubiéramos arreglado
2	arregléis	arregl-arais/aseis	hubierais arreglado
3	arreglen	arregl-aran/asen	hubieran arreglado

PASSÉ COMPOSÉ haya arreglado, etc.

INFINITIF

PRÉSENT
arreglar

PASSÉ
haber arreglado

PARTICIPE

PRÉSENT
arreglando

PASSÉ
arreglado

	PRÉSENT	IMPARFAIT	FUTUR
1	asciendo	ascendía	ascenderé
2	asciendes	ascendías	ascenderás
3	asciende	ascendía	ascenderá
1	ascendemos	ascendíamos	ascenderemos
2	ascendéis	ascendíais	ascenderéis
3	ascienden	ascendían	ascenderán

	PASSÉ SIMPLE	PASSÉ COMPOSÉ	PLUS-QUE-PARFAIT
1	ascendí	he ascendido	había ascendido
2	ascendiste	has ascendido	habías ascendido
3	ascendió	ha ascendido	había ascendido
1	ascendimos	hemos ascendido	habíamos ascendido
2	ascendisteis	habéis ascendido	habíais ascendido
3	ascendieron	han ascendido	habían ascendido

PASSÉ ANTÉRIEUR
hube ascendido, etc.

FUTUR ANTÉRIEUR
habré ascendido, etc.

	CONDITIONNEL PRÉSENT	PASSÉ	*IMPÉRATIF*
1	ascendería	habría ascendido	
2	ascenderías	habrías ascendido	(tú) asciende
3	ascendería	habría ascendido	(Vd) ascienda
1	ascenderíamos	habríamos ascendido	(nosotros) ascendamos
2	ascenderíais	habríais ascendido	(vosotros) ascended
3	ascenderían	habrían ascendido	(Vds) asciendan

SUBJONCTIF

	PRÉSENT	IMPARFAIT	PLUS-QUE-PARFAIT
1	ascienda	ascend-iera/iese	hubiera ascendido
2	asciendas	ascend-ieras/ieses	hubieras ascendido
3	ascienda	ascend-iera/iese	hubiera ascendido
1	ascendamos	ascend-iéramos/iésemos	hubiéramos ascendido
2	ascendáis	ascend-ierais/ieseis	hubierais ascendido
3	asciendan	ascend-ieran/iesen	hubieran ascendido

PASSÉ COMPOSÉ haya ascendido, etc.

INFINITIF	*PARTICIPE*
PRÉSENT	**PRÉSENT**
ascender	ascendiendo
PASSÉ	**PASSÉ**
haber ascendido	ascendido

ASIR 26

prendre, saisir

INDICATIF

	PRÉSENT	IMPARFAIT	FUTUR
1	asgo	asía	asiré
2	ases	asías	asirás
3	ase	asía	asirá
1	asimos	asíamos	asiremos
2	asís	asíais	asiréis
3	asen	asían	asirán

	PASSÉ SIMPLE	PASSÉ COMPOSÉ	PLUS-QUE-PARFAIT
1	así	he asido	había asido
2	asiste	has asido	habías asido
3	asió	ha asido	había asido
1	asimos	hemos asido	habíamos asido
2	asisteis	habéis asido	habíais asido
3	asieron	han asido	habían asido

PASSÉ ANTÉRIEUR
hube asido, etc.

FUTUR ANTÉRIEUR
habré asido, etc.

CONDITIONNEL

	PRÉSENT	PASSÉ
1	asiría	habría asido
2	asirías	habrías asido
3	asiría	habría asido
1	asiríamos	habríamos asido
2	asiríais	habríais asido
3	asirían	habrían asido

IMPÉRATIF

(tú) ase
(Vd) asga
(nosotros) asgamos
(vosotros) asid
(Vds) asgan

SUBJONCTIF

	PRÉSENT	IMPARFAIT	PLUS-QUE-PARFAIT
1	asga	as-iera/iese	hubiera asido
2	asgas	as-ieras/ieses	hubieras asido
3	asga	as-iera/iese	hubiera asido
1	asgamos	as-iéramos/iésemos	hubiéramos asido
2	asgáis	as-ierais/ieseis	hubierais asido
3	asgan	as-ieran/iesen	hubieran asido

PASSÉ COMPOSÉ haya asido, etc.

INFINITIF

PRÉSENT
asir

PASSÉ
haber asido

PARTICIPE

PRÉSENT
asiendo

PASSÉ
asido

	PRÉSENT	IMPARFAIT	FUTUR
1	aterrizo	aterrizaba	aterrizaré
2	aterrizas	aterrizabas	aterrizarás
3	aterriza	aterrizaba	aterrizará
1	aterrizamos	aterrizábamos	aterrizaremos
2	aterrizáis	aterrizabais	aterrizaréis
3	aterrizan	aterrizaban	aterrizarán

	PASSÉ SIMPLE	PASSÉ COMPOSÉ	PLUS-QUE-PARFAIT
1	aterricé	he aterrizado	había aterrizado
2	aterrizaste	has aterrizado	habías aterrizado
3	aterrizó	ha aterrizado	había aterrizado
1	aterrizamos	hemos aterrizado	habíamos aterrizado
2	aterrizasteis	habéis aterrizado	habíais aterrizado
3	aterrizaron	han aterrizado	habían aterrizado

PASSÉ ANTÉRIEUR
hube aterrizado, etc.

FUTUR ANTÉRIEUR
habré aterrizado, etc.

CONDITIONNEL

	PRÉSENT	PASSÉ
1	aterrizaría	habría aterrizado
2	aterrizarías	habrías aterrizado
3	aterrizaría	habría aterrizado
1	aterrizaríamos	habríamos aterrizado
2	aterrizaríais	habríais aterrizado
3	aterrizarían	habrían aterrizado

IMPÉRATIF

(tú) aterriza
(Vd) aterrice
(nosotros) aterricemos
(vosotros) aterrizad
(Vds) aterricen

SUBJONCTIF

	PRÉSENT	IMPARFAIT	PLUS-QUE-PARFAIT
1	aterrice	aterriz-ara/ase	hubiera aterrizado
2	aterrices	aterriz-aras/ases	hubieras aterrizado
3	aterrice	aterriz-ara/ase	hubiera aterrizado
1	aterricemos	aterriz-áramos/ásemos	hubiéramos aterrizado
2	aterricéis	aterriz-arais/aseis	hubierais aterrizado
3	aterricen	aterriz-aran/asen	hubieran aterrizado

PASSÉ COMPOSÉ haya aterrizado, etc.

INFINITIF

PRÉSENT
aterrizar

PASSÉ
haber aterrizado

PARTICIPE

PRÉSENT
aterrizando

PASSÉ
aterrizado

ATRAVESAR
28 *traverser*

	PRÉSENT	IMPARFAIT	FUTUR
1	atravieso	atravesaba	atravesaré
2	atraviesas	atravesabas	atravesarás
3	atraviesa	atravesaba	atravesará
1	atravesamos	atravesábamos	atravesaremos
2	atravesáis	atravesabais	atravesaréis
3	atraviesan	atravesaban	atravesarán
	PASSÉ SIMPLE	**PASSÉ COMPOSÉ**	**PLUS-QUE-PARFAIT**
1	atravesé	he atravesado	había atravesado
2	atravesaste	has atravesado	habías atravesado
3	atravesó	ha atravesado	había atravesado
1	atravesamos	hemos atravesado	habíamos atravesado
2	atravesasteis	habéis atravesado	habíais atravesado
3	atravesaron	han atravesado	habían atravesado
	PASSÉ ANTÉRIEUR		**FUTUR ANTÉRIEUR**
	hube atravesado, etc.		habré atravesado, etc.

CONDITIONNEL / *IMPÉRATIF*

	PRÉSENT	PASSÉ	IMPÉRATIF
1	atravesaría	habría atravesado	
2	atravesarías	habrías atravesado	(tú) atraviesa
3	atravesaría	habría atravesado	(Vd) atraviese
1	atravesaríamos	habríamos atravesado	(nosotros) atravesemos
2	atravesaríais	habríais atravesado	(vosotros) atravesad
3	atravesarían	habrían atravesado	(Vds) atraviesen

SUBJONCTIF

	PRÉSENT	IMPARFAIT	PLUS-QUE-PARFAIT
1	atraviese	atraves-ara/ase	hubiera atravesado
2	atravieses	atraves-aras/ases	hubieras atravesado
3	atraviese	atraves-ara/ase	hubiera atravesado
1	atravesemos	atraves-áramos/ásemos	hubiéramos atravesado
2	atraveséis	atraves-arais/aseis	hubierais atravesado
3	atraviesen	atraves-aran/asen	hubieran atravesado

PASSÉ COMPOSÉ haya atravesado, etc.

INFINITIF / *PARTICIPE*

INFINITIF	PARTICIPE
PRÉSENT	**PRÉSENT**
atravesar	atravesando
PASSÉ	**PASSÉ**
haber atravesado	atravesado

AVERGONZARSE
avoir honte **29**

	PRÉSENT	**IMPARFAIT**	**FUTUR**
1	me avergüenzo	me avergonzaba	me avergonzaré
2	te avergüenzas	te avergonzabas	te avergonzarás
3	se avergüenza	se avergonzaba	se avergonzará
1	nos avergonzamos	nos avergonzábamos	nos avergonzaremos
2	os avergonzáis	os avergonzabais	os avergonzaréis
3	se avergüenzan	se avergonzaban	se avergonzarán

	PASSÉ SIMPLE	**PASSÉ COMPOSÉ**	**PLUS-QUE-PARFAIT**
1	me avergoncé	me he avergonzado	me había avergonzado
2	te avergonzaste	te has avergonzado	te habías avergonzado
3	se avergonzó	se ha avergonzado	se había avergonzado
1	nos avergonzamos	nos hemos avergonzado	nos habíamos avergonzado
2	os avergonzasteis	os habéis avergonzado	os habíais avergonzado
3	se avergonzaron	se han avergonzado	se habían avergonzado

PASSÉ ANTÉRIEUR
me hube avergonzado, etc.

FUTUR ANTÉRIEUR
me habré avergonzado, etc.

CONDITIONNEL

	PRÉSENT	**PASSÉ**
1	me avergonzaría	me habría avergonzado
2	te avergonzarías	te habrías avergonzado
3	se avergonzaría	se habría avergonzado
1	nos avergonzaríamos	nos habríamos avergonzado
2	os avergonzaríais	os habríais avergonzado
3	se avergonzarían	se habrían avergonzado

IMPÉRATIF

(tú) avergüénzate
(Vd) avergüéncese
(nosotros) avergoncémonos
(vosotros) avergonzaos
(Vds) avergüéncense

SUBJONCTIF

	PRÉSENT	**IMPARFAIT**	**PLUS-QUE-PARFAIT**
1	me avergüence	me avergonz-ara/ase	me hubiera avergonzado
2	te avergüences	te avergonz-aras/ases	te hubieras avergonzado
3	se avergüence	se avergonz-ara/ase	se hubiera avergonzado
1	nos avergoncemos	nos avergonz-áramos/ásemos	nos hubiéramos avergonzado
2	os avergoncéis	os avergonz-arais/aseis	os hubierais avergonzado
3	se avergüencen	se avergonz-aran/asen	se hubieran avergonzado

PASSÉ COMPOSÉ me haya avergonzado, etc.

INFINITIF

PRÉSENT
avergonzarse

PASSÉ
haberse avergonzado

PARTICIPE

PRÉSENT
avergonzándose

PASSÉ
avergonzado

AVERIGUAR

30 *découvrir*

	PRÉSENT	**IMPARFAIT**	**FUTUR**
1	averiguo	averiguaba	averiguaré
2	averiguas	averiguabas	averiguarás
3	averigua	averiguaba	averiguará
1	averiguamos	averiguábamos	averiguaremos
2	averiguáis	averiguabais	averiguaréis
3	averiguan	averiguaban	averiguarán

	PASSÉ SIMPLE	**PASSÉ COMPOSÉ**	**PLUS-QUE-PARFAIT**
1	averigüé	he averiguado	había averiguado
2	averiguaste	has averiguado	habías averiguado
3	averiguó	ha averiguado	había averiguado
1	averiguamos	hemos averiguado	habíamos averiguado
2	averiguasteis	habéis averiguado	habíais averiguado
3	averiguaron	han averiguado	habían averiguado

PASSÉ ANTÉRIEUR
hube averiguado, etc.

FUTUR ANTÉRIEUR
habré averiguado, etc.

CONDITIONNEL

	PRÉSENT	**PASSÉ**
1	averiguaría	habría averiguado
2	averiguarías	habrías averiguado
3	averiguaría	habría averiguado
1	averiguaríamos	habríamos averiguado
2	averiguaríais	habríais averiguado
3	averiguarían	habrían averiguado

IMPÉRATIF

(tú) averigua
(Vd) averigüe
(nosotros) averigüemos
(vosotros) averiguad
(Vds) averigüen

SUBJONCTIF

	PRÉSENT	**IMPARFAIT**	**PLUS-QUE-PARFAIT**
1	averigüe	averigu-ara/ase	hubiera averiguado
2	averigües	averigu-aras/ases	hubieras averiguado
3	averigüe	averigu-ara/ase	hubiera averiguado
1	averigüemos	averigu-áramos/ásemos	hubiéramos averiguado
2	averigüéis	averigu-arais/aseis	hubierais averiguado
3	averigüen	averigu-aran/asen	hubieran averiguado

PASSÉ COMPOSÉ haya averiguado, etc.

INFINITIF

PRÉSENT
averiguar

PASSÉ
haber averiguado

PARTICIPE

PRÉSENT
averiguando

PASSÉ
averiguado

	PRÉSENT	IMPARFAIT	FUTUR
1	bajo	bajaba	bajaré
2	bajas	bajabas	bajarás
3	baja	bajaba	bajará
1	bajamos	bajábamos	bajaremos
2	bajáis	bajabais	bajaréis
3	bajan	bajaban	bajarán
	PASSÉ SIMPLE	**PASSÉ COMPOSÉ**	**PLUS-QUE-PARFAIT**
1	bajé	he bajado	había bajado
2	bajaste	has bajado	habías bajado
3	bajó	ha bajado	había bajado
1	bajamos	hemos bajado	habíamos bajado
2	bajasteis	habéis bajado	habíais bajado
3	bajaron	han bajado	habían bajado
	PASSÉ ANTÉRIEUR		**FUTUR ANTÉRIEUR**
	hube bajado, etc.		habré bajado, etc.

CONDITIONNEL / *IMPÉRATIF*

	PRÉSENT	PASSÉ	IMPÉRATIF
1	bajaría	habría bajado	
2	bajarías	habrías bajado	(tú) baja
3	bajaría	habría bajado	(Vd) baje
1	bajaríamos	habríamos bajado	(nosotros) bajemos
2	bajaríais	habríais bajado	(vosotros) bajad
3	bajarían	habrían bajado	(Vds) bajen

SUBJONCTIF

	PRÉSENT	IMPARFAIT	PLUS-QUE-PARFAIT
1	baje	baj-ara/ase	hubiera bajado
2	bajes	baj-aras/ases	hubieras bajado
3	baje	baj-ara/ase	hubiera bajado
1	bajemos	baj-áramos/ásemos	hubiéramos bajado
2	bajéis	baj-arais/aseis	hubierais bajado
3	bajen	baj-aran/asen	hubieran bajado

PASSÉ COMPOSÉ haya bajado, etc.

INFINITIF / *PARTICIPE*

INFINITIF	PARTICIPE
PRÉSENT	**PRÉSENT**
bajar	bajando
PASSÉ	**PASSÉ**
haber bajado	bajado

BAÑARSE

32 *prendre un bain, se baigner*

	PRÉSENT	IMPARFAIT	FUTUR
1	me baño	me bañaba	me bañaré
2	te bañas	te bañabas	te bañarás
3	se baña	se bañaba	se bañará
1	nos bañamos	nos bañábamos	nos bañaremos
2	os bañáis	os bañabais	os bañaréis
3	se bañan	se bañaban	se bañarán
	PASSÉ SIMPLE	**PASSÉ COMPOSÉ**	**PLUS-QUE-PARFAIT**
1	me bañé	me he bañado	me había bañado
2	te bañaste	te has bañado	te habías bañado
3	se bañó	se ha bañado	se había bañado
1	nos bañamos	nos hemos bañado	nos habíamos bañado
2	os bañasteis	os habéis bañado	os habíais bañado
3	se bañaron	se han bañado	se habían bañado
	PASSÉ ANTÉRIEUR		**FUTUR ANTÉRIEUR**
	me hube bañado, etc.		me habré bañado, etc.

CONDITIONNEL / *IMPÉRATIF*

	PRÉSENT	PASSÉ	
1	me bañaría	me habría bañado	
2	te bañarías	te habrías bañado	(tú) báñate
3	se bañaría	se habría bañado	(Vd) báñese
1	nos bañaríamos	nos habríamos bañado	(nosotros) bañémonos
2	os bañaríais	os habríais bañado	(vosotros) bañaos
3	se bañarían	se habrían bañado	(Vds) báñense

SUBJONCTIF

	PRÉSENT	IMPARFAIT	PLUS-QUE-PARFAIT
1	me bañe	me bañ-ara/ase	me hubiera bañado
2	te bañes	te bañ-aras/ases	te hubieras bañado
3	se bañe	se bañ-ara/ase	se hubiera bañado
1	nos bañemos	nos bañ-áramos/ásemos	nos hubiéramos bañado
2	os bañéis	os bañ-arais/aseis	os hubierais bañado
3	se bañen	se bañ-aran/asen	se hubieran bañado

PASSÉ COMPOSÉ me haya bañado, etc.

INFINITIF	*PARTICIPE*
PRÉSENT	**PRÉSENT**
bañarse	bañándose
PASSÉ	**PASSÉ**
haberse bañado	bañado

	PRÉSENT	IMPARFAIT	FUTUR
1	bebo	bebía	beberé
2	bebes	bebías	beberás
3	bebe	bebía	beberá
1	bebemos	bebíamos	beberemos
2	bebéis	bebíais	beberéis
3	beben	bebían	beberán
	PASSÉ SIMPLE	**PASSÉ COMPOSÉ**	**PLUS-QUE-PARFAIT**
1	bebí	he bebido	había bebido
2	bebiste	has bebido	habías bebido
3	bebió	ha bebido	había bebido
1	bebimos	hemos bebido	habíamos bebido
2	bebisteis	habéis bebido	habíais bebido
3	bebieron	han bebido	habían bebido
	PASSÉ ANTÉRIEUR		**FUTUR ANTÉRIEUR**
	hube bebido, etc.		habré bebido, etc.

	CONDITIONNEL		*IMPÉRATIF*
	PRÉSENT	**PASSÉ**	
1	bebería	habría bebido	
2	beberías	habrías bebido	(tú) bebe
3	bebería	habría bebido	(Vd) beba
1	beberíamos	habríamos bebido	(nosotros) bebamos
2	beberíais	habríais bebido	(vosotros) bebed
3	beberían	habrían bebido	(Vds) beban

SUBJONCTIF

	PRÉSENT	IMPARFAIT	PLUS-QUE-PARFAIT
1	beba	beb-iera/iese	hubiera bebido
2	bebas	beb-ieras/ieses	hubieras bebido
3	beba	beb-iera/iese	hubiera bebido
1	bebamos	beb-iéramos/iésemos	hubiéramos bebido
2	bebáis	beb-ierais/ieseis	hubierais bebido
3	beban	beb-ieran/iesen	hubieran bebido

PASSÉ COMPOSÉ haya bebido, etc.

INFINITIF	*PARTICIPE*
PRÉSENT	**PRÉSENT**
beber	bebiendo
PASSÉ	**PASSÉ**
haber bebido	bebido

BENDECIR
34 *bénir*

	PRÉSENT	IMPARFAIT	FUTUR
1	bendigo	bendecía	bendeciré
2	bendices	bendecías	bendecirás
3	bendice	bendecía	bendecirá
1	bendecimos	bendecíamos	bendeciremos
2	bendecís	bendecíais	bendeciréis
3	bendicen	bendecían	bendecirán

	PASSÉ SIMPLE	PASSÉ COMPOSÉ	PLUS-QUE-PARFAIT
1	bendije	he bendecido	había bendecido
2	bendijiste	has bendecido	habías bendecido
3	bendijo	ha bendecido	había bendecido
1	bendijimos	hemos bendecido	habíamos bendecido
2	bendijisteis	habéis bendecido	habíais bendecido
3	bendijeron	han bendecido	habían bendecido

PASSÉ ANTÉRIEUR
hube bendecido, etc.

FUTUR ANTÉRIEUR
habré bendecido, etc.

CONDITIONNEL

	PRÉSENT	PASSÉ
1	bendeciría	habría bendecido
2	bendecirías	habrías bendecido
3	bendeciría	habría bendecido
1	bendeciríamos	habríamos bendecido
2	bendeciríais	habríais bendecido
3	bendecirían	habrían bendecido

IMPÉRATIF

(tú) bendice
(Vd) bendiga
(nosotros) bendigamos
(vosotros) bendecid
(Vds) bendigan

SUBJONCTIF

	PRÉSENT	IMPARFAIT	PLUS-QUE-PARFAIT
1	bendiga	bendij-era/ese	hubiera bendecido
2	bendigas	bendij-eras/eses	hubieras bendecido
3	bendiga	bendij-era/ese	hubiera bendecido
1	bendigamos	bendij-éramos/ésemos	hubiéramos bendecido
2	bendigáis	bendij-erais/eseis	hubierais bendecido
3	bendigan	bendij-eran/esen	hubieran bendecido

PASSÉ COMPOSÉ haya bendecido, etc.

INFINITIF

PRÉSENT
bendecir

PASSÉ
haber bendecido

PARTICIPE

PRÉSENT
bendiciendo

PASSÉ
bendecido

	PRÉSENT	IMPARFAIT	FUTUR
1	busco	buscaba	buscaré
2	buscas	buscabas	buscarás
3	busca	buscaba	buscará
1	buscamos	buscábamos	buscaremos
2	buscáis	buscabais	buscaréis
3	buscan	buscaban	buscarán

	PASSÉ SIMPLE	PASSÉ COMPOSÉ	PLUS-QUE-PARFAIT
1	busqué	he buscado	había buscado
2	buscaste	has buscado	habías buscado
3	buscó	ha buscado	había buscado
1	buscamos	hemos buscado	habíamos buscado
2	buscasteis	habéis buscado	habíais buscado
3	buscaron	han buscado	habían buscado

PASSÉ ANTÉRIEUR
hube buscado, etc.

FUTUR ANTÉRIEUR
habré buscado, etc.

CONDITIONNEL

	PRÉSENT	PASSÉ
1	buscaría	habría buscado
2	buscarías	habrías buscado
3	buscaría	habría buscado
1	buscaríamos	habríamos buscado
2	buscaríais	habríais buscado
3	buscarían	habrían buscado

IMPÉRATIF

(tú) busca
(Vd) busque
(nosotros) busquemos
(vosotros) buscad
(Vds) busquen

SUBJONCTIF

	PRÉSENT	IMPARFAIT	PLUS-QUE-PARFAIT
1	busque	busc-ara/ase	hubiera buscado
2	busques	busc-aras/ases	hubieras buscado
3	busque	busc-ara/ase	hubiera buscado
1	busquemos	busc-áramos/ásemos	hubiéramos buscado
2	busquéis	busc-arais/aseis	hubierais buscado
3	busquen	busc-aran/asen	hubieran buscado

PASSÉ COMPOSÉ haya buscado, etc.

INFINITIF

PRÉSENT
buscar

PASSÉ
haber buscado

PARTICIPE

PRÉSENT
buscando

PASSÉ
buscado

CABER 36

tenir (dans)

	PRÉSENT	IMPARFAIT	FUTUR
1	quepo	cabía	cabré
2	cabes	cabías	cabrás
3	cabe	cabía	cabrá
1	cabemos	cabíamos	cabremos
2	cabéis	cabíais	cabréis
3	caben	cabían	cabrán

	PASSÉ SIMPLE	PASSÉ COMPOSÉ	PLUS-QUE-PARFAIT
1	cupe	he cabido	había cabido
2	cupiste	has cabido	habías cabido
3	cupo	ha cabido	había cabido
1	cupimos	hemos cabido	habíamos cabido
2	cupisteis	habéis cabido	habíais cabido
3	cupieron	han cabido	habían cabido

PASSÉ ANTÉRIEUR
hube cabido, etc.

FUTUR ANTÉRIEUR
habré cabido, etc.

CONDITIONNEL

	PRÉSENT	PASSÉ
1	cabría	habría cabido
2	cabrías	habrías cabido
3	cabría	habría cabido
1	cabríamos	habríamos cabido
2	cabríais	habríais cabido
3	cabrían	habrían cabido

IMPÉRATIF

(tú) cabe
(Vd) quepa
(nosotros) quepamos
(vosotros) cabed
(Vds) quepan

SUBJONCTIF

	PRÉSENT	IMPARFAIT	PLUS-QUE-PARFAIT
1	quepa	cup-iera/iese	hubiera cabido
2	quepas	cup-ieras/ieses	hubieras cabido
3	quepa	cup-iera/iese	hubiera cabido
1	quepamos	cup-iéramos/iésemos	hubiéramos cabido
2	quepáis	cup-ierais/ieseis	hubierais cabido
3	quepan	cup-ieran/iesen	hubieran cabido

PASSÉ COMPOSÉ haya cabido, etc.

INFINITIF

PRÉSENT
caber

PASSÉ
haber cabido

PARTICIPE

PRÉSENT
cabiendo

PASSÉ
cabido

	PRÉSENT	IMPARFAIT	FUTUR
1	caigo	caía	caeré
2	caes	caías	caerás
3	cae	caía	caerá
1	caemos	caíamos	caeremos
2	caéis	caíais	caeréis
3	caen	caían	caerán

	PASSÉ SIMPLE	PASSÉ COMPOSÉ	PLUS-QUE-PARFAIT
1	caí	he caído	había caído
2	caíste	has caído	habías caído
3	cayó	ha caído	había caído
1	caímos	hemos caído	habíamos caído
2	caísteis	habéis caído	habíais caído
3	cayeron	han caído	habían caído

PASSÉ ANTÉRIEUR
hube caído, etc.

FUTUR ANTÉRIEUR
habré caído, etc.

CONDITIONNEL

	PRÉSENT	PASSÉ
1	caería	habría caído
2	caerías	habrías caído
3	caería	habría caído
1	caeríamos	habríamos caído
2	caeríais	habríais caído
3	caerían	habrían caído

IMPÉRATIF

(tú) cae
(Vd) caiga
(nosotros) caigamos
(vosotros) caed
(Vds) caigan

SUBJONCTIF

	PRÉSENT	IMPARFAIT	PLUS-QUE-PARFAIT
1	caiga	ca-yera/yese	hubiera caído
2	caigas	ca-yeras/yeses	hubieras caído
3	caiga	ca-yera/yese	hubiera caído
1	caigamos	ca-yéramos/yésemos	hubiéramos caído
2	caigáis	ca-yerais/yeseis	hubierais caído
3	caigan	ca-yeran/yesen	hubieran caído

PASSÉ COMPOSÉ haya caído, etc.

INFINITIF

PRÉSENT
caer

PASSÉ
haber caído

PARTICIPE

PRÉSENT
cayendo

PASSÉ
caído

CARGAR 38
charger

	PRÉSENT	IMPARFAIT	FUTUR
1	cargo	cargaba	cargaré
2	cargas	cargabas	cargarás
3	carga	cargaba	cargará
1	cargamos	cargábamos	cargaremos
2	cargáis	cargabais	cargaréis
3	cargan	cargaban	cargarán

	PASSÉ SIMPLE	PASSÉ COMPOSÉ	PLUS-QUE-PARFAIT
1	cargué	he cargado	había cargado
2	cargaste	has cargado	habías cargado
3	cargó	ha cargado	había cargado
1	cargamos	hemos cargado	habíamos cargado
2	cargasteis	habéis cargado	habíais cargado
3	cargaron	han cargado	habían cargado

PASSÉ ANTÉRIEUR
hube cargado, etc.

FUTUR ANTÉRIEUR
habré cargado, etc.

CONDITIONNEL

	PRÉSENT	PASSÉ
1	cargaría	habría cargado
2	cargarías	habrías cargado
3	cargaría	habría cargado
1	cargaríamos	habríamos cargado
2	cargaríais	habríais cargado
3	cargarían	habrían cargado

IMPÉRATIF

(tú) carga
(Vd) cargue
(nosotros) carguemos
(vosotros) cargad
(Vds) carguen

SUBJONCTIF

	PRÉSENT	IMPARFAIT	PLUS-QUE-PARFAIT
1	cargue	carg-ara/ase	hubiera cargado
2	cargues	carg-aras/ases	hubieras cargado
3	cargue	carg-ara/ase	hubiera cargado
1	carguemos	carg-áramos/ásemos	hubiéramos cargado
2	carguéis	carg-arais/aseis	hubierais cargado
3	carguen	carg-aran/asen	hubieran cargado

PASSÉ COMPOSÉ haya cargado, etc.

INFINITIF

PRÉSENT
cargar

PASSÉ
haber cargado

PARTICIPE

PRÉSENT
cargando

PASSÉ
cargado

	PRÉSENT	IMPARFAIT	FUTUR
1	cazo	cazaba	cazaré
2	cazas	cazabas	cazarás
3	caza	cazaba	cazará
1	cazamos	cazábamos	cazaremos
2	cazáis	cazabais	cazaréis
3	cazan	cazaban	cazarán

	PASSÉ SIMPLE	PASSÉ COMPOSÉ	PLUS-QUE-PARFAIT
1	cacé	he cazado	había cazado
2	cazaste	has cazado	habías cazado
3	cazó	ha cazado	había cazado
1	cazamos	hemos cazado	habíamos cazado
2	cazasteis	habéis cazado	habíais cazado
3	cazaron	han cazado	habían cazado

PASSÉ ANTÉRIEUR
hube cazado, etc.

FUTUR ANTÉRIEUR
habré cazado, etc.

CONDITIONNEL

	PRÉSENT	PASSÉ
1	cazaría	habría cazado
2	cazarías	habrías cazado
3	cazaría	habría cazado
1	cazaríamos	habríamos cazado
2	cazaríais	habríais cazado
3	cazarían	habrían cazado

IMPÉRATIF

(tú) caza
(Vd) cace
(nosotros) cacemos
(vosotros) cazad
(Vds) cacen

SUBJONCTIF

	PRÉSENT	IMPARFAIT	PLUS-QUE-PARFAIT
1	cace	caz-ara/ase	hubiera cazado
2	caces	caz-aras/ases	hubieras cazado
3	cace	caz-ara/ase	hubiera cazado
1	cacemos	caz-áramos/ásemos	hubiéramos cazado
2	cacéis	caz-arais/aseis	hubierais cazado
3	cacen	caz-aran/asen	hubieran cazado

PASSÉ COMPOSÉ haya cazado, etc.

INFINITIF

PRÉSENT
cazar

PASSÉ
haber cazado

PARTICIPE

PRÉSENT
cazando

PASSÉ
cazado

CERRAR 40

fermer

	PRÉSENT	IMPARFAIT	FUTUR
1	cierro	cerraba	cerraré
2	cierras	cerrabas	cerrarás
3	cierra	cerraba	cerrará
1	cerramos	cerrábamos	cerraremos
2	cerráis	cerrabais	cerraréis
3	cierran	cerraban	cerrarán

	PASSÉ SIMPLE	PASSÉ COMPOSÉ	PLUS-QUE-PARFAIT
1	cerré	he cerrado	había cerrado
2	cerraste	has cerrado	habías cerrado
3	cerró	ha cerrado	había cerrado
1	cerramos	hemos cerrado	habíamos cerrado
2	cerrasteis	habéis cerrado	habíais cerrado
3	cerraron	han cerrado	habían cerrado

PASSÉ ANTÉRIEUR
hube cerrado, etc.

FUTUR ANTÉRIEUR
habré cerrado, etc.

CONDITIONNEL

	PRÉSENT	PASSÉ
1	cerraría	habría cerrado
2	cerrarías	habrías cerrado
3	cerraría	habría cerrado
1	cerraríamos	habríamos cerrado
2	cerraríais	habríais cerrado
3	cerrarían	habrían cerrado

IMPÉRATIF

(tú) cierra
(Vd) cierre
(nosotros) cerremos
(vosotros) cerrad
(Vds) cierren

SUBJONCTIF

	PRÉSENT	IMPARFAIT	PLUS-QUE-PARFAIT
1	cierre	cerr-ara/ase	hubiera cerrado
2	cierres	cerr-aras/ases	hubieras cerrado
3	cierre	cerr-ara/ase	hubiera cerrado
1	cerremos	cerr-áramos/ásemos	hubiéramos cerrado
2	cerréis	cerr-arais/aseis	hubierais cerrado
3	cierren	cerr-aran/asen	hubieran cerrado

PASSÉ COMPOSÉ haya cerrado, etc.

INFINITIF

PRÉSENT
cerrar

PASSÉ
haber cerrado

PARTICIPE

PRÉSENT
cerrando

PASSÉ
cerrado

	PRÉSENT	IMPARFAIT	FUTUR
1	cuezo	cocía	coceré
2	cueces	cocías	cocerás
3	cuece	cocía	cocerá
1	cocemos	cocíamos	coceremos
2	cocéis	cocíais	coceréis
3	cuecen	cocían	cocerán

	PASSÉ SIMPLE	PASSÉ COMPOSÉ	PLUS-QUE-PARFAIT
1	cocí	he cocido	había cocido
2	cociste	has cocido	habías cocido
3	coció	ha cocido	había cocido
1	cocimos	hemos cocido	habíamos cocido
2	cocisteis	habéis cocido	habíais cocido
3	cocieron	han cocido	habían cocido

PASSÉ ANTÉRIEUR
hube cocido, etc.

FUTUR ANTÉRIEUR
habré cocido, etc.

CONDITIONNEL

	PRÉSENT	PASSÉ
1	cocería	habría cocido
2	cocerías	habrías cocido
3	cocería	habría cocido
1	coceríamos	habríamos cocido
2	coceríais	habríais cocido
3	cocerían	habrían cocido

IMPÉRATIF

(tú) cuece
(Vd) cueza
(nosotros) cozamos
(vosotros) coced
(Vds) cuezan

SUBJONCTIF

	PRÉSENT	IMPARFAIT	PLUS-QUE-PARFAIT
1	cueza	coc-iera/iese	hubiera cocido
2	cuezas	coc-ieras/ieses	hubieras cocido
3	cueza	coc-iera/iese	hubiera cocido
1	cozamos	coc-iéramos/iésemos	hubiéramos cocido
2	cozáis	coc-ierais/ieseis	hubierais cocido
3	cuezan	coc-ieran/iesen	hubieran cocido

PASSÉ COMPOSÉ haya cocido, etc.

INFINITIF

PRÉSENT
cocer

PASSÉ
haber cocido

PARTICIPE

PRÉSENT
cociendo

PASSÉ
cocido

COGER 42

attraper, prendre, cueillir

	PRÉSENT	IMPARFAIT	FUTUR
1	cojo	cogía	cogeré
2	coges	cogías	cogerás
3	coge	cogía	cogerá
1	cogemos	cogíamos	cogeremos
2	cogéis	cogíais	cogeréis
3	cogen	cogían	cogerán

	PASSÉ SIMPLE	PASSÉ COMPOSÉ	PLUS-QUE-PARFAIT
1	cogí	he cogido	había cogido
2	cogiste	has cogido	habías cogido
3	cogió	ha cogido	había cogido
1	cogimos	hemos cogido	habíamos cogido
2	cogisteis	habéis cogido	habíais cogido
3	cogieron	han cogido	habían cogido

PASSÉ ANTÉRIEUR
hube cogido, etc.

FUTUR ANTÉRIEUR
habré cogido, etc.

CONDITIONNEL

	PRÉSENT	PASSÉ
1	cogería	habría cogido
2	cogerías	habrías cogido
3	cogería	habría cogido
1	cogeríamos	habríamos cogido
2	cogeríais	habríais cogido
3	cogerían	habrían cogido

IMPÉRATIF

(tú) coge
(Vd) coja
(nosotros) cojamos
(vosotros) coged
(Vds) cojan

SUBJONCTIF

	PRÉSENT	IMPARFAIT	PLUS-QUE-PARFAIT
1	coja	cog-iera/iese	hubiera cogido
2	cojas	cog-ieras/ieses	hubieras cogido
3	coja	cog-iera/iese	hubiera cogido
1	cojamos	cog-iéramos/iésemos	hubiéramos cogido
2	cojáis	cog-ierais/ieseis	hubierais cogido
3	cojan	cog-ieran/iesen	hubieran cogido

PASSÉ COMPOSÉ haya cogido, etc.

INFINITIF

PRÉSENT
coger

PASSÉ
haber cogido

PARTICIPE

PRÉSENT
cogiendo

PASSÉ
cogido

	PRÉSENT	IMPARFAIT	FUTUR
1	cuelgo	colgaba	colgaré
2	cuelgas	colgabas	colgarás
3	cuelga	colgaba	colgará
1	colgamos	colgábamos	colgaremos
2	colgáis	colgabais	colgaréis
3	cuelgan	colgaban	colgarán

	PASSÉ SIMPLE	PASSÉ COMPOSÉ	PLUS-QUE-PARFAIT
1	colgué	he colgado	había colgado
2	colgaste	has colgado	habías colgado
3	colgó	ha colgado	había colgado
1	colgamos	hemos colgado	habíamos colgado
2	colgasteis	habéis colgado	habíais colgado
3	colgaron	han colgado	habían colgado

PASSÉ ANTÉRIEUR
hube colgado, etc.

FUTUR ANTÉRIEUR
habré colgado, etc.

CONDITIONNEL

	PRÉSENT	PASSÉ
1	colgaría	habría colgado
2	colgarías	habrías colgado
3	colgaría	habría colgado
1	colgaríamos	habríamos colgado
2	colgaríais	habríais colgado
3	colgarían	habrían colgado

IMPÉRATIF

(tú) cuelga
(Vd) cuelgue
(nosotros) colguemos
(vosotros) colgad
(Vds) cuelguen

SUBJONCTIF

	PRÉSENT	IMPARFAIT	PLUS-QUE-PARFAIT
1	cuelgue	colg-ara/ase	hubiera colgado
2	cuelgues	colg-aras/ases	hubieras colgado
3	cuelgue	colg-ara/ase	hubiera colgado
1	colguemos	colg-áramos/ásemos	hubiéramos colgado
2	colguéis	colg-arais/aseis	hubierais colgado
3	cuelguen	colg-aran/asen	hubieran colgado

PASSÉ COMPOSÉ haya colgado, etc.

INFINITIF

PRÉSENT
colgar

PASSÉ
haber colgado

PARTICIPE

PRÉSENT
colgando

PASSÉ
colgado

COMENZAR

44 *commencer*

	PRÉSENT	IMPARFAIT	FUTUR
1	comienzo	comenzaba	comenzaré
2	comienzas	comenzabas	comenzarás
3	comienza	comenzaba	comenzará
1	comenzamos	comenzábamos	comenzaremos
2	comenzáis	comenzabais	comenzaréis
3	comienzan	comenzaban	comenzarán

	PASSÉ SIMPLE	PASSÉ COMPOSÉ	PLUS-QUE-PARFAIT
1	comencé	he comenzado	había comenzado
2	comenzaste	has comenzado	habías comenzado
3	comenzó	ha comenzado	había comenzado
1	comenzamos	hemos comenzado	habíamos comenzado
2	comenzasteis	habéis comenzado	habíais comenzado
3	comenzaron	han comenzado	habían comenzado

PASSÉ ANTÉRIEUR
hube comenzado, etc.

FUTUR ANTÉRIEUR
habré comenzado, etc.

CONDITIONNEL

	PRÉSENT	PASSÉ
1	comenzaría	habría comenzado
2	comenzarías	habrías comenzado
3	comenzaría	habría comenzado
1	comenzaríamos	habríamos comenzado
2	comenzaríais	habríais comenzado
3	comenzarían	habrían comenzado

IMPÉRATIF

(tú) comienza
(Vd) comience
(nosotros) comencemos
(vosotros) comenzad
(Vds) comiencen

SUBJONCTIF

	PRÉSENT	IMPARFAIT	PLUS-QUE-PARFAIT
1	comience	comenz-ara/ase	hubiera comenzado
2	comiences	comenz-aras/ases	hubieras comenzado
3	comience	comenz-ara/ase	hubiera comenzado
1	comencemos	comenz-áramos/ásemos	hubiéramos comenzado
2	comencéis	comenz-arais/aseis	hubierais comenzado
3	comiencen	comenz-aran/asen	hubieran comenzado

PASSÉ COMPOSÉ haya comenzado, etc.

INFINITIF

PRÉSENT
comenzar

PASSÉ
haber comenzado

PARTICIPE

PRÉSENT
comenzando

PASSÉ
comenzado

	PRÉSENT	IMPARFAIT	FUTUR
1	como	comía	comeré
2	comes	comías	comerás
3	come	comía	comerá
1	comemos	comíamos	comeremos
2	coméis	comíais	comeréis
3	comen	comían	comerán

	PASSÉ SIMPLE	PASSÉ COMPOSÉ	PLUS-QUE-PARFAIT
1	comí	he comido	había comido
2	comiste	has comido	habías comido
3	comió	ha comido	había comido
1	comimos	hemos comido	habíamos comido
2	comisteis	habéis comido	habíais comido
3	comieron	han comido	habían comido

PASSÉ ANTÉRIEUR
hube comido, etc.

FUTUR ANTÉRIEUR
habré comido, etc.

CONDITIONNEL | *IMPÉRATIF*

	PRÉSENT	PASSÉ	
1	comería	habría comido	
2	comerías	habrías comido	(tú) come
3	comería	habría comido	(Vd) coma
1	comeríamos	habríamos comido	(nosotros) comamos
2	comeríais	habríais comido	(vosotros) comed
3	comerían	habrían comido	(Vds) coman

SUBJONCTIF

	PRÉSENT	IMPARFAIT	PLUS-QUE-PARFAIT
1	coma	com-iera/iese	hubiera comido
2	comas	com-ieras/ieses	hubieras comido
3	coma	com-iera/iese	hubiera comido
1	comamos	com-iéramos/iésemos	hubiéramos comido
2	comáis	com-ierais/ieseis	hubierais comido
3	coman	com-ieran/iesen	hubieran comido

PASSÉ COMPOSÉ haya comido, etc.

INFINITIF

PRÉSENT
comer

PASSÉ
haber comido

PARTICIPE

PRÉSENT
comiendo

PASSÉ
comido

COMPETER 46

être de la compétence

	PRÉSENT	IMPARFAIT	FUTUR
3	compete	competía	competerá
3	competen	competían	competerán
	PASSÉ SIMPLE	**PASSÉ COMPOSÉ**	**PLUS-QUE-PARFAIT**
3	competió	ha competido	había competido
3	competieron	han competido	habían competido
	PASSÉ ANTÉRIEUR		**FUTUR ANTÉRIEUR**
	hubo competido, etc.		habrá competido, etc.

CONDITIONNEL | *IMPÉRATIF*

	PRÉSENT	PASSÉ
3	competería	habría competido
3	competerían	habrían competido

SUBJONCTIF

	PRÉSENT	IMPARFAIT	PLUS-QUE-PARFAIT
3	competa	compet-iera/iese	hubiera competido
3	competan	compet-ieran/iesen	hubieran competido

PASSÉ COMPOSÉ haya competido, etc.

INFINITIF	*PARTICIPE*
PRÉSENT	**PRÉSENT**
competer	competiendo
PASSÉ	**PASSÉ**
haber competido	competido

	PRÉSENT	IMPARFAIT	FUTUR
1	compro	compraba	compraré
2	compras	comprabas	comprarás
3	compra	compraba	comprará
1	compramos	comprábamos	compraremos
2	compráis	comprabais	compraréis
3	compran	compraban	comprarán

	PASSÉ SIMPLE	PASSÉ COMPOSÉ	PLUS-QUE-PARFAIT
1	compré	he comprado	había comprado
2	compraste	has comprado	habías comprado
3	compró	ha comprado	había comprado
1	compramos	hemos comprado	habíamos comprado
2	comprasteis	habéis comprado	habíais comprado
3	compraron	han comprado	habían comprado

PASSÉ ANTÉRIEUR
hube comprado, etc.

FUTUR ANTÉRIEUR
habré comprado, etc.

CONDITIONNEL

	PRÉSENT	PASSÉ
1	compraría	habría comprado
2	comprarías	habrías comprado
3	compraría	habría comprado
1	compraríamos	habríamos comprado
2	compraríais	habríais comprado
3	comprarían	habrían comprado

IMPÉRATIF

(tú) compra
(Vd) compre
(nosotros) compremos
(vosotros) comprad
(Vds) compren

SUBJONCTIF

	PRÉSENT	IMPARFAIT	PLUS-QUE-PARFAIT
1	compre	compr-ara/ase	hubiera comprado
2	compres	compr-aras/ases	hubieras comprado
3	compre	compr-ara/ase	hubiera comprado
1	compremos	compr-áramos/ásemos	hubiéramos comprado
2	compréis	compr-arais/aseis	hubierais comprado
3	compren	compr-aran/asen	hubieran comprado

PASSÉ COMPOSÉ haya comprado, etc.

INFINITIF

PRÉSENT
comprar

PASSÉ
haber comprado

PARTICIPE

PRÉSENT
comprando

PASSÉ
comprado

CONCEBIR 48

concevoir

	PRÉSENT	IMPARFAIT	FUTUR
1	concibo	concebía	concebiré
2	concibes	concebías	concebirás
3	concibe	concebía	concebirá
1	concebimos	concebíamos	concebiremos
2	concebís	concebíais	concebiréis
3	conciben	concebían	concebirán

	PASSÉ SIMPLE	PASSÉ COMPOSÉ	PLUS-QUE-PARFAIT
1	concebí	he concebido	había concebido
2	concebiste	has concebido	habías concebido
3	concibió	ha concebido	había concebido
1	concebimos	hemos concebido	habíamos concebido
2	concebisteis	habéis concebido	habíais concebido
3	concibieron	han concebido	habían concebido

PASSÉ ANTÉRIEUR
hube concebido, etc.

FUTUR ANTÉRIEUR
habré concebido, etc.

CONDITIONNEL

	PRÉSENT	PASSÉ
1	concebiría	habría concebido
2	concebirías	habrías concebido
3	concebiría	habría concebido
1	concebiríamos	habríamos concebido
2	concebiríais	habríais concebido
3	concebirían	habrían concebido

IMPÉRATIF

(tú) concibe
(Vd) conciba
(nosotros) concibamos
(vosotros) concebid
(Vds) conciban

SUBJONCTIF

	PRÉSENT	IMPARFAIT	PLUS-QUE-PARFAIT
1	conciba	concib-iera/iese	hubiera concebido
2	concibas	concib-ieras/ieses	hubieras concebido
3	conciba	concib-iera/iese	hubiera concebido
1	concibamos	concib-iéramos/iésemos	hubiéramos concebido
2	concibáis	concib-ierais/ieseis	hubierais concebido
3	conciban	concib-ieran/iesen	hubieran concebido

PASSÉ COMPOSÉ haya concebido, etc.

INFINITIF

PRÉSENT
concebir

PASSÉ
haber concebido

PARTICIPE

PRÉSENT
concibiendo

PASSÉ
concebido

	PRÉSENT	IMPARFAIT	FUTUR
3	concierne	concernía	concernirá
3	conciernen	concernían	concernirán
	PASSÉ SIMPLE	**PASSÉ COMPOSÉ**	**PLUS-QUE-PARFAIT**
3	concirnió	ha concernido	había concernido
3	concirnieron	han concernido	habían concernido

PASSÉ ANTÉRIEUR
hubo concernido, etc.

FUTUR ANTÉRIEUR
habrá concernido, etc.

CONDITIONNEL

	PRÉSENT	PASSÉ
3	concerniría	habría concernido
3	concernirían	habrían concernido

IMPÉRATIF

SUBJONCTIF

	PRÉSENT	IMPARFAIT	PLUS-QUE-PARFAIT
3	concierna	concern-iera/iese	hubiera concernido
3	conciernan	concern-ieran/iesen	hubieran concernido

PASSÉ COMPOSÉ haya concernido, etc.

INFINITIF

PRÉSENT
concernir

PASSÉ
haber concernido

PARTICIPE

PRÉSENT
concerniendo

PASSÉ
concernido

CONDUCIR
50 *conduire*

	PRÉSENT	IMPARFAIT	FUTUR
1	conduzco	conducía	conduciré
2	conduces	conducías	conducirás
3	conduce	conducía	conducirá
1	conducimos	conducíamos	conduciremos
2	conducís	conducíais	conduciréis
3	conducen	conducían	conducirán

	PASSÉ SIMPLE	PASSÉ COMPOSÉ	PLUS-QUE-PARFAIT
1	conduje	he conducido	había conducido
2	condujiste	has conducido	habías conducido
3	condujo	ha conducido	había conducido
1	condujimos	hemos conducido	habíamos conducido
2	condujisteis	habéis conducido	habíais conducido
3	condujeron	han conducido	habían conducido

PASSÉ ANTÉRIEUR
hube conducido, etc.

FUTUR ANTÉRIEUR
habré conducido, etc.

CONDITIONNEL

	PRÉSENT	PASSÉ
1	conduciría	habría conducido
2	conducirías	habrías conducido
3	conduciría	habría conducido
1	conduciríamos	habríamos conducido
2	conduciríais	habríais conducido
3	conducirían	habrían conducido

IMPÉRATIF

(tú) conduce
(Vd) conduzca
(nosotros) conduzcamos
(vosotros) conducid
(Vds) conduzcan

SUBJONCTIF

	PRÉSENT	IMPARFAIT	PLUS-QUE-PARFAIT
1	conduzca	conduj-era/ese	hubiera conducido
2	conduzcas	conduj-eras/eses	hubieras conducido
3	conduzca	conduj-era/ese	hubiera conducido
1	conduzcamos	conduj-éramos/ésemos	hubiéramos conducido
2	conduzcáis	conduj-erais/eseis	hubierais conducido
3	conduzcan	conduj-eran/esen	hubieran conducido

PASSÉ COMPOSÉ haya conducido, etc.

INFINITIF

PRÉSENT
conducir

PASSÉ
haber conducido

PARTICIPE

PRÉSENT
conduciendo

PASSÉ
conducido

CONOCER

connaître **51**

	PRÉSENT	IMPARFAIT	FUTUR
1	conozco	conocía	conoceré
2	conoces	conocías	conocerás
3	conoce	conocía	conocerá
1	conocemos	conocíamos	conoceremos
2	conocéis	conocíais	conoceréis
3	conocen	conocían	conocerán

	PASSÉ SIMPLE	PASSÉ COMPOSÉ	PLUS-QUE-PARFAIT
1	conocí	he conocido	había conocido
2	conociste	has conocido	habías conocido
3	conoció	ha conocido	había conocido
1	conocimos	hemos conocido	habíamos conocido
2	conocisteis	habéis conocido	habíais conocido
3	conocieron	han conocido	habían conocido

PASSÉ ANTÉRIEUR
hube conocido, etc.

FUTUR ANTÉRIEUR
habré conocido, etc.

CONDITIONNEL

	PRÉSENT	PASSÉ
1	conocería	habría conocido
2	conocerías	habrías conocido
3	conocería	habría conocido
1	conoceríamos	habríamos conocido
2	conoceríais	habríais conocido
3	conocerían	habrían conocido

IMPÉRATIF

(tú) conoce
(Vd) conozca
(nosotros) conozcamos
(vosotros) conoced
(Vds) conozcan

SUBJONCTIF

	PRÉSENT	IMPARFAIT	PLUS-QUE-PARFAIT
1	conozca	conoc-iera/iese	hubiera conocido
2	conozcas	conoc-ieras/ieses	hubieras conocido
3	conozca	conoc-iera/iese	hubiera conocido
1	conozcamos	conoc-iéramos/iésemos	hubiéramos conocido
2	conozcáis	conoc-ierais/ieseis	hubierais conocido
3	conozcan	conoc-ieran/iesen	hubieran conocido

PASSÉ COMPOSÉ haya conocido, etc.

INFINITIF

PRÉSENT
conocer

PASSÉ
haber conocido

PARTICIPE

PRÉSENT
conociendo

PASSÉ
conocido

CONSOLAR 52 *consoler*

	PRÉSENT	IMPARFAIT	FUTUR
1	consuelo	consolaba	consolaré
2	consuelas	consolabas	consolarás
3	consuela	consolaba	consolará
1	consolamos	consolábamos	consolaremos
2	consoláis	consolabais	consolaréis
3	consuelan	consolaban	consolarán

	PASSÉ SIMPLE	PASSÉ COMPOSÉ	PLUS-QUE-PARFAIT
1	consolé	he consolado	había consolado
2	consolaste	has consolado	habías consolado
3	consoló	ha consolado	había consolado
1	consolamos	hemos consolado	habíamos consolado
2	consolasteis	habéis consolado	habíais consolado
3	consolaron	han consolado	habían consolado

PASSÉ ANTÉRIEUR
hube consolado, etc.

FUTUR ANTÉRIEUR
habré consolado, etc.

CONDITIONNEL

	PRÉSENT	PASSÉ
1	consolaría	habría consolado
2	consolarías	habrías consolado
3	consolaría	habría consolado
1	consolaríamos	habríamos consolado
2	consolaríais	habríais consolado
3	consolarían	habrían consolado

IMPÉRATIF

(tú) consuela
(Vd) consuele
(nosotros) consolemos
(vosotros) consolad
(Vds) consuelen

SUBJONCTIF

	PRÉSENT	IMPARFAIT	PLUS-QUE-PARFAIT
1	consuele	consol-ara/ase	hubiera consolado
2	consueles	consol-aras/ases	hubieras consolado
3	consuele	consol-ara/ase	hubiera consolado
1	consolemos	consol-áramos/ásemos	hubiéramos consolado
2	consoléis	consol-arais/aseis	hubierais consolado
3	consuelen	consol-aran/asen	hubieran consolado

PASSÉ COMPOSÉ haya consolado, etc.

INFINITIF

PRÉSENT
consolar

PASSÉ
haber consolado

PARTICIPE

PRÉSENT
consolando

PASSÉ
consolado

	PRÉSENT	IMPARFAIT	FUTUR
1	construyo	construía	construiré
2	construyes	construías	construirás
3	construye	construía	construirá
1	construimos	construíamos	construiremos
2	construís	construíais	construiréis
3	construyen	construían	construirán

	PASSÉ SIMPLE	PASSÉ COMPOSÉ	PLUS-QUE-PARFAIT
1	construí	he construido	había construido
2	construiste	has construido	habías construido
3	construyó	ha construido	había construido
1	construimos	hemos construido	habíamos construido
2	construisteis	habéis construido	habíais construido
3	construyeron	han construido	habían construido

PASSÉ ANTÉRIEUR
hube construido, etc.

FUTUR ANTÉRIEUR
habré construido, etc.

CONDITIONNEL

	PRÉSENT	PASSÉ
1	construiría	habría construido
2	construirías	habrías construido
3	construiría	habría construido
1	construiríamos	habríamos construido
2	construiríais	habríais construido
3	construirían	habrían construido

IMPÉRATIF

(tú) construye
(Vd) construya
(nosotros) construyamos
(vosotros) construid
(Vds) construyan

SUBJONCTIF

	PRÉSENT	IMPARFAIT	PLUS-QUE-PARFAIT
1	construya	constru-yera/yese	hubiera construido
2	construyas	constru-yeras/yeses	hubieras construido
3	construya	constru-yera/yese	hubiera construido
1	construyamos	constru-yéramos/yésemos	hubiéramos construido
2	construyáis	constru-yerais/yeseis	hubierais construido
3	construyan	constru-yeran/yesen	hubieran construido

PASSÉ COMPOSÉ haya construido, etc.

INFINITIF

PRÉSENT
construir

PASSÉ
haber construido

PARTICIPE

PRÉSENT
construyendo

PASSÉ
construido

CONTAR
54 *raconter, compter*

	PRÉSENT	IMPARFAIT	FUTUR
1	cuento	contaba	contaré
2	cuentas	contabas	contarás
3	cuenta	contaba	contará
1	contamos	contábamos	contaremos
2	contáis	contabais	contaréis
3	cuentan	contaban	contarán

	PASSÉ SIMPLE	PASSÉ COMPOSÉ	PLUS-QUE-PARFAIT
1	conté	he contado	había contado
2	contaste	has contado	habías contado
3	contó	ha contado	había contado
1	contamos	hemos contado	habíamos contado
2	contasteis	habéis contado	habíais contado
3	contaron	han contado	habían contado

PASSÉ ANTÉRIEUR
hube contado, etc.

FUTUR ANTÉRIEUR
habré contado, etc.

CONDITIONNEL

	PRÉSENT	PASSÉ
1	contaría	habría contado
2	contarías	habrías contado
3	contaría	habría contado
1	contaríamos	habríamos contado
2	contaríais	habríais contado
3	contarían	habrían contado

IMPÉRATIF

(tú) cuenta
(Vd) cuente
(nosotros) contemos
(vosotros) contad
(Vds) cuenten

SUBJONCTIF

	PRÉSENT	IMPARFAIT	PLUS-QUE-PARFAIT
1	cuente	cont-ara/ase	hubiera contado
2	cuentes	cont-aras/ases	hubieras contado
3	cuente	cont-ara/ase	hubiera contado
1	contemos	cont-áramos/ásemos	hubiéramos contado
2	contéis	cont-arais/aseis	hubierais contado
3	cuenten	cont-aran/asen	hubieran contado

PASSÉ COMPOSÉ haya contado, etc.

INFINITIF

PRÉSENT
contar

PASSÉ
haber contado

PARTICIPE

PRÉSENT
contando

PASSÉ
contado

	PRÉSENT	IMPARFAIT	FUTUR
1	contesto	contestaba	contestaré
2	contestas	contestabas	contestarás
3	contesta	contestaba	contestará
1	contestamos	contestábamos	contestaremos
2	contestáis	contestabais	contestaréis
3	contestan	contestaban	contestarán

	PASSÉ SIMPLE	PASSÉ COMPOSÉ	PLUS-QUE-PARFAIT
1	contesté	he contestado	había contestado
2	contestaste	has contestado	habías contestado
3	contestó	ha contestado	había contestado
1	contestamos	hemos contestado	habíamos contestado
2	contestasteis	habéis contestado	habíais contestado
3	contestaron	han contestado	habían contestado

PASSÉ ANTÉRIEUR
hube contestado, etc.

FUTUR ANTÉRIEUR
habré contestado, etc.

CONDITIONNEL

	PRÉSENT	PASSÉ
1	contestaría	habría contestado
2	contestarías	habrías contestado
3	contestaría	habría contestado
1	contestaríamos	habríamos contestado
2	contestaríais	habríais contestado
3	contestarían	habrían contestado

IMPÉRATIF

(tú) contesta
(Vd) conteste
(nosotros) contestemos
(vosotros) contestad
(Vds) contesten

SUBJONCTIF

	PRÉSENT	IMPARFAIT	PLUS-QUE-PARFAIT
1	conteste	contest-ara/ase	hubiera contestado
2	contestes	contest-aras/ases	hubieras contestado
3	conteste	contest-ara/ase	hubiera contestado
1	contestemos	contest-áramos/ásemos	hubiéramos contestado
2	contestéis	contest-arais/aseis	hubierais contestado
3	contesten	contest-aran/asen	hubieran contestado

PASSÉ COMPOSÉ haya contestado, etc.

INFINITIF

PRÉSENT
contestar

PASSÉ
haber contestado

PARTICIPE

PRÉSENT
contestando

PASSÉ
contestado

CONTINUAR
56 *continuer*

	PRÉSENT	IMPARFAIT	FUTUR
1	continúo	continuaba	continuaré
2	continúas	continuabas	continuarás
3	continúa	continuaba	continuará
1	continuamos	continuábamos	continuaremos
2	continuáis	continuabais	continuaréis
3	continúan	continuaban	continuarán

	PASSÉ SIMPLE	PASSÉ COMPOSÉ	PLUS-QUE-PARFAIT
1	continué	he continuado	había continuado
2	continuaste	has continuado	habías continuado
3	continuó	ha continuado	había continuado
1	continuamos	hemos continuado	habíamos continuado
2	continuasteis	habéis continuado	habíais continuado
3	continuaron	han continuado	habían continuado

PASSÉ ANTÉRIEUR
hube continuado, etc.

FUTUR ANTÉRIEUR
habré continuado, etc.

CONDITIONNEL

	PRÉSENT	PASSÉ
1	continuaría	habría continuado
2	continuarías	habrías continuado
3	continuaría	habría continuado
1	continuaríamos	habríamos continuado
2	continuaríais	habríais continuado
3	continuarían	habrían continuado

IMPÉRATIF

(tú) continúa
(Vd) continúe
(nosotros) continuemos
(vosotros) continuad
(Vds) continúen

SUBJONCTIF

	PRÉSENT	IMPARFAIT	PLUS-QUE-PARFAIT
1	continúe	continu-ara/ase	hubiera continuado
2	continúes	continu-aras/ases	hubieras continuado
3	continúe	continu-ara/ase	hubiera continuado
1	continuemos	continu-áramos/ásemos	hubiéramos continuado
2	continuéis	continu-arais/aseis	hubierais continuado
3	continúen	continu-aran/asen	hubieran continuado

PASSÉ COMPOSÉ haya continuado, etc.

INFINITIF

PRÉSENT
continuar

PASSÉ
haber continuado

PARTICIPE

PRÉSENT
continuando

PASSÉ
continuado

	PRÉSENT	IMPARFAIT	FUTUR
1	corrijo	corregía	corregiré
2	corriges	corregías	corregirás
3	corrige	corregía	corregirá
1	corregimos	corregíamos	corregiremos
2	corregís	corregíais	corregiréis
3	corrigen	corregían	corregirán

	PASSÉ SIMPLE	PASSÉ COMPOSÉ	PLUS-QUE-PARFAIT
1	corregí	he corregido	había corregido
2	corregiste	has corregido	habías corregido
3	corrigió	ha corregido	había corregido
1	corregimos	hemos corregido	habíamos corregido
2	corregisteis	habéis corregido	habíais corregido
3	corrigieron	han corregido	habían corregido

PASSÉ ANTÉRIEUR
hube corregido, etc.

FUTUR ANTÉRIEUR
habré corregido, etc.

CONDITIONNEL

	PRÉSENT	PASSÉ
1	corregiría	habría corregido
2	corregirías	habrías corregido
3	corregiría	habría corregido
1	corregiríamos	habríamos corregido
2	corregiríais	habríais corregido
3	corregirían	habrían corregido

IMPÉRATIF

(tú) corrige
(Vd) corrija
(nosotros) corrijamos
(vosotros) corregid
(Vds) corrijan

SUBJONCTIF

	PRÉSENT	IMPARFAIT	PLUS-QUE-PARFAIT
1	corrija	corrig-iera/iese	hubiera corregido
2	corrijas	corrig-ieras/ieses	hubieras corregido
3	corrija	corrig-iera/iese	hubiera corregido
1	corrijamos	corrig-iéramos/iésemos	hubiéramos corregido
2	corrijáis	corrig-ierais/ieseis	hubierais corregido
3	corrijan	corrig-ieran/iesen	hubieran corregido

PASSÉ COMPOSÉ haya corregido, etc.

INFINITIF

PRÉSENT
corregir

PASSÉ
haber corregido

PARTICIPE

PRÉSENT
corrigiendo

PASSÉ
corregido

CORRER
58 *courir*

	PRÉSENT	IMPARFAIT	FUTUR
1	corro	corría	correré
2	corres	corrías	correrás
3	corre	corría	correrá
1	corremos	corríamos	correremos
2	corréis	corríais	correréis
3	corren	corrían	correrán

	PASSÉ SIMPLE	PASSÉ COMPOSÉ	PLUS-QUE-PARFAIT
1	corrí	he corrido	había corrido
2	corriste	has corrido	habías corrido
3	corrió	ha corrido	había corrido
1	corrimos	hemos corrido	habíamos corrido
2	corristeis	habéis corrido	habíais corrido
3	corrieron	han corrido	habían corrido

PASSÉ ANTÉRIEUR
hube corrido, etc.

FUTUR ANTÉRIEUR
habré corrido, etc.

CONDITIONNEL / *IMPÉRATIF*

	PRÉSENT	PASSÉ	IMPÉRATIF
1	correría	habría corrido	
2	correrías	habrías corrido	(tú) corre
3	correría	habría corrido	(Vd) corra
1	correríamos	habríamos corrido	(nosotros) corramos
2	correríais	habríais corrido	(vosotros) corred
3	correrían	habrían corrido	(Vds) corran

SUBJONCTIF

	PRÉSENT	IMPARFAIT	PLUS-QUE-PARFAIT
1	corra	corr-iera/iese	hubiera corrido
2	corras	corr-ieras/ieses	hubieras corrido
3	corra	corr-iera/iese	hubiera corrido
1	corramos	corr-iéramos/iésemos	hubiéramos corrido
2	corráis	corr-ierais/ieseis	hubierais corrido
3	corran	corr-ieran/iesen	hubieran corrido

PASSÉ COMPOSÉ haya corrido, etc.

INFINITIF

PRÉSENT
correr

PASSÉ
haber corrido

PARTICIPE

PRÉSENT
corriendo

PASSÉ
corrido

	PRÉSENT	IMPARFAIT	FUTUR
1	cuesto	costaba	costaré
2	cuestas	costabas	costarás
3	cuesta	costaba	costará
1	costamos	costábamos	costaremos
2	costáis	costabais	costaréis
3	cuestan	costaban	costarán

	PASSÉ SIMPLE	PASSÉ COMPOSÉ	PLUS-QUE-PARFAIT
1	costé	he costado	había costado
2	costaste	has costado	habías costado
3	costó	ha costado	había costado
1	costamos	hemos costado	habíamos costado
2	costasteis	habéis costado	habíais costado
3	costaron	han costado	habían costado

PASSÉ ANTÉRIEUR
hube costado, etc.

FUTUR ANTÉRIEUR
habré costado, etc.

CONDITIONNEL

	PRÉSENT	PASSÉ
1	costaría	habría costado
2	costarías	habrías costado
3	costaría	habría costado
1	costaríamos	habríamos costado
2	costaríais	habríais costado
3	costarían	habrían costado

IMPÉRATIF

(tú) cuesta
(Vd) cueste
(nosotros) costemos
(vosotros) costad
(Vds) cuesten

SUBJONCTIF

	PRÉSENT	IMPARFAIT	PLUS-QUE-PARFAIT
1	cueste	cost-ara/ase	hubiera costado
2	cuestes	cost-aras/ases	hubieras costado
3	cueste	cost-ara/ase	hubiera costado
1	costemos	cost-áramos/ásemos	hubiéramos costado
2	costéis	cost-arais/aseis	hubierais costado
3	cuesten	cost-aran/asen	hubieran costado

PASSÉ COMPOSÉ haya costado, etc.

INFINITIF

PRÉSENT
costar

PASSÉ
haber costado

PARTICIPE

PRÉSENT
costando

PASSÉ
costado

CRECER 60

augmenter, grandir

	PRÉSENT	IMPARFAIT	FUTUR
1	crezco	crecía	creceré
2	creces	crecías	crecerás
3	crece	crecía	crecerá
1	crecemos	crecíamos	creceremos
2	crecéis	crecíais	creceréis
3	crecen	crecían	crecerán

	PASSÉ SIMPLE	PASSÉ COMPOSÉ	PLUS-QUE-PARFAIT
1	crecí	he crecido	había crecido
2	creciste	has crecido	habías crecido
3	creció	ha crecido	había crecido
1	crecimos	hemos crecido	habíamos crecido
2	crecisteis	habéis crecido	habíais crecido
3	crecieron	han crecido	habían crecido

PASSÉ ANTÉRIEUR
hube crecido, etc.

FUTUR ANTÉRIEUR
habré crecido, etc.

CONDITIONNEL

IMPÉRATIF

	PRÉSENT	PASSÉ	
1	crecería	habría crecido	
2	crecerías	habrías crecido	(tú) crece
3	crecería	habría crecido	(Vd) crezca
1	creceríamos	habríamos crecido	(nosotros) crezcamos
2	creceríais	habríais crecido	(vosotros) creced
3	crecerían	habrían crecido	(Vds) crezcan

SUBJONCTIF

	PRÉSENT	IMPARFAIT	PLUS-QUE-PARFAIT
1	crezca	crec-iera/iese	hubiera crecido
2	crezcas	crec-ieras/ieses	hubieras crecido
3	crezca	crec-iera/iese	hubiera crecido
1	crezcamos	crec-iéramos/iésemos	hubiéramos crecido
2	crezcáis	crec-ierais/ieseis	hubierais crecido
3	crezcan	crec-ieran/iesen	hubieran crecido

PASSÉ COMPOSÉ haya crecido, etc.

INFINITIF

PRÉSENT
crecer

PASSÉ
haber crecido

PARTICIPE

PRÉSENT
creciendo

PASSÉ
crecido

	PRÉSENT	IMPARFAIT	FUTUR
1	creo	creía	creeré
2	crees	creías	creerás
3	cree	creía	creerá
1	creemos	creíamos	creeremos
2	creéis	creíais	creeréis
3	creen	creían	creerán

	PASSÉ SIMPLE	PASSÉ COMPOSÉ	PLUS-QUE-PARFAIT
1	creí	he creído	había creído
2	creíste	has creído	habías creído
3	creyó	ha creído	había creído
1	creímos	hemos creído	habíamos creído
2	creísteis	habéis creído	habíais creído
3	creyeron	han creído	habían creído

PASSÉ ANTÉRIEUR
hube creído, etc.

FUTUR ANTÉRIEUR
habré creído, etc.

CONDITIONNEL / *IMPÉRATIF*

	PRÉSENT	PASSÉ	IMPÉRATIF
1	creería	habría creído	
2	creerías	habrías creído	(tú) cree
3	creería	habría creído	(Vd) crea
1	creeríamos	habríamos creído	(nosotros) creamos
2	creeríais	habríais creído	(vosotros) creed
3	creerían	habrían creído	(Vds) crean

SUBJONCTIF

	PRÉSENT	IMPARFAIT	PLUS-QUE-PARFAIT
1	crea	cre-yera/yese	hubiera creído
2	creas	cre-yeras/yeses	hubieras creído
3	crea	cre-yera/yese	hubiera creído
1	creamos	cre-yéramos/yésemos	hubiéramos creído
2	creáis	cre-yerais/yeseis	hubierais creído
3	crean	cre-yeran/yesen	hubieran creído

PASSÉ COMPOSÉ haya creído, etc.

INFINITIF	PARTICIPE
PRÉSENT	**PRÉSENT**
creer	creyendo
PASSÉ	**PASSÉ**
haber creído	creído

CRUZAR 62

croiser, traverser

	PRÉSENT	IMPARFAIT	FUTUR
1	cruzo	cruzaba	cruzaré
2	cruzas	cruzabas	cruzarás
3	cruza	cruzaba	cruzará
1	cruzamos	cruzábamos	cruzaremos
2	cruzáis	cruzabais	cruzaréis
3	cruzan	cruzaban	cruzarán

	PASSÉ SIMPLE	PASSÉ COMPOSÉ	PLUS-QUE-PARFAIT
1	crucé	he cruzado	había cruzado
2	cruzaste	has cruzado	habías cruzado
3	cruzó	ha cruzado	había cruzado
1	cruzamos	hemos cruzado	habíamos cruzado
2	cruzasteis	habéis cruzado	habíais cruzado
3	cruzaron	han cruzado	habían cruzado

PASSÉ ANTÉRIEUR
hube cruzado, etc.

FUTUR ANTÉRIEUR
habré cruzado, etc.

CONDITIONNEL

	PRÉSENT	PASSÉ
1	cruzaría	habría cruzado
2	cruzarías	habrías cruzado
3	cruzaría	habría cruzado
1	cruzaríamos	habríamos cruzado
2	cruzaríais	habríais cruzado
3	cruzarían	habrían cruzado

IMPÉRATIF

(tú) cruza
(Vd) cruce
(nosotros) crucemos
(vosotros) cruzad
(Vds) crucen

SUBJONCTIF

	PRÉSENT	IMPARFAIT	PLUS-QUE-PARFAIT
1	cruce	cruz-ara/ase	hubiera cruzado
2	cruces	cruz-aras/ases	hubieras cruzado
3	cruce	cruz-ara/ase	hubiera cruzado
1	crucemos	cruz-áramos/ásemos	hubiéramos cruzado
2	crucéis	cruz-arais/aseis	hubierais cruzado
3	crucen	cruz-aran/asen	hubieran cruzado

PASSÉ COMPOSÉ haya cruzado, etc.

INFINITIF

PRÉSENT
cruzar

PASSÉ
haber cruzado

PARTICIPE

PRÉSENT
cruzando

PASSÉ
cruzado

	PRÉSENT	IMPARFAIT	FUTUR
1	cubro	cubría	cubriré
2	cubres	cubrías	cubrirás
3	cubre	cubría	cubrirá
1	cubrimos	cubríamos	cubriremos
2	cubrís	cubríais	cubriréis
3	cubren	cubrían	cubrirán

	PASSÉ SIMPLE	PASSÉ COMPOSÉ	PLUS-QUE-PARFAIT
1	cubrí	he cubierto	había cubierto
2	cubriste	has cubierto	habías cubierto
3	cubrió	ha cubierto	había cubierto
1	cubrimos	hemos cubierto	habíamos cubierto
2	cubristeis	habéis cubierto	habíais cubierto
3	cubrieron	han cubierto	habían cubierto

PASSÉ ANTÉRIEUR
hube cubierto, etc.

FUTUR ANTÉRIEUR
habré cubierto, etc.

CONDITIONNEL

	PRÉSENT	PASSÉ
1	cubriría	habría cubierto
2	cubrirías	habrías cubierto
3	cubriría	habría cubierto
1	cubriríamos	habríamos cubierto
2	cubriríais	habríais cubierto
3	cubrirían	habrían cubierto

IMPÉRATIF

(tú) cubre
(Vd) cubra
(nosotros) cubramos
(vosotros) cubrid
(Vds) cubran

SUBJONCTIF

	PRÉSENT	IMPARFAIT	PLUS-QUE-PARFAIT
1	cubra	cubr-iera/iese	hubiera cubierto
2	cubras	cubr-ieras/ieses	hubieras cubierto
3	cubra	cubr-iera/iese	hubiera cubierto
1	cubramos	cubr-iéramos/iésemos	hubiéramos cubierto
2	cubráis	cubr-ierais/ieseis	hubierais cubierto
3	cubran	cubr-ieran/iesen	hubieran cubierto

PASSÉ COMPOSÉ haya cubierto, etc.

INFINITIF

PRÉSENT
cubrir

PASSÉ
haber cubierto

PARTICIPE

PRÉSENT
cubriendo

PASSÉ
cubierto

DAR 64 *donner*

	PRÉSENT	IMPARFAIT	FUTUR
1	doy	daba	daré
2	das	dabas	darás
3	da	daba	dará
1	damos	dábamos	daremos
2	dais	dabais	daréis
3	dan	daban	darán

	PASSÉ SIMPLE	PASSÉ COMPOSÉ	PLUS-QUE-PARFAIT
1	di	he dado	había dado
2	diste	has dado	habías dado
3	dio	ha dado	había dado
1	dimos	hemos dado	habíamos dado
2	disteis	habéis dado	habíais dado
3	dieron	han dado	habían dado

PASSÉ ANTÉRIEUR
hube dado, etc.

FUTUR ANTÉRIEUR
habré dado, etc.

CONDITIONNEL

	PRÉSENT	PASSÉ	*IMPÉRATIF*
1	daría	habría dado	
2	darías	habrías dado	(tú) da
3	daría	habría dado	(Vd) dé
1	daríamos	habríamos dado	(nosotros) demos
2	daríais	habríais dado	(vosotros) dad
3	darían	habrían dado	(Vds) den

SUBJONCTIF

	PRÉSENT	IMPARFAIT	PLUS-QUE-PARFAIT
1	dé	di-era/ese	hubiera dado
2	des	di-eras/eses	hubieras dado
3	dé	di-era/ese	hubiera dado
1	demos	di-éramos/ésemos	hubiéramos dado
2	deis	di-erais/eseis	hubierais dado
3	den	di-eran/esen	hubieran dado

PASSÉ COMPOSÉ haya dado, etc.

INFINITIF

PRÉSENT
dar

PASSÉ
haber dado

PARTICIPE

PRÉSENT
dando

PASSÉ
dado

	PRÉSENT	IMPARFAIT	FUTUR
1	debo	debía	deberé
2	debes	debías	deberás
3	debe	debía	deberá
1	debemos	debíamos	deberemos
2	debéis	debíais	deberéis
3	deben	debían	deberán

	PASSÉ SIMPLE	PASSÉ COMPOSÉ	PLUS-QUE-PARFAIT
1	debí	he debido	había debido
2	debiste	has debido	habías debido
3	debió	ha debido	había debido
1	debimos	hemos debido	habíamos debido
2	debisteis	habéis debido	habíais debido
3	debieron	han debido	habían debido

PASSÉ ANTÉRIEUR
hube debido, etc.

FUTUR ANTÉRIEUR
habré debido, etc.

CONDITIONNEL

	PRÉSENT	PASSÉ	*IMPÉRATIF*
1	debería	habría debido	
2	deberías	habrías debido	(tú) debe
3	debería	habría debido	(Vd) deba
1	deberíamos	habríamos debido	(nosotros) debamos
2	deberíais	habríais debido	(vosotros) debed
3	deberían	habrían debido	(Vds) deban

SUBJONCTIF

	PRÉSENT	IMPARFAIT	PLUS-QUE-PARFAIT
1	deba	deb-iera/iese	hubiera debido
2	debas	deb-ieras/ieses	hubieras debido
3	deba	deb-iera/iese	hubiera debido
1	debamos	deb-iéramos/iésemos	hubiéramos debido
2	debáis	deb-ierais/ieseis	hubierais debido
3	deban	deb-ieran/iesen	hubieran debido

PASSÉ COMPOSÉ haya debido, etc.

INFINITIF	*PARTICIPE*
PRÉSENT	**PRÉSENT**
deber	debiendo
PASSÉ	**PASSÉ**
haber debido	debido

DECIDIR 66 *décider*

	PRÉSENT	IMPARFAIT	FUTUR
1	decido	decidía	decidiré
2	decides	decidías	decidirás
3	decide	decidía	decidirá
1	decidimos	decidíamos	decidiremos
2	decidís	decidíais	decidiréis
3	deciden	decidían	decidirán

	PASSÉ SIMPLE	PASSÉ COMPOSÉ	PLUS-QUE-PARFAIT
1	decidí	he decidido	había decidido
2	decidiste	has decidido	habías decidido
3	decidió	ha decidido	había decidido
1	decidimos	hemos decidido	habíamos decidido
2	decidisteis	habéis decidido	habíais decidido
3	decidieron	han decidido	habían decidido

PASSÉ ANTÉRIEUR
hube decidido, etc.

FUTUR ANTÉRIEUR
habré decidido, etc.

CONDITIONNEL

	PRÉSENT	PASSÉ
1	decidiría	habría decidido
2	decidirías	habrías decidido
3	decidiría	habría decidido
1	decidiríamos	habríamos decidido
2	decidiríais	habríais decidido
3	decidirían	habrían decidido

IMPÉRATIF

(tú) decide
(Vd) decida
(nosotros) decidamos
(vosotros) decidid
(Vds) decidan

SUBJONCTIF

	PRÉSENT	IMPARFAIT	PLUS-QUE-PARFAIT
1	decida	decid-iera/iese	hubiera decidido
2	decidas	decid-ieras/ieses	hubieras decidido
3	decida	decid-iera/iese	hubiera decidido
1	decidamos	decid-iéramos/iésemos	hubiéramos decidido
2	decidáis	decid-ierais/ieseis	hubierais decidido
3	decidan	decid-ieran/iesen	hubieran decidido

PASSÉ COMPOSÉ haya decidido, etc.

INFINITIF

PRÉSENT
decidir

PASSÉ
haber decidido

PARTICIPE

PRÉSENT
decidiendo

PASSÉ
decidido

	PRÉSENT	IMPARFAIT	FUTUR
1	digo	decía	diré
2	dices	decías	dirás
3	dice	decía	dirá
1	decimos	decíamos	diremos
2	decís	decíais	diréis
3	dicen	decían	dirán

	PASSÉ SIMPLE	PASSÉ COMPOSÉ	PLUS-QUE-PARFAIT
1	dije	he dicho	había dicho
2	dijiste	has dicho	habías dicho
3	dijo	ha dicho	había dicho
1	dijimos	hemos dicho	habíamos dicho
2	dijisteis	habéis dicho	habíais dicho
3	dijeron	han dicho	habían dicho

PASSÉ ANTÉRIEUR
hube dicho, etc.

FUTUR ANTÉRIEUR
habré dicho, etc.

CONDITIONNEL

	PRÉSENT	PASSÉ
1	diría	habría dicho
2	dirías	habrías dicho
3	diría	habría dicho
1	diríamos	habríamos dicho
2	diríais	habríais dicho
3	dirían	habrían dicho

IMPÉRATIF

(tú) di
(Vd) diga
(nosotros) digamos
(vosotros) decid
(Vds) digan

SUBJONCTIF

	PRÉSENT	IMPARFAIT	PLUS-QUE-PARFAIT
1	diga	dij-era/ese	hubiera dicho
2	digas	dij-eras/eses	hubieras dicho
3	diga	dij-era/ese	hubiera dicho
1	digamos	dij-éramos/ésemos	hubiéramos dicho
2	digáis	dij-erais/eseis	hubierais dicho
3	digan	dij-eran/esen	hubieran dicho

PASSÉ COMPOSÉ haya dicho, etc.

INFINITIF

PRÉSENT
decir

PASSÉ
haber dicho

PARTICIPE

PRÉSENT
diciendo

PASSÉ
dicho

DEGOLLAR
68 *décapiter*

INDICATIF

	PRÉSENT	IMPARFAIT	FUTUR
1	degüello	degollaba	degollaré
2	degüellas	degollabas	degollarás
3	degüella	degollaba	degollará
1	degollamos	degollábamos	degollaremos
2	degolláis	degollabais	degollaréis
3	degüellan	degollaban	degollarán

	PASSÉ SIMPLE	PASSÉ COMPOSÉ	PLUS-QUE-PARFAIT
1	degollé	he degollado	había degollado
2	degollaste	has degollado	habías degollado
3	degolló	ha degollado	había degollado
1	degollamos	hemos degollado	habíamos degollado
2	degollasteis	habéis degollado	habíais degollado
3	degollaron	han degollado	habían degollado

PASSÉ ANTÉRIEUR
hube degollado, etc.

FUTUR ANTÉRIEUR
habré degollado, etc.

CONDITIONNEL

	PRÉSENT	PASSÉ
1	degollaría	habría degollado
2	degollarías	habrías degollado
3	degollaría	habría degollado
1	degollaríamos	habríamos degollado
2	degollaríais	habríais degollado
3	degollarían	habrían degollado

IMPÉRATIF

(tú) degüella
(Vd) degüelle
(nosotros) degollemos
(vosotros) degollad
(Vds) degüellen

SUBJONCTIF

	PRÉSENT	IMPARFAIT	PLUS-QUE-PARFAIT
1	degüelle	degoll-ara/ase	hubiera degollado
2	degüelles	degoll-aras/ases	hubieras degollado
3	degüelle	degoll-ara/ase	hubiera degollado
1	degollemos	degoll-áramos/ásemos	hubiéramos degollado
2	degolléis	degoll-arais/aseis	hubierais degollado
3	degüellen	degoll-aran/asen	hubieran degollado

PASSÉ COMPOSÉ haya degollado, etc.

INFINITIF

PRÉSENT
degollar

PASSÉ
haber degollado

PARTICIPE

PRÉSENT
degollando

PASSÉ
degollado

	PRÉSENT	IMPARFAIT	FUTUR
1	dejo	dejaba	dejaré
2	dejas	dejabas	dejarás
3	deja	dejaba	dejará
1	dejamos	dejábamos	dejaremos
2	dejáis	dejabais	dejaréis
3	dejan	dejaban	dejarán
	PASSÉ SIMPLE	**PASSÉ COMPOSÉ**	**PLUS-QUE-PARFAIT**
1	dejé	he dejado	había dejado
2	dejaste	has dejado	habías dejado
3	dejó	ha dejado	había dejado
1	dejamos	hemos dejado	habíamos dejado
2	dejasteis	habéis dejado	habíais dejado
3	dejaron	han dejado	habían dejado
	PASSÉ ANTÉRIEUR		**FUTUR ANTÉRIEUR**
	hube dejado, etc.		habré dejado, etc.

CONDITIONNEL / *IMPÉRATIF*

	PRÉSENT	PASSÉ	IMPÉRATIF
1	dejaría	habría dejado	
2	dejarías	habrías dejado	(tú) deja
3	dejaría	habría dejado	(Vd) deje
1	dejaríamos	habríamos dejado	(nosotros) dejemos
2	dejaríais	habríais dejado	(vosotros) dejad
3	dejarían	habrían dejado	(Vds) dejen

SUBJONCTIF

	PRÉSENT	IMPARFAIT	PLUS-QUE-PARFAIT
1	deje	dej-ara/ase	hubiera dejado
2	dejes	dej-aras/ases	hubieras dejado
3	deje	dej-ara/ase	hubiera dejado
1	dejemos	dej-áramos/ásemos	hubiéramos dejado
2	dejéis	dej-arais/aseis	hubierais dejado
3	dejen	dej-aran/asen	hubieran dejado

PASSÉ COMPOSÉ haya dejado, etc.

INFINITIF	PARTICIPE
PRÉSENT	**PRÉSENT**
dejar	dejando
PASSÉ	**PASSÉ**
haber dejado	dejado

DELINQUIR

70 *commettre un délit*

	PRÉSENT	IMPARFAIT	FUTUR
1	delinco	delinquía	delinquiré
2	delinques	delinquías	delinquirás
3	delinque	delinquía	delinquirá
1	delinquimos	delinquíamos	delinquiremos
2	delinquís	delinquíais	delinquiréis
3	delinquen	delinquían	delinquirán

	PASSÉ SIMPLE	PASSÉ COMPOSÉ	PLUS-QUE-PARFAIT
1	delinquí	he delinquido	había delinquido
2	delinquiste	has delinquido	habías delinquido
3	delinquió	ha delinquido	había delinquido
1	delinquimos	hemos delinquido	habíamos delinquido
2	delinquisteis	habéis delinquido	habíais delinquido
3	delinquieron	han delinquido	habían delinquido

PASSÉ ANTÉRIEUR
hube delinquido, etc.

FUTUR ANTÉRIEUR
habré delinquido, etc.

CONDITIONNEL

	PRÉSENT	PASSÉ	*IMPÉRATIF*
1	delinquiría	habría delinquido	
2	delinquirías	habrías delinquido	(tú) delinque
3	delinquiría	habría delinquido	(Vd) delinca
1	delinquiríamos	habríamos delinquido	(nosotros) delincamos
2	delinquiríais	habríais delinquido	(vosotros) delinquid
3	delinquirían	habrían delinquido	(Vds) delincan

SUBJONCTIF

	PRÉSENT	IMPARFAIT	PLUS-QUE-PARFAIT
1	delinca	delinqu-iera/iese	hubiera delinquido
2	delincas	delinqu-ieras/ieses	hubieras delinquido
3	delinca	delinqu-iera/iese	hubiera delinquido
1	delincamos	delinqu-iéramos/iésemos	hubiéramos delinquido
2	delincáis	delinqu-ierais/ieseis	hubierais delinquido
3	delincan	delinqu-ieran/iesen	hubieran delinquido

PASSÉ COMPOSÉ haya delinquido, etc.

INFINITIF	*PARTICIPE*
PRÉSENT	**PRÉSENT**
delinquir	delinquiendo
PASSÉ	**PASSÉ**
haber delinquido	delinquido

	PRÉSENT	IMPARFAIT	FUTUR
1	desciendo	descendía	descenderé
2	desciendes	descendías	descenderás
3	desciende	descendía	descenderá
1	descendemos	descendíamos	descenderemos
2	descendéis	descendíais	descenderéis
3	descienden	descendían	descenderán

	PASSÉ SIMPLE	PASSÉ COMPOSÉ	PLUS-QUE-PARFAIT
1	descendí	he descendido	había descendido
2	descendiste	has descendido	habías descendido
3	descendió	ha descendido	había descendido
1	descendimos	hemos descendido	habíamos descendido
2	descendisteis	habéis descendido	habíais descendido
3	descendieron	han descendido	habían descendido

PASSÉ ANTÉRIEUR
hube descendido, etc.

FUTUR ANTÉRIEUR
habré descendido, etc.

CONDITIONNEL

	PRÉSENT	PASSÉ
1	descendería	habría descendido
2	descenderías	habrías descendido
3	descendería	habría descendido
1	descenderíamos	habríamos descendido
2	descenderíais	habríais descendido
3	descenderían	habrían descendido

IMPÉRATIF

(tú) desciende
(Vd) descienda
(nosotros) descendamos
(vosotros) descended
(Vds) desciendan

SUBJONCTIF

	PRÉSENT	IMPARFAIT	PLUS-QUE-PARFAIT
1	descienda	descend-iera/iese	hubiera descendido
2	desciendas	descend-ieras/ieses	hubieras descendido
3	descienda	descend-iera/iese	hubiera descendido
1	descendamos	descend-iéramos/iésemos	hubiéramos descendido
2	descendáis	descend-ierais/ieseis	hubierais descendido
3	desciendan	descend-ieran/iesen	hubieran descendido

PASSÉ COMPOSÉ haya descendido, etc.

INFINITIF

PRÉSENT
descender

PASSÉ
haber descendido

PARTICIPE

PRÉSENT
descendiendo

PASSÉ
descendido

DESCUBRIR
72 *découvrir*

	PRÉSENT	IMPARFAIT	FUTUR
1	descubro	descubría	descubriré
2	descubres	descubrías	descubrirás
3	descubre	descubría	descubrirá
1	descubrimos	descubríamos	descubriremos
2	descubrís	descubríais	descubriréis
3	descubren	descubrían	descubrirán

	PASSÉ SIMPLE	PASSÉ COMPOSÉ	PLUS-QUE-PARFAIT
1	descubrí	he descubierto	había descubierto
2	descubriste	has descubierto	habías descubierto
3	descubrió	ha descubierto	había descubierto
1	descubrimos	hemos descubierto	habíamos descubierto
2	descubristeis	habéis descubierto	habíais descubierto
3	descubrieron	han descubierto	habían descubierto

PASSÉ ANTÉRIEUR
hube descubierto, etc.

FUTUR ANTÉRIEUR
habré descubierto, etc.

CONDITIONNEL

	PRÉSENT	PASSÉ
1	descubriría	habría descubierto
2	descubrirías	habrías descubierto
3	descubriría	habría descubierto
1	descubriríamos	habríamos descubierto
2	descubriríais	habríais descubierto
3	descubrirían	habrían descubierto

IMPÉRATIF

(tú) descubre
(Vd) descubra
(nosotros) descubramos
(vosotros) descubrid
(Vds) descubran

SUBJONCTIF

	PRÉSENT	IMPARFAIT	PLUS-QUE-PARFAIT
1	descubra	descubr-iera/iese	hubiera descubierto
2	descubras	descubr-ieras/ieses	hubieras descubierto
3	descubra	descubr-iera/iese	hubiera descubierto
1	descubramos	descubr-iéramos/iésemos	hubiéramos descubierto
2	descubráis	descubr-ierais/ieseis	hubierais descubierto
3	descubran	descubr-ieran/iesen	hubieran descubierto

PASSÉ COMPOSÉ haya descubierto, etc.

INFINITIF

PRÉSENT
descubrir

PASSÉ
haber descubierto

PARTICIPE

PRÉSENT
descubriendo

PASSÉ
descubierto

	PRÉSENT	IMPARFAIT	FUTUR
1	me despierto	me despertaba	me despertaré
2	te despiertas	te despertabas	te despertarás
3	se despierta	se despertaba	se despertará
1	nos despertamos	nos despertábamos	nos despertaremos
2	os despertáis	os despertabais	os despertaréis
3	se despiertan	se despertaban	se despertarán

	PASSÉ SIMPLE	PASSÉ COMPOSÉ	PLUS-QUE-PARFAIT
1	me desperté	me he despertado	me había despertado
2	te despertaste	te has despertado	te habías despertado
3	se despertó	se ha despertado	se había despertado
1	nos despertamos	nos hemos despertado	nos habíamos despertado
2	os despertasteis	os habéis despertado	os habíais despertado
3	se despertaron	se han despertado	se habían despertado

PASSÉ ANTÉRIEUR
me hube despertado, etc.

FUTUR ANTÉRIEUR
me habré despertado, etc.

CONDITIONNEL

	PRÉSENT	PASSÉ
1	me despertaría	me habría despertado
2	te despertarías	te habrías despertado
3	se despertaría	se habría despertado
1	nos despertaríamos	nos habríamos despertado
2	os despertaríais	os habríais despertado
3	se despertarían	se habrían despertado

IMPÉRATIF

(tú) despiértate
(Vd) despiértese
(nosotros) despertémonos
(vosotros) despertaos
(Vds) despiértense

SUBJONCTIF

	PRÉSENT	IMPARFAIT	PLUS-QUE-PARFAIT
1	me despierte	me despert-ara/ase	me hubiera despertado
2	te despiertes	te despert-aras/ases	te hubieras despertado
3	se despierte	se despert-ara/ase	se hubiera despertado
1	nos despertemos	nos despert-áramos/ásemos	nos hubiéramos despertado
2	os despertéis	os despert-arais/aseis	os hubierais despertado
3	se despierten	se despert-aran/asen	se hubieran despertado

PASSÉ COMPOSÉ me haya despertado, etc.

INFINITIF

PRÉSENT
despertarse

PASSÉ
haberse despertado

PARTICIPE

PRÉSENT
despertándose

PASSÉ
despertado

DESTRUIR
74 *détruire*

	PRÉSENT	IMPARFAIT	FUTUR
1	destruyo	destruía	destruiré
2	destruyes	destruías	destruirás
3	destruye	destruía	destruirá
1	destruimos	destruíamos	destruiremos
2	destruís	destruíais	destruiréis
3	destruyen	destruían	destruirán

	PASSÉ SIMPLE	PASSÉ COMPOSÉ	PLUS-QUE-PARFAIT
1	destruí	he destruido	había destruido
2	destruiste	has destruido	habías destruido
3	destruyó	ha destruido	había destruido
1	destruimos	hemos destruido	habíamos destruido
2	destruisteis	habéis destruido	habíais destruido
3	destruyeron	han destruido	habían destruido

PASSÉ ANTÉRIEUR
hube destruido, etc.

FUTUR ANTÉRIEUR
habré destruido, etc.

CONDITIONNEL / *IMPÉRATIF*

	PRÉSENT	PASSÉ	IMPÉRATIF
1	destruiría	habría destruido	
2	destruirías	habrías destruido	(tú) destruye
3	destruiría	habría destruido	(Vd) destruya
1	destruiríamos	habríamos destruido	(nosotros) destruyamos
2	destruiríais	habríais destruido	(vosotros) destruid
3	destruirían	habrían destruido	(Vds) destruyan

SUBJONCTIF

	PRÉSENT	IMPARFAIT	PLUS-QUE-PARFAIT
1	destruya	destru-yera/yese	hubiera destruido
2	destruyas	destru-yeras/yeses	hubieras destruido
3	destruya	destru-yera/yese	hubiera destruido
1	destruyamos	destru-yéramos/yésemos	hubiéramos destruido
2	destruyáls	destru-yerais/yeseis	hubierais destruido
3	destruyan	destru-yeran/yesen	hubieran destruido

PASSÉ COMPOSÉ haya destruido, etc.

INFINITIF / *PARTICIPE*

	INFINITIF	PARTICIPE
PRÉSENT	destruir	destruyendo
PASSÉ	haber destruido	destruido

	PRÉSENT	IMPARFAIT	FUTUR
1	digiero	digería	digeriré
2	digieres	digerías	digerirás
3	digiere	digería	digerirá
1	digerimos	digeríamos	digeriremos
2	digerís	digeríais	digeriréis
3	digieren	digerían	digerirán

	PASSÉ SIMPLE	PASSÉ COMPOSÉ	PLUS-QUE-PARFAIT
1	digerí	he digerido	había digerido
2	digeriste	has digerido	habías digerido
3	digirió	ha digerido	había digerido
1	digerimos	hemos digerido	habíamos digerido
2	digeristeis	habéis digerido	habíais digerido
3	digirieron	han digerido	habían digerido

PASSÉ ANTÉRIEUR
hube digerido, etc.

FUTUR ANTÉRIEUR
habré digerido, etc.

CONDITIONNEL

	PRÉSENT	PASSÉ
1	digeriría	habría digerido
2	digerirías	habrías digerido
3	digeriría	habría digerido
1	digeriríamos	habríamos digerido
2	digeriríais	habríais digerido
3	digerirían	habrían digerido

IMPÉRATIF

(tú) digiere
(Vd) digiera
(nosotros) digiramos
(vosotros) digerid
(Vds) digieran

SUBJONCTIF

	PRÉSENT	IMPARFAIT	PLUS-QUE-PARFAIT
1	digiera	digir-iera/iese	hubiera digerido
2	digieras	digir-ieras/ieses	hubieras digerido
3	digiera	digir-iera/iese	hubiera digerido
1	digiramos	digir-iéramos/iésemos	hubiéramos digerido
2	digiráis	digir-ierais/ieseis	hubierais digerido
3	digieran	digir-ieran/iesen	hubieran digerido

PASSÉ COMPOSÉ haya digerido, etc.

INFINITIF

PRÉSENT
digerir

PASSÉ
haber digerido

PARTICIPE

PRÉSENT
digiriendo

PASSÉ
digerido

DIRIGIR 76 *diriger*

	PRÉSENT	IMPARFAIT	FUTUR
1	dirijo	dirigía	dirigiré
2	diriges	dirigías	dirigirás
3	dirige	dirigía	dirigirá
1	dirigimos	dirigíamos	dirigiremos
2	dirigís	dirigíais	dirigiréis
3	dirigen	dirigían	dirigirán

	PASSÉ SIMPLE	PASSÉ COMPOSÉ	PLUS-QUE-PARFAIT
1	dirigí	he dirigido	había dirigido
2	dirigiste	has dirigido	habías dirigido
3	dirigió	ha dirigido	había dirigido
1	dirigimos	hemos dirigido	habíamos dirigido
2	dirigisteis	habéis dirigido	habíais dirigido
3	dirigieron	han dirigido	habían dirigido

PASSÉ ANTÉRIEUR
hube dirigido, etc.

FUTUR ANTÉRIEUR
habré dirigido, etc.

CONDITIONNEL / *IMPÉRATIF*

	PRÉSENT	PASSÉ	
1	dirigiría	habría dirigido	
2	dirigirías	habrías dirigido	(tú) dirige
3	dirigiría	habría dirigido	(Vd) dirija
1	dirigiríamos	habríamos dirigido	(nosotros) dirijamos
2	dirigiríais	habríais dirigido	(vosotros) dirigid
3	dirigirían	habrían dirigido	(Vds) dirijan

SUBJONCTIF

	PRÉSENT	IMPARFAIT	PLUS-QUE-PARFAIT
1	dirija	dirig-iera/iese	hubiera dirigido
2	dirijas	dirig-ieras/ieses	hubieras dirigido
3	dirija	dirig-iera/iese	hubiera dirigido
1	dirijamos	dirig-iéramos/iésemos	hubiéramos dirigido
2	dirijáis	dirig-ierais/ieseis	hubierais dirigido
3	dirijan	dirig-ieran/iesen	hubieran dirigido

PASSÉ COMPOSÉ haya dirigido, etc.

INFINITIF	*PARTICIPE*
PRÉSENT	**PRÉSENT**
dirigir	dirigiendo
PASSÉ	**PASSÉ**
haber dirigido	dirigido

	PRÉSENT	IMPARFAIT	FUTUR
1	discierno	discernía	discerniré
2	disciernes	discernías	discernirás
3	discierne	discernía	discernirá
1	discernimos	discerníamos	discerniremos
2	discernís	discerníais	discerniréis
3	disciernen	discernían	discernirán

	PASSÉ SIMPLE	PASSÉ COMPOSÉ	PLUS-QUE-PARFAIT
1	discerní	he discernido	había discernido
2	discerniste	has discernido	habías discernido
3	discirnió	ha discernido	había discernido
1	discernimos	hemos discernido	habíamos discernido
2	discernisteis	habéis discernido	habíais discernido
3	discirnieron	han discernido	habían discernido

PASSÉ ANTÉRIEUR
hube discernido, etc.

FUTUR ANTÉRIEUR
habré discernido, etc.

	CONDITIONNEL PRÉSENT	PASSÉ	*IMPÉRATIF*
1	discerniría	habría discernido	
2	discernirías	habrías discernido	(tú) discierne
3	discerniría	habría discernido	(Vd) discierna
1	discerniríamos	habríamos discernido	(nosotros) discirnamos
2	discerniríais	habríais discernido	(vosotros) discernid
3	discernirían	habrían discernido	(Vds) disciernan

SUBJONCTIF

	PRÉSENT	IMPARFAIT	PLUS-QUE-PARFAIT
1	discierna	discirn-iera/iese	hubiera discernido
2	disciernas	discirn-ieras/ieses	hubieras discernido
3	discierna	discirn-iera/iese	hubiera discernido
1	discirnamos	discirn-iéramos/iésemos	hubiéramos discernido
2	discirnáis	discirn-ierais/ieseis	hubierais discernido
3	disciernan	discirn-ieran/iesen	hubieran discernido

PASSÉ COMPOSÉ haya discernido, etc.

INFINITIF	*PARTICIPE*
PRÉSENT	**PRÉSENT**
discernir	discirniendo
PASSÉ	**PASSÉ**
haber discernido	discernido

DISTINGUIR 78

distinguer

	PRÉSENT	IMPARFAIT	FUTUR
1	distingo	distinguía	distinguiré
2	distingues	distinguías	distinguirás
3	distingue	distinguía	distinguirá
1	distinguimos	distinguíamos	distinguiremos
2	distinguís	distinguíais	distinguiréis
3	distinguen	distinguían	distinguirán

	PASSÉ SIMPLE	PASSÉ COMPOSÉ	PLUS-QUE-PARFAIT
1	distinguí	he distinguido	había distinguido
2	distinguiste	has distinguido	habías distinguido
3	distinguió	ha distinguido	había distinguido
1	distinguimos	hemos distinguido	habíamos distinguido
2	distinguisteis	habéis distinguido	habíais distinguido
3	distinguieron	han distinguido	habían distinguido

PASSÉ ANTÉRIEUR
hube distinguido, etc.

FUTUR ANTÉRIEUR
habré distinguido, etc.

CONDITIONNEL

	PRÉSENT	PASSÉ	*IMPÉRATIF*
1	distinguiría	habría distinguido	
2	distinguirías	habrías distinguido	(tú) distingue
3	distinguiría	habría distinguido	(Vd) distinga
1	distinguiríamos	habríamos distinguido	(nosotros) distingamos
2	distinguiríais	habríais distinguido	(vosotros) distinguid
3	distinguirían	habrían distinguido	(Vds) distingan

SUBJONCTIF

	PRÉSENT	IMPARFAIT	PLUS-QUE-PARFAIT
1	distinga	distingu-iera/iese	hubiera distinguido
2	distingas	distingu-ieras/ieses	hubieras distinguido
3	distinga	distingu-iera/iese	hubiera distinguido
1	distingamos	distingu-iéramos/iésemos	hubiéramos distinguido
2	distingáis	distingu-ierais/ieseis	hubierais distinguido
3	distingan	distingu-ieran/iesen	hubieran distinguido

PASSÉ COMPOSÉ haya distinguido, etc.

INFINITIF

PRÉSENT
distinguir

PASSÉ
haber distinguido

PARTICIPE

PRÉSENT
distinguiendo

PASSÉ
distinguido

	PRÉSENT	IMPARFAIT	FUTUR
1	me divierto	me divertía	me divertiré
2	te diviertes	te divertías	te divertirás
3	se divierte	se divertía	se divertirá
1	nos divertimos	nos divertíamos	nos divertiremos
2	os divertís	os divertíais	os divertiréis
3	se divierten	se divertían	se divertirán

	PASSÉ SIMPLE	PASSÉ COMPOSÉ	PLUS-QUE-PARFAIT
1	me divertí	me he divertido	me había divertido
2	te divertiste	te has divertido	te habías divertido
3	se divirtió	se ha divertido	se había divertido
1	nos divertimos	nos hemos divertido	nos habíamos divertido
2	os divertisteis	os habéis divertido	os habíais divertido
3	se divirtieron	se han divertido	se habían divertido

PASSÉ ANTÉRIEUR
me hube divertido, etc.

FUTUR ANTÉRIEUR
me habré divertido, etc.

CONDITIONNEL

	PRÉSENT	PASSÉ
1	me divertiría	me habría divertido
2	te divertirías	te habrías divertido
3	se divertiría	se habría divertido
1	nos divertiríamos	nos habríamos divertido
2	os divertiríais	os habríais divertido
3	se divertirían	se habrían divertido

IMPÉRATIF

(tú) diviértete
(Vd) diviértase
(nosotros) divirtámonos
(vosotros) divertíos
(Vds) diviértanse

SUBJONCTIF

	PRÉSENT	IMPARFAIT	PLUS-QUE-PARFAIT
1	me divierta	me divirt-iera/iese	me hubiera divertido
2	te diviertas	te divirt-ieras/ieses	te hubieras divertido
3	se divierta	se divirt-iera/iese	se hubiera divertido
1	nos divirtamos	nos divirt-iéramos/iésemos	nos hubiéramos divertido
2	os divirtáis	os divirt-ierais/ieseis	os hubierais divertido
3	se diviertan	se divirt-ieran/iesen	se hubieran divertido

PASSÉ COMPOSÉ me haya divertido, etc.

INFINITIF

PRÉSENT
divertirse

PASSÉ
haberse divertido

PARTICIPE

PRÉSENT
divirtiéndose

PASSÉ
divertido

DOLER 80

faire mal, faire souffrir

	PRÉSENT	IMPARFAIT	FUTUR
1	duelo	dolía	doleré
2	dueles	dolías	dolerás
3	duele	dolía	dolerá
1	dolemos	dolíamos	doleremos
2	doléis	dolíais	doleréis
3	duelen	dolían	dolerán

	PASSÉ SIMPLE	PASSÉ COMPOSÉ	PLUS-QUE-PARFAIT
1	dolí	he dolido	había dolido
2	doliste	has dolido	habías dolido
3	dolió	ha dolido	había dolido
1	dolimos	hemos dolido	habíamos dolido
2	dolisteis	habéis dolido	habíais dolido
3	dolieron	han dolido	habían dolido

PASSÉ ANTÉRIEUR
hube dolido, etc.

FUTUR ANTÉRIEUR
habré dolido, etc.

CONDITIONNEL

	PRÉSENT	PASSÉ
1	dolería	habría dolido
2	dolerías	habrías dolido
3	dolería	habría dolido
1	doleríamos	habríamos dolido
2	doleríais	habríais dolido
3	dolerían	habrían dolido

IMPÉRATIF

(tú) duele
(Vd) duela
(nosotros) dolamos
(vosotros) doled
(Vds) duelan

SUBJONCTIF

	PRÉSENT	IMPARFAIT	PLUS-QUE-PARFAIT
1	duela	dol-iera/iese	hubiera dolido
2	duelas	dol-ieras/ieses	hubieras dolido
3	duela	dol-iera/iese	hubiera dolido
1	dolamos	dol-iéramos/iésemos	hubiéramos dolido
2	doláis	dol-ierais/ieseis	hubierais dolido
3	duelan	dol-ieran/iesen	hubieran dolido

PASSÉ COMPOSÉ haya dolido, etc.

INFINITIF

PRÉSENT
doler

PASSÉ
haber dolido

PARTICIPE

PRÉSENT
doliendo

PASSÉ
dolido

N.B.

Attention à la construction du verbe doler :

me duele (= *ça me fait mal*)

	PRÉSENT	IMPARFAIT	FUTUR
1	duermo	dormía	dormiré
2	duermes	dormías	dormirás
3	duerme	dormía	dormirá
1	dormimos	dormíamos	dormiremos
2	dormís	dormíais	dormiréis
3	duermen	dormían	dormirán

	PASSÉ SIMPLE	PASSÉ COMPOSÉ	PLUS-QUE-PARFAIT
1	dormí	he dormido	había dormido
2	dormiste	has dormido	habías dormido
3	durmió	ha dormido	había dormido
1	dormimos	hemos dormido	habíamos dormido
2	dormisteis	habéis dormido	habíais dormido
3	durmieron	han dormido	habían dormido

PASSÉ ANTÉRIEUR
hube dormido, etc.

FUTUR ANTÉRIEUR
habré dormido, etc.

CONDITIONNEL

	PRÉSENT	PASSÉ
1	dormiría	habría dormido
2	dormirías	habrías dormido
3	dormiría	habría dormido
1	dormiríamos	habríamos dormido
2	dormiríais	habríais dormido
3	dormirían	habrían dormido

IMPÉRATIF

(tú) duerme
(Vd) duerma
(nosotros) durmamos
(vosotros) dormid
(Vds) duerman

SUBJONCTIF

	PRÉSENT	IMPARFAIT	PLUS-QUE-PARFAIT
1	duerma	durm-iera/iese	hubiera dormido
2	duermas	durm-ieras/ieses	hubieras dormido
3	duerma	durm-iera/iese	hubiera dormido
1	durmamos	durm-iéramos/iésemos	hubiéramos dormido
2	durmáis	durm-ierais/ieseis	hubierais dormido
3	duerman	durm-ieran/iesen	hubieran dormido

PASSÉ COMPOSÉ haya dormido, etc.

INFINITIF

PRÉSENT
dormir

PASSÉ
haber dormido

PARTICIPE

PRÉSENT
durmiendo

PASSÉ
dormido

EDUCAR
82 *élever, éduquer*

	PRÉSENT	IMPARFAIT	FUTUR
1	educo	educaba	educaré
2	educas	educabas	educarás
3	educa	educaba	educará
1	educamos	educábamos	educaremos
2	educáis	educabais	educaréis
3	educan	educaban	educarán

	PASSÉ SIMPLE	PASSÉ COMPOSÉ	PLUS-QUE-PARFAIT
1	eduqué	he educado	había educado
2	educaste	has educado	habías educado
3	educó	ha educado	había educado
1	educamos	hemos educado	habíamos educado
2	educasteis	habéis educado	habíais educado
3	educaron	han educado	habían educado

PASSÉ ANTÉRIEUR
hube educado, etc.

FUTUR ANTÉRIEUR
habré educado, etc.

CONDITIONNEL

	PRÉSENT	PASSÉ
1	educaría	habría educado
2	educarías	habrías educado
3	educaría	habría educado
1	educaríamos	habríamos educado
2	educaríais	habríais educado
3	educarían	habrían educado

IMPÉRATIF

(tú) educa
(Vd) eduque
(nosotros) eduquemos
(vosotros) educad
(Vds) eduquen

SUBJONCTIF

	PRÉSENT	IMPARFAIT	PLUS-QUE-PARFAIT
1	eduque	educ-ara/ase	hubiera educado
2	eduques	educ-aras/ases	hubieras educado
3	eduque	educ-ara/ase	hubiera educado
1	eduquemos	educ-áramos/ásemos	hubiéramos educado
2	eduquéis	educ-arais/aseis	hubierais educado
3	eduquen	educ-aran/asen	hubieran educado

PASSÉ COMPOSÉ haya educado, etc.

INFINITIF

PRÉSENT
educar

PASSÉ
haber educado

PARTICIPE

PRÉSENT
educando

PASSÉ
educado

	PRÉSENT	IMPARFAIT	FUTUR
1	elijo	elegía	elegiré
2	eliges	elegías	elegirás
3	elige	elegía	elegirá
1	elegimos	elegíamos	elegiremos
2	elegís	elegíais	elegiréis
3	eligen	elegían	elegirán

	PASSÉ SIMPLE	PASSÉ COMPOSÉ	PLUS-QUE-PARFAIT
1	elegí	he elegido	había elegido
2	elegiste	has elegido	habías elegido
3	eligió	ha elegido	había elegido
1	elegimos	hemos elegido	habíamos elegido
2	elegisteis	habéis elegido	habíais elegido
3	eligieron	han elegido	habían elegido

PASSÉ ANTÉRIEUR
hube elegido, etc.

FUTUR ANTÉRIEUR
habré elegido, etc.

CONDITIONNEL

	PRÉSENT	PASSÉ
1	elegiría	habría elegido
2	elegirías	habrías elegido
3	elegiría	habría elegido
1	elegiríamos	habríamos elegido
2	elegiríais	habríais elegido
3	elegirían	habrían elegido

IMPÉRATIF

(tú) elige
(Vd) elija
(nosotros) elijamos
(vosotros) elegid
(Vds) elijan

SUBJONCTIF

	PRÉSENT	IMPARFAIT	PLUS-QUE-PARFAIT
1	elija	elig-iera/iese	hubiera elegido
2	elijas	elig-ieras/ieses	hubieras elegido
3	elija	elig-iera/iese	hubiera elegido
1	elijamos	elig-iéramos/iésemos	hubiéramos elegido
2	elijáis	elig-ierais/ieseis	hubierais elegido
3	elijan	elig-ieran/iesen	hubieran elegido

PASSÉ COMPOSÉ haya elegido, etc.

INFINITIF

PRÉSENT
elegir

PASSÉ
haber elegido

PARTICIPE

PRÉSENT
eligiendo

PASSÉ
elegido

EMBARCAR
84 *embarquer*

	PRÉSENT	IMPARFAIT	FUTUR
1	embarco	embarcaba	embarcaré
2	embarcas	embarcabas	embarcarás
3	embarca	embarcaba	embarcará
1	embarcamos	embarcábamos	embarcaremos
2	embarcáis	embarcabais	embarcaréis
3	embarcan	embarcaban	embarcarán

	PASSÉ SIMPLE	PASSÉ COMPOSÉ	PLUS-QUE-PARFAIT
1	embarqué	he embarcado	había embarcado
2	embarcaste	has embarcado	habías embarcado
3	embarcó	ha embarcado	había embarcado
1	embarcamos	hemos embarcado	habíamos embarcado
2	embarcasteis	habéis embarcado	habíais embarcado
3	embarcaron	han embarcado	habían embarcado

PASSÉ ANTÉRIEUR
hube embarcado, etc.

FUTUR ANTÉRIEUR
habré embarcado, etc.

CONDITIONNEL

	PRÉSENT	PASSÉ
1	embarcaría	habría embarcado
2	embarcarías	habrías embarcado
3	embarcaría	habría embarcado
1	embarcaríamos	habríamos embarcado
2	embarcaríais	habríais embarcado
3	embarcarían	habrían embarcado

IMPÉRATIF

(tú) embarca
(Vd) embarque
(nosotros) embarquemos
(vosotros) embarcad
(Vds) embarquen

SUBJONCTIF

	PRÉSENT	IMPARFAIT	PLUS-QUE-PARFAIT
1	embarque	embarc-ara/ase	hubiera embarcado
2	embarques	embarc-aras/ases	hubieras embarcado
3	embarque	embarc-ara/ase	hubiera embarcado
1	embarquemos	embarc-áramos/ásemos	hubiéramos embarcado
2	embarquéis	embarc-arais/aseis	hubierais embarcado
3	embarquen	embarc-aran/asen	hubieran embarcado

PASSÉ COMPOSÉ haya embarcado, etc.

INFINITIF

PRÉSENT
embarcar

PASSÉ
haber embarcado

PARTICIPE

PRÉSENT
embarcando

PASSÉ
embarcado

	PRÉSENT	IMPARFAIT	FUTUR
1	empiezo	empezaba	empezaré
2	empiezas	empezabas	empezarás
3	empieza	empezaba	empezará
1	empezamos	empezábamos	empezaremos
2	empezáis	empezabais	empezaréis
3	empiezan	empezaban	empezarán

	PASSÉ SIMPLE	PASSÉ COMPOSÉ	PLUS-QUE-PARFAIT
1	empecé	he empezado	había empezado
2	empezaste	has empezado	habías empezado
3	empezó	ha empezado	había empezado
1	empezamos	hemos empezado	habíamos empezado
2	empezasteis	habéis empezado	habíais empezado
3	empezaron	han empezado	habían empezado

PASSÉ ANTÉRIEUR
hube empezado, etc.

FUTUR ANTÉRIEUR
habré empezado, etc.

CONDITIONNEL

	PRÉSENT	PASSÉ
1	empezaría	habría empezado
2	empezarías	habrías empezado
3	empezaría	habría empezado
1	empezaríamos	habríamos empezado
2	empezaríais	habríais empezado
3	empezarían	habrían empezado

IMPÉRATIF

(tú) empieza
(Vd) empiece
(nosotros) empecemos
(vosotros) empezad
(Vds) empiecen

SUBJONCTIF

	PRÉSENT	IMPARFAIT	PLUS-QUE-PARFAIT
1	empiece	empez-ara/ase	hubiera empezado
2	empieces	empez-aras/ases	hubieras empezado
3	empiece	empez-ara/ase	hubiera empezado
1	empecemos	empez-áramos/ásemos	hubiéramos empezado
2	empecéis	empez-arais/aseis	hubierais empezado
3	empiecen	empez-aran/asen	hubieran empezado

PASSÉ COMPOSÉ haya empezado, etc.

INFINITIF

PRÉSENT
empezar

PASSÉ
haber empezado

PARTICIPE

PRÉSENT
empezando

PASSÉ
empezado

EMPUJAR
86 *pousser*

	PRÉSENT	IMPARFAIT	FUTUR
1	empujo	empujaba	empujaré
2	empujas	empujabas	empujarás
3	empuja	empujaba	empujará
1	empujamos	empujábamos	empujaremos
2	empujáis	empujabais	empujaréis
3	empujan	empujaban	empujarán
	PASSÉ SIMPLE	**PASSÉ COMPOSÉ**	**PLUS-QUE-PARFAIT**
1	empujé	he empujado	había empujado
2	empujaste	has empujado	habías empujado
3	empujó	ha empujado	había empujado
1	empujamos	hemos empujado	habíamos empujado
2	empujasteis	habéis empujado	habíais empujado
3	empujaron	han empujado	habían empujado
	PASSÉ ANTÉRIEUR		**FUTUR ANTÉRIEUR**
	hube empujado, etc.		habré empujado, etc.

	CONDITIONNEL		*IMPÉRATIF*
	PRÉSENT	**PASSÉ**	
1	empujaría	habría empujado	
2	empujarías	habrías empujado	(tú) empuja
3	empujaría	habría empujado	(Vd) empuje
1	empujaríamos	habríamos empujado	(nosotros) empujemos
2	empujaríais	habríais empujado	(vosotros) empujad
3	empujarían	habrían empujado	(Vds) empujen

SUBJONCTIF

	PRÉSENT	IMPARFAIT	PLUS-QUE-PARFAIT
1	empuje	empuj-ara/ase	hubiera empujado
2	empujes	empuj-aras/ases	hubieras empujado
3	empuje	empuj-ara/ase	hubiera empujado
1	empujemos	empuj-áramos/ásemos	hubiéramos empujado
2	empujéis	empuj-arais/aseis	hubierais empujado
3	empujen	empuj-aran/asen	hubieran empujado

PASSÉ COMPOSÉ haya empujado, etc.

INFINITIF	*PARTICIPE*
PRÉSENT	**PRÉSENT**
empujar	empujando
PASSÉ	**PASSÉ**
haber empujado	empujado

	PRÉSENT	IMPARFAIT	FUTUR
1	enciendo	encendía	encenderé
2	enciendes	encendías	encenderás
3	enciende	encendía	encenderá
1	encendemos	encendíamos	encenderemos
2	encendéis	encendíais	encenderéis
3	encienden	encendían	encenderán

	PASSÉ SIMPLE	PASSÉ COMPOSÉ	PLUS-QUE-PARFAIT
1	encendí	he encendido	había encendido
2	encendiste	has encendido	habías encendido
3	encendió	ha encendido	había encendido
1	encendimos	hemos encendido	habíamos encendido
2	encendisteis	habéis encendido	habíais encendido
3	encendieron	han encendido	habían encendido

PASSÉ ANTÉRIEUR
hube encendido, etc.

FUTUR ANTÉRIEUR
habré encendido, etc.

CONDITIONNEL

	PRÉSENT	PASSÉ
1	encendería	habría encendido
2	encenderías	habrías encendido
3	encendería	habría encendido
1	encenderíamos	habríamos encendido
2	encenderíais	habríais encendido
3	encenderían	habrían encendido

IMPÉRATIF

(tú) enciende
(Vd) encienda
(nosotros) encendamos
(vosotros) encended
(Vds) enciendan

SUBJONCTIF

	PRÉSENT	IMPARFAIT	PLUS-QUE-PARFAIT
1	encienda	encend-iera/iese	hubiera encendido
2	enciendas	encend-ieras/ieses	hubieras encendido
3	encienda	encend-iera/iese	hubiera encendido
1	encendamos	encend-iéramos/iésemos	hubiéramos encendido
2	encendáis	encend-ierais/ieseis	hubierais encendido
3	enciendan	encend-ieran/iesen	hubieran encendido

PASSÉ COMPOSÉ haya encendido, etc.

INFINITIF

PRÉSENT
encender

PASSÉ
haber encendido

PARTICIPE

PRÉSENT
encendiendo

PASSÉ
encendido

ENCONTRAR 88

trouver

	PRÉSENT	IMPARFAIT	FUTUR
1	encuentro	encontraba	encontraré
2	encuentras	encontrabas	encontrarás
3	encuentra	encontraba	encontrará
1	encontramos	encontrábamos	encontraremos
2	encontráis	encontrabais	encontraréis
3	encuentran	encontraban	encontrarán

	PASSÉ SIMPLE	PASSÉ COMPOSÉ	PLUS-QUE-PARFAIT
1	encontré	he encontrado	había encontrado
2	encontraste	has encontrado	habías encontrado
3	encontró	ha encontrado	había encontrado
1	encontramos	hemos encontrado	habíamos encontrado
2	encontrasteis	habéis encontrado	habíais encontrado
3	encontraron	han encontrado	habían encontrado

PASSÉ ANTÉRIEUR
hube encontrado, etc.

FUTUR ANTÉRIEUR
habré encontrado, etc.

CONDITIONNEL

	PRÉSENT	PASSÉ
1	encontraría	habría encontrado
2	encontrarías	habrías encontrado
3	encontraría	habría encontrado
1	encontraríamos	habríamos encontrado
2	encontraríais	habríais encontrado
3	encontrarían	habrían encontrado

IMPÉRATIF

(tú) encuentra
(Vd) encuentre
(nosotros) encontremos
(vosotros) encontrad
(Vds) encuentren

SUBJONCTIF

	PRÉSENT	IMPARFAIT	PLUS-QUE-PARFAIT
1	encuentre	encontr-ara/ase	hubiera encontrado
2	encuentres	encontr-aras/ases	hubieras encontrado
3	encuentre	encontr-ara/ase	hubiera encontrado
1	encontremos	encontr-áramos/ásemos	hubiéramos encontrado
2	encontréis	encontr-arais/aseis	hubierais encontrado
3	encuentren	encontr-aran/asen	hubieran encontrado

PASSÉ COMPOSÉ haya encontrado, etc.

INFINITIF

PRÉSENT
encontrar

PASSÉ
haber encontrado

PARTICIPE

PRÉSENT
encontrando

PASSÉ
encontrado

	PRÉSENT	IMPARFAIT	FUTUR
1	enfrío	enfriaba	enfriaré
2	enfrías	enfriabas	enfriarás
3	enfría	enfriaba	enfriará
1	enfriamos	enfriábamos	enfriaremos
2	enfriáis	enfriabais	enfriaréis
3	enfrían	enfriaban	enfriarán

	PASSÉ SIMPLE	PASSÉ COMPOSÉ	PLUS-QUE-PARFAIT
1	enfrié	he enfriado	había enfriado
2	enfriaste	has enfriado	habías enfriado
3	enfrió	ha enfriado	había enfriado
1	enfriamos	hemos enfriado	habíamos enfriado
2	enfriasteis	habéis enfriado	habíais enfriado
3	enfriaron	han enfriado	habían enfriado

PASSÉ ANTÉRIEUR
hube enfriado, etc.

FUTUR ANTÉRIEUR
habré enfriado, etc.

CONDITIONNEL / *IMPÉRATIF*

	PRÉSENT	PASSÉ	IMPÉRATIF
1	enfriaría	habría enfriado	
2	enfriarías	habrías enfriado	(tú) enfría
3	enfriaría	habría enfriado	(Vd) enfríe
1	enfriaríamos	habríamos enfriado	(nosotros) enfriemos
2	enfriaríais	habríais enfriado	(vosotros) enfriad
3	enfriarían	habrían enfriado	(Vds) enfríen

SUBJONCTIF

	PRÉSENT	IMPARFAIT	PLUS-QUE-PARFAIT
1	enfríe	enfri-ara/ase	hubiera enfriado
2	enfríes	enfri-aras/ases	hubieras enfriado
3	enfríe	enfri-ara/ase	hubiera enfriado
1	enfriemos	enfri-áramos/ásemos	hubiéramos enfriado
2	enfriéis	enfri-arais/aseis	hubierais enfriado
3	enfríen	enfri-aran/asen	hubieran enfriado

PASSÉ COMPOSÉ haya enfriado, etc.

INFINITIF

PRÉSENT
enfriar

PASSÉ
haber enfriado

PARTICIPE

PRÉSENT
enfriando

PASSÉ
enfriado

ENFURECERSE

90 *entrer en fureur*

	PRÉSENT	IMPARFAIT	FUTUR
1	me enfurezco	me enfurecía	me enfureceré
2	te enfureces	te enfurecías	te enfurecerás
3	se enfurece	se enfurecía	se enfurecerá
1	nos enfurecemos	nos enfurecíamos	nos enfureceremos
2	os enfurecéis	os enfurecíais	os enfureceréis
3	se enfurecen	se enfurecían	se enfurecerán

	PASSÉ SIMPLE	PASSÉ COMPOSÉ	PLUS-QUE-PARFAIT
1	me enfurecí	me he enfurecido	me había enfurecido
2	te enfureciste	te has enfurecido	te habías enfurecido
3	se enfureció	se ha enfurecido	se había enfurecido
1	nos enfurecimos	nos hemos enfurecido	nos habíamos enfurecido
2	os enfurecisteis	os habéis enfurecido	os habíais enfurecido
3	se enfurecieron	se han enfurecido	se habían enfurecido

PASSÉ ANTÉRIEUR
me hube enfurecido, etc.

FUTUR ANTÉRIEUR
me habré enfurecido, etc.

CONDITIONNEL

	PRÉSENT	PASSÉ
1	me enfurecería	me habría enfurecido
2	te enfurecerías	te habrías enfurecido
3	se enfurecería	se habría enfurecido
1	nos enfureceríamos	nos habríamos enfurecido
2	os enfureceríais	os habríais enfurecido
3	se enfurecerían	se habrían enfurecido

IMPÉRATIF

(tú) enfurécete
(Vd) enfurézcase
(nosotros) enfurezcámonos
(vosotros) enfureceos
(Vds) enfurézcanse

SUBJONCTIF

	PRÉSENT	IMPARFAIT	PLUS-QUE-PARFAIT
1	me enfurezca	me enfurec-iera/iese	me hubiera enfurecido
2	te enfurezcas	te enfurec-ieras/ieses	te hubieras enfurecido
3	se enfurezca	se enfurec-iera/iese	se hubiera enfurecido
1	nos enfurezcamos	nos enfurec-iéramos/iésemos	nos hubiéramos enfurecido
2	os enfurezcáis	os enfurec-ierais/ieseis	os hubierais enfurecido
3	se enfurezcan	se enfurec-ieran/iesen	se hubieran enfurecido

PASSÉ COMPOSÉ me haya enfurecido, etc.

INFINITIF

PRÉSENT
enfurecerse

PASSÉ
haberse enfurecido

PARTICIPE

PRÉSENT
enfureciéndose

PASSÉ
enfurecido

se taire, rester muet

	PRÉSENT	IMPARFAIT	FUTUR
1	enmudezco	enmudecía	enmudeceré
2	enmudeces	enmudecías	enmudecerás
3	enmudece	enmudecía	enmudecerá
1	enmudecemos	enmudecíamos	enmudeceremos
2	enmudecéis	enmudecíais	enmudeceréis
3	enmudecen	enmudecían	enmudecerán

	PASSÉ SIMPLE	PASSÉ COMPOSÉ	PLUS-QUE-PARFAIT
1	enmudecí	he enmudecido	había enmudecido
2	enmudeciste	has enmudecido	habías enmudecido
3	enmudeció	ha enmudecido	había enmudecido
1	enmudecimos	hemos enmudecido	habíamos enmudecido
2	enmudecisteis	habéis enmudecido	habíais enmudecido
3	enmudecieron	han enmudecido	habían enmudecido

PASSÉ ANTÉRIEUR
hube enmudecido, etc.

FUTUR ANTÉRIEUR
habré enmudecido, etc.

CONDITIONNEL / *IMPÉRATIF*

	PRÉSENT	PASSÉ	IMPÉRATIF
1	enmudecería	habría enmudecido	
2	enmudecerías	habrías enmudecido	(tú) enmudece
3	enmudecería	habría enmudecido	(Vd) enmudezca
1	enmudeceríamos	habríamos enmudecido	(nosotros) enmudezcamos
2	enmudeceríais	habríais enmudecido	(vosotros) enmuneced
3	enmudecerían	habrían enmudecido	(Vds) enmudezcan

SUBJONCTIF

	PRÉSENT	IMPARFAIT	PLUS-QUE-PARFAIT
1	enmudezca	enmudec-iera/iese	hubiera enmudecido
2	enmudezcas	enmudec-ieras/ieses	hubieras enmudecido
3	enmudezca	enmudec-iera/iese	hubiera enmudecido
1	enmudezcamos	enmudec-iéramos/iésemos	hubiéramos enmudecido
2	enmudezcáis	enmudec-ierais/ieseis	hubierais enmudecido
3	enmudezcan	enmudec-ieran/iesen	hubieran enmudecido

PASSÉ COMPOSÉ haya enmudecido, etc.

INFINITIF	*PARTICIPE*
PRÉSENT	**PRÉSENT**
enmudecer	enmudeciendo
PASSÉ	**PASSÉ**
haber enmudecido	enmudecido

ENRAIZAR

92 *prendre racine*

	PRÉSENT	IMPARFAIT	FUTUR
1	enraízo	enraizaba	enraizaré
2	enraízas	enraizabas	enraizarás
3	enraíza	enraizaba	enraizará
1	enraizamos	enraizábamos	enraizaremos
2	enraizáis	enraizabais	enraizaréis
3	enraízan	enraizaban	enraizarán

	PASSÉ SIMPLE	PASSÉ COMPOSÉ	PLUS-QUE-PARFAIT
1	enraicé	he enraizado	había enraizado
2	enraizaste	has enraizado	habías enraizado
3	enraizó	ha enraizado	había enraizado
1	enraizamos	hemos enraizado	habíamos enraizado
2	enraizasteis	habéis enraizado	habíais enraizado
3	enraizaron	han enraizado	habían enraizado

PASSÉ ANTÉRIEUR
hube enraizado, etc.

FUTUR ANTÉRIEUR
habré enraizado, etc.

CONDITIONNEL

	PRÉSENT	PASSÉ
1	enraizaría	habría enraizado
2	enraizarías	habrías enraizado
3	enraizaría	habría enraizado
1	enraizaríamos	habríamos enraizado
2	enraizaríais	habríais enraizado
3	enraizarían	habrían enraizado

IMPÉRATIF

(tú) enraíza
(Vd) enraíce
(nosotros) enraicemos
(vosotros) enraizad
(Vds) enraícen

SUBJONCTIF

	PRÉSENT	IMPARFAIT	PLUS-QUE-PARFAIT
1	enraíce	enraiz-ara/ase	hubiera enraizado
2	enraíces	enraiz-aras/ases	hubieras enraizado
3	enraíce	enraiz-ara/ase	hubiera enraizado
1	enraicemos	enraiz-áramos/ásemos	hubiéramos enraizado
2	enraicéis	enraiz-arais/aseis	hubierais enraizado
3	enraícen	enraiz-aran/asen	hubieran enraizado

PASSÉ COMPOSÉ haya enraizado, etc.

INFINITIF

PRÉSENT
enraizar

PASSÉ
haber enraizado

PARTICIPE

PRÉSENT
enraizando

PASSÉ
enraizado

	PRÉSENT	IMPARFAIT	FUTUR
1	entiendo	entendía	entenderé
2	entiendes	entendías	entenderás
3	entiende	entendía	entenderá
1	entendemos	entendíamos	entenderemos
2	entendéis	entendíais	entenderéis
3	entienden	entendían	entenderán
	PASSÉ SIMPLE	**PASSÉ COMPOSÉ**	**PLUS-QUE-PARFAIT**
1	entendí	he entendido	había entendido
2	entendiste	has entendido	habías entendido
3	entendió	ha entendido	había entendido
1	entendimos	hemos entendido	habíamos entendido
2	entendisteis	habéis entendido	habíais entendido
3	entendieron	han entendido	habían entendido
	PASSÉ ANTÉRIEUR		**FUTUR ANTÉRIEUR**
	hube entendido, etc.		habré entendido, etc.

CONDITIONNEL / *IMPÉRATIF*

	PRÉSENT	PASSÉ	IMPÉRATIF
1	entendería	habría entendido	
2	entenderías	habrías entendido	(tú) entiende
3	entendería	habría entendido	(Vd) entienda
1	entenderíamos	habríamos entendido	(nosotros) entendamos
2	entenderíais	habríais entendido	(vosotros) entended
3	entenderían	habrían entendido	(Vds) entiendan

SUBJONCTIF

	PRÉSENT	IMPARFAIT	PLUS-QUE-PARFAIT
1	entienda	entend-iera/iese	hubiera entendido
2	entiendas	entend-ieras/ieses	hubieras entendido
3	entienda	entend-iera/iese	hubiera entendido
1	entendamos	entend-iéramos/iésemos	hubiéramos entendido
2	entendáis	entend-ierais/ieseis	hubierais entendido
3	entiendan	entend-ieran/iesen	hubieran entendido

PASSÉ COMPOSÉ haya entendido, etc.

INFINITIF	*PARTICIPE*
PRÉSENT	**PRÉSENT**
entender	entendiendo
PASSÉ	**PASSÉ**
haber entendido	entendido

ENTRAR
94 *entrer*

	PRÉSENT	IMPARFAIT	FUTUR
1	entro	entraba	entraré
2	entras	entrabas	entrarás
3	entra	entraba	entrará
1	entramos	entrábamos	entraremos
2	entráis	entrabais	entraréis
3	entran	entraban	entrarán

	PASSÉ SIMPLE	PASSÉ COMPOSÉ	PLUS-QUE-PARFAIT
1	entré	he entrado	había entrado
2	entraste	has entrado	habías entrado
3	entró	ha entrado	había entrado
1	entramos	hemos entrado	habíamos entrado
2	entrasteis	habéis entrado	habíais entrado
3	entraron	han entrado	habían entrado

PASSÉ ANTÉRIEUR
hube entrado, etc.

FUTUR ANTÉRIEUR
habré entrado, etc.

CONDITIONNEL

	PRÉSENT	PASSÉ
1	entraría	habría entrado
2	entrarías	habrías entrado
3	entraría	habría entrado
1	entraríamos	habríamos entrado
2	entraríais	habríais entrado
3	entrarían	habrían entrado

IMPÉRATIF

(tú) entra
(Vd) entre
(nosotros) entremos
(vosotros) entrad
(Vds) entren

SUBJONCTIF

	PRÉSENT	IMPARFAIT	PLUS-QUE-PARFAIT
1	entre	entr-ara/ase	hubiera entrado
2	entres	entr-aras/ases	hubieras entrado
3	entre	entr-ara/ase	hubiera entrado
1	entremos	entr-áramos/ásemos	hubiéramos entrado
2	entréis	entr-arais/aseis	hubierais entrado
3	entren	entr-aran/asen	hubieran entrado

PASSÉ COMPOSÉ haya entrado, etc.

INFINITIF

PRÉSENT
entrar

PASSÉ
haber entrado

PARTICIPE

PRÉSENT
entrando

PASSÉ
entrado

	PRÉSENT	IMPARFAIT	FUTUR
1	envío	enviaba	enviaré
2	envías	enviabas	enviarás
3	envía	enviaba	enviará
1	enviamos	enviábamos	enviaremos
2	enviáis	enviabais	enviaréis
3	envían	enviaban	enviarán
	PASSÉ SIMPLE	**PASSÉ COMPOSÉ**	**PLUS-QUE-PARFAIT**
1	envié	he enviado	había enviado
2	enviaste	has enviado	habías enviado
3	envió	ha enviado	había enviado
1	enviamos	hemos enviado	habíamos enviado
2	enviasteis	habéis enviado	habíais enviado
3	enviaron	han enviado	habían enviado
	PASSÉ ANTÉRIEUR		**FUTUR ANTÉRIEUR**
	hube enviado, etc.		habré enviado, etc.

CONDITIONNEL / *IMPÉRATIF*

	PRÉSENT	PASSÉ	IMPÉRATIF
1	enviaría	habría enviado	
2	enviarías	habrías enviado	(tú) envía
3	enviaría	habría enviado	(Vd) envíe
1	enviaríamos	habríamos enviado	(nosotros) enviemos
2	enviaríais	habríais enviado	(vosotros) enviad
3	enviarían	habrían enviado	(Vds) envíen

SUBJONCTIF

	PRÉSENT	IMPARFAIT	PLUS-QUE-PARFAIT
1	envíe	envi-ara/ase	hubiera enviado
2	envíes	envi-aras/ases	hubieras enviado
3	envíe	envi-ara/ase	hubiera enviado
1	enviemos	envi-áramos/ásemos	hubiéramos enviado
2	enviéis	envi-arais/aseis	hubierais enviado
3	envíen	envi-aran/asen	hubieran enviado

PASSÉ COMPOSÉ haya enviado, etc.

INFINITIF	*PARTICIPE*
PRÉSENT	**PRÉSENT**
enviar	enviando
PASSÉ	**PASSÉ**
haber enviado	enviado

EQUIVOCARSE
96 *faire une erreur*

	PRÉSENT	IMPARFAIT	FUTUR
1	me equivoco	me equivocaba	me equivocaré
2	te equivocas	te equivocabas	te equivocarás
3	se equivoca	se equivocaba	se equivocará
1	nos equivocamos	nos equivocábamos	nos equivocaremos
2	os equivocáis	os equivocabais	os equivocaréis
3	se equivocan	se equivocaban	se equivocarán

	PASSÉ SIMPLE	PASSÉ COMPOSÉ	PLUS-QUE-PARFAIT
1	me equivoqué	me he equivocado	me había equivocado
2	te equivocaste	te has equivocado	te habías equivocado
3	se equivocó	se ha equivocado	se había equivocado
1	nos equivocamos	nos hemos equivocado	nos habíamos equivocado
2	os equivocasteis	os habéis equivocado	os habíais equivocado
3	se equivocaron	se han equivocado	se habían equivocado

PASSÉ ANTÉRIEUR
me hube equivocado, etc.

FUTUR ANTÉRIEUR
me habré equivocado, etc.

CONDITIONNEL

	PRÉSENT	PASSÉ
1	me equivocaría	me habría equivocado
2	te equivocarías	te habrías equivocado
3	se equivocaría	se habría equivocado
1	nos equivocaríamos	nos habríamos equivocado
2	os equivocaríais	os habríais equivocado
3	se equivocarían	se habrían equivocado

IMPÉRATIF

(tú) equivócate
(Vd) equivóquese
(nosotros) equivoquémonos
(vosotros) equivocaos
(Vds) equivóquense

SUBJONCTIF

	PRÉSENT	IMPARFAIT	PLUS-QUE-PARFAIT
1	me equivoque	me equivoc-ara/ase	me hubiera equivocado
2	te equivoques	te equivoc-aras/ases	te hubieras equivocado
3	se equivoque	se equivoc-ara/ase	se hubiera equivocado
1	nos equivoquemos	nos equivoc-áramos/ásemos	nos hubiéramos equivocado
2	os equivoquéis	os equivoc-arais/aseis	os hubierais equivocado
3	se equivoquen	se equivoc-aran/asen	se hubieran equivocado

PASSÉ COMPOSÉ me haya equivocado, etc.

INFINITIF

PRÉSENT
equivocarse

PASSÉ
haberse equivocado

PARTICIPE

PRÉSENT
equivocándose

PASSÉ
equivocado

	PRÉSENT	IMPARFAIT	FUTUR
1	yergo/irgo	erguía	erguiré
2	yergues/irgues	erguías	erguirás
3	yergue/irgue	erguía	erguirá
1	erguimos	erguíamos	erguiremos
2	erguís	erguíais	erguiréis
3	yerguen/irguen	erguían	erguirán
	PASSÉ SIMPLE	**PASSÉ COMPOSÉ**	**PLUS-QUE-PARFAIT**
1	erguí	he erguido	había erguido
2	erguiste	has erguido	habías erguido
3	irguió	ha erguido	había erguido
1	erguimos	hemos erguido	habíamos erguido
2	erguisteis	habéis erguido	habíais erguido
3	irguieron	han erguido	habían erguido
	PASSÉ ANTÉRIEUR		**FUTUR ANTÉRIEUR**
	hube erguido, etc.		habré erguido, etc.

CONDITIONNEL / *IMPÉRATIF*

	PRÉSENT	PASSÉ	IMPÉRATIF
1	erguiría	habría erguido	
2	erguirías	habrías erguido	(tú) yergue/irgue
3	erguiría	habría erguido	(Vd) yerga/irga
1	erguiríamos	habríamos erguido	(nosotros) yergamos/irgamos
2	erguiríais	habríais erguido	(vosotros) erguid
3	erguirían	habrían erguido	(Vds) yergan/irgan

SUBJONCTIF

	PRÉSENT	IMPARFAIT	PLUS-QUE-PARFAIT
1	yerga/irga	irgu-iera/iese	hubiera erguido
2	yergas/irgas	irgu-ieras/ieses	hubieras erguido
3	yerga/irga	irgu-iera/iese	hubiera erguido
1	yergamos/irgamos	irgu-iéramos/iésemos	hubiéramos erguido
2	yergáis/irgáis	irgu-ierais/ieseis	hubierais erguido
3	yergan/irgan	irgu-ieran/iesen	hubieran erguido

PASSÉ COMPOSÉ haya erguido, etc.

INFINITIF	*PARTICIPE*	*N.B.*
PRÉSENT	**PRÉSENT**	La deuxième forme est
erguir	irguiendo	très peu utilisée.
PASSÉ	**PASSÉ**	
haber erguido	erguido	

ERRAR 98

errer, se tromper

	PRÉSENT	IMPARFAIT	FUTUR
1	yerro	erraba	erraré
2	yerras	errabas	errarás
3	yerra	erraba	errará
1	erramos	errábamos	erraremos
2	erráis	errabais	erraréis
3	yerran	erraban	errarán

	PASSÉ SIMPLE	PASSÉ COMPOSÉ	PLUS-QUE-PARFAIT
1	erré	he errado	había errado
2	erraste	has errado	habías errado
3	erró	ha errado	había errado
1	erramos	hemos errado	habíamos errado
2	errasteis	habéis errado	habíais errado
3	erraron	han errado	habían errado

PASSÉ ANTÉRIEUR
hube errado, etc.

FUTUR ANTÉRIEUR
habré errado, etc.

CONDITIONNEL

	PRÉSENT	PASSÉ
1	erraría	habría errado
2	errarías	habrías errado
3	erraría	habría errado
1	erraríamos	habríamos errado
2	erraríais	habríais errado
3	errarían	habrían errado

IMPÉRATIF

(tú) yerra
(Vd) yerre
(nosotros) erremos
(vosotros) errad
(Vds) yerren

SUBJONCTIF

	PRÉSENT	IMPARFAIT	PLUS-QUE-PARFAIT
1	yerre	err-ara/ase	hubiera errado
2	yerres	err-aras/ases	hubieras errado
3	yerre	err-ara/ase	hubiera errado
1	erremos	err-áramos/ásemos	hubiéramos errado
2	erréis	err-arais/aseis	hubierais errado
3	yerren	err-aran/asen	hubieran errado

PASSÉ COMPOSÉ haya errado, etc.

INFINITIF

PRÉSENT
errar

PASSÉ
haber errado

PARTICIPE

PRÉSENT
errando

PASSÉ
errado

	PRÉSENT	IMPARFAIT	FUTUR
1	escribo	escribía	escribiré
2	escribes	escribías	escribirás
3	escribe	escribía	escribirá
1	escribimos	escribíamos	escribiremos
2	escribís	escribíais	escribiréis
3	escriben	escribían	escribirán

	PASSÉ SIMPLE	PASSÉ COMPOSÉ	PLUS-QUE-PARFAIT
1	escribí	he escrito	había escrito
2	escribiste	has escrito	habías escrito
3	escribió	ha escrito	había escrito
1	escribimos	hemos escrito	habíamos escrito
2	escribisteis	habéis escrito	habíais escrito
3	escribieron	han escrito	habían escrito

PASSÉ ANTÉRIEUR
hube escrito, etc.

FUTUR ANTÉRIEUR
habré escrito, etc.

CONDITIONNEL

	PRÉSENT	PASSÉ
1	escribiría	habría escrito
2	escribirías	habrías escrito
3	escribiría	habría escrito
1	escribiríamos	habríamos escrito
2	escribiríais	habríais escrito
3	escribirían	habrían escrito

IMPÉRATIF

(tú) escribe
(Vd) escriba
(nosotros) escribamos
(vosotros) escribid
(Vds) escriban

SUBJONCTIF

	PRÉSENT	IMPARFAIT	PLUS-QUE-PARFAIT
1	escriba	escrib-iera/iese	hubiera escrito
2	escribas	escrib-ieras/ieses	hubieras escrito
3	escriba	escrib-iera/iese	hubiera escrito
1	escribamos	escrib-iéramos/iésemos	hubiéramos escrito
2	escribáis	escrib-ierais/ieseis	hubierais escrito
3	escriban	escrib-ieran/iesen	hubieran escrito

PASSÉ COMPOSÉ haya escrito, etc.

INFINITIF

PRÉSENT
escribir

PASSÉ
haber escrito

PARTICIPE

PRÉSENT
escribiendo

PASSÉ
escrito

ESFORZARSE
100 *faire un effort*

	PRÉSENT	IMPARFAIT	FUTUR
1	me esfuerzo	me esforzaba	me esforzaré
2	te esfuerzas	te esforzabas	te esforzarás
3	se esfuerza	se esforzaba	se esforzará
1	nos esforzamos	nos esforzábamos	nos esforzaremos
2	os esforzáis	os esforzabais	os esforzaréis
3	se esfuerzan	se esforzaban	se esforzarán

	PASSÉ SIMPLE	PASSÉ COMPOSÉ	PLUS-QUE-PARFAIT
1	me esforcé	me he esforzado	me había esforzado
2	te esforzaste	te has esforzado	te habías esforzado
3	se esforzó	se ha esforzado	se había esforzado
1	nos esforzamos	nos hemos esforzado	nos habíamos esforzado
2	os esforzasteis	os habéis esforzado	os habíais esforzado
3	se esforzaron	se han esforzado	se habían esforzado

PASSÉ ANTÉRIEUR
me hube esforzado, etc.

FUTUR ANTÉRIEUR
me habré esforzado, etc.

CONDITIONNEL / *IMPÉRATIF*

	PRÉSENT	PASSÉ	IMPÉRATIF
1	me esforzaría	me habría esforzado	
2	te esforzarías	te habrías esforzado	(tú) esfuérzate
3	se esforzaría	se habría esforzado	(Vd) esfuércese
1	nos esforzaríamos	nos habríamos esforzado	(nosotros) esforcémonos
2	os esforzaríais	os habríais esforzado	(vosotros) esforzaos
3	se esforzarían	se habrían esforzado	(Vds) esfuércense

SUBJONCTIF

	PRÉSENT	IMPARFAIT	PLUS-QUE-PARFAIT
1	me esfuerce	me esforz-ara/ase	me hubiera esforzado
2	te esfuerces	te esforz-aras/ases	te hubieras esforzado
3	se esfuerce	se esforz-ara/ase	se hubiera esforzado
1	nos esforcemos	nos esforz-áramos/ásemos	nos hubiéramos esforzado
2	os esforcéis	os esforz-arais/aseis	os hubierais esforzado
3	se esfuercen	se esforz-aran/asen	se hubieran esforzado

PASSÉ COMPOSÉ me haya esforzado, etc.

INFINITIF

PRÉSENT
esforzarse

PASSÉ
haberse esforzado

PARTICIPE

PRÉSENT
esforzándose

PASSÉ
esforzado

	PRÉSENT	IMPARFAIT	FUTUR
1	espero	esperaba	esperaré
2	esperas	esperabas	esperarás
3	espera	esperaba	esperará
1	esperamos	esperábamos	esperaremos
2	esperáis	esperabais	esperaréis
3	esperan	esperaban	esperarán

	PASSÉ SIMPLE	PASSÉ COMPOSÉ	PLUS-QUE-PARFAIT
1	esperé	he esperado	había esperado
2	esperaste	has esperado	habías esperado
3	esperó	ha esperado	había esperado
1	esperamos	hemos esperado	habíamos esperado
2	esperasteis	habéis esperado	habíais esperado
3	esperaron	han esperado	habían esperado

PASSÉ ANTÉRIEUR
hube esperado, etc.

FUTUR ANTÉRIEUR
habré esperado, etc.

CONDITIONNEL

	PRÉSENT	PASSÉ
1	esperaría	habría esperado
2	esperarías	habrías esperado
3	esperaría	habría esperado
1	esperaríamos	habríamos esperado
2	esperaríais	habríais esperado
3	esperarían	habrían esperado

IMPÉRATIF

(tú) espera
(Vd) espere
(nosotros) esperemos
(vosotros) esperad
(Vds) esperen

SUBJONCTIF

	PRÉSENT	IMPARFAIT	PLUS-QUE-PARFAIT
1	espere	esper-ara/ase	hubiera esperado
2	esperes	esper-aras/ases	hubieras esperado
3	espere	esper-ara/ase	hubiera esperado
1	esperemos	esper-áramos/ásemos	hubiéramos esperado
2	esperéis	esper-arais/aseis	hubierais esperado
3	esperen	esper-aran/asen	hubieran esperado

PASSÉ COMPOSÉ haya esperado, etc.

INFINITIF

PRÉSENT
esperar

PASSÉ
haber esperado

PARTICIPE

PRÉSENT
esperando

PASSÉ
esperado

ESTAR

102 *être*

	PRÉSENT	IMPARFAIT	FUTUR
1	estoy	estaba	estaré
2	estás	estabas	estarás
3	está	estaba	estará
1	estamos	estábamos	estaremos
2	estáis	estabais	estaréis
3	están	estaban	estarán

	PASSÉ SIMPLE	PASSÉ COMPOSÉ	PLUS-QUE-PARFAIT
1	estuve	he estado	había estado
2	estuviste	has estado	habías estado
3	estuvo	ha estado	había estado
1	estuvimos	hemos estado	habíamos estado
2	estuvisteis	habéis estado	habíais estado
3	estuvieron	han estado	habían estado

PASSÉ ANTÉRIEUR
hube estado, etc.

FUTUR ANTÉRIEUR
habré estado, etc.

CONDITIONNEL

	PRÉSENT	PASSÉ
1	estaría	habría estado
2	estarías	habrías estado
3	estaría	habría estado
1	estaríamos	habríamos estado
2	estaríais	habríais estado
3	estarían	habrían estado

IMPÉRATIF

(tú) está
(Vd) esté
(nosotros) estemos
(vosotros) estad
(Vds) estén

SUBJONCTIF

	PRÉSENT	IMPARFAIT	PLUS-QUE-PARFAIT
1	esté	estuv-iera/iese	hubiera estado
2	estés	estuv-ieras/ieses	hubieras estado
3	esté	estuv-iera/iese	hubiera estado
1	estemos	estuv-iéramos/iésemos	hubiéramos estado
2	estéis	estuv-ierais/ieseis	hubierais estado
3	estén	estuv-ieran/iesen	hubieran estado

PASSÉ COMPOSÉ haya estado, etc.

INFINITIF

PRÉSENT
estar

PASSÉ
haber estado

PARTICIPE

PRÉSENT
estando

PASSÉ
estado

	PRÉSENT	IMPARFAIT	FUTUR
1	evacuo	evacuaba	evacuaré
2	evacuas	evacuabas	evacuarás
3	evacua	evacuaba	evacuará
1	evacuamos	evacuábamos	evacuaremos
2	evacuáis	evacuabais	evacuaréis
3	evacuan	evacuaban	evacuarán

	PASSÉ SIMPLE	PASSÉ COMPOSÉ	PLUS-QUE-PARFAIT
1	evacué	he evacuado	había evacuado
2	evacuaste	has evacuado	habías evacuado
3	evacuó	ha evacuado	había evacuado
1	evacuamos	hemos evacuado	habíamos evacuado
2	evacuasteis	habéis evacuado	habíais evacuado
3	evacuaron	han evacuado	habían evacuado

PASSÉ ANTÉRIEUR
hube evacuado, etc.

FUTUR ANTÉRIEUR
habré evacuado, etc.

CONDITIONNEL / *IMPÉRATIF*

	PRÉSENT	PASSÉ	IMPÉRATIF
1	evacuaría	habría evacuado	
2	evacuarías	habrías evacuado	(tú) evacua
3	evacuaría	habría evacuado	(Vd) evacue
1	evacuaríamos	habríamos evacuado	(nosotros) evacuemos
2	evacuaríais	habríais evacuado	(vosotros) evacuad
3	evacuarían	habrían evacuado	(Vds) evacuen

SUBJONCTIF

	PRÉSENT	IMPARFAIT	PLUS-QUE-PARFAIT
1	evacue	evacu-ara/ase	hubiera evacuado
2	evacues	evacu-aras/ases	hubieras evacuado
3	evacue	evacu-ara/ase	hubiera evacuado
1	evacuemos	evacu-áramos/ásemos	hubiéramos evacuado
2	evacuéis	evacu-arais/aseis	hubierais evacuado
3	evacuen	evacu-aran/asen	hubieran evacuado

PASSÉ COMPOSÉ haya evacuado, etc.

INFINITIF

PRÉSENT
evacuar

PASSÉ
haber evacuado

PARTICIPE

PRÉSENT
evacuando

PASSÉ
evacuado

EXIGIR
104 *exiger*

	PRÉSENT	IMPARFAIT	FUTUR
1	exijo	exigía	exigiré
2	exiges	exigías	exigirás
3	exige	exigía	exigirá
1	exigimos	exigíamos	exigiremos
2	exigís	exigíais	exigiréis
3	exigen	exigían	exigirán

	PASSÉ SIMPLE	PASSÉ COMPOSÉ	PLUS-QUE-PARFAIT
1	exigí	he exigido	había exigido
2	exigiste	has exigido	habías exigido
3	exigió	ha exigido	había exigido
1	exigimos	hemos exigido	habíamos exigido
2	exigisteis	habéis exigido	habíais exigido
3	exigieron	han exigido	habían exigido

PASSÉ ANTÉRIEUR
hube exigido, etc.

FUTUR ANTÉRIEUR
habré exigido, etc.

CONDITIONNEL

	PRÉSENT	PASSÉ
1	exigiría	habría exigido
2	exigirías	habrías exigido
3	exigiría	habría exigido
1	exigiríamos	habríamos exigido
2	exigiríais	habríais exigido
3	exigirían	habrían exigido

IMPÉRATIF

(tú) exige
(Vd) exija
(nosotros) exijamos
(vosotros) exigid
(Vds) exijan

SUBJONCTIF

	PRÉSENT	IMPARFAIT	PLUS-QUE-PARFAIT
1	exija	exig-iera/iese	hubiera exigido
2	exijas	exig-ieras/ieses	hubieras exigido
3	exija	exig-iera/iese	hubiera exigido
1	exijamos	exig-iéramos/iésemos	hubiéramos exigido
2	exijáis	exig-ierais/ieseis	hubierais exigido
3	exijan	exig-ieran/iesen	hubieran exigido

PASSÉ COMPOSÉ haya exigido, etc.

INFINITIF

PRÉSENT
exigir

PASSÉ
haber exigido

PARTICIPE

PRÉSENT
exigiendo

PASSÉ
exigido

	PRÉSENT	IMPARFAIT	FUTUR
1	explico	explicaba	explicaré
2	explicas	explicabas	explicarás
3	explica	explicaba	explicará
1	explicamos	explicábamos	explicaremos
2	explicáis	explicabais	explicaréis
3	explican	explicaban	explicarán

	PASSÉ SIMPLE	PASSÉ COMPOSÉ	PLUS-QUE-PARFAIT
1	expliqué	he explicado	había explicado
2	explicaste	has explicado	habías explicado
3	explicó	ha explicado	había explicado
1	explicamos	hemos explicado	habíamos explicado
2	explicasteis	habéis explicado	habíais explicado
3	explicaron	han explicado	habían explicado

PASSÉ ANTÉRIEUR
hube explicado, etc.

FUTUR ANTÉRIEUR
habré explicado, etc.

CONDITIONNEL

	PRÉSENT	PASSÉ
1	explicaría	habría explicado
2	explicarías	habrías explicado
3	explicaría	habría explicado
1	explicaríamos	habríamos explicado
2	explicaríais	habríais explicado
3	explicarían	habrían explicado

IMPÉRATIF

(tú) explica
(Vd) explique
(nosotros) expliquemos
(vosotros) explicad
(Vds) expliquen

SUBJONCTIF

	PRÉSENT	IMPARFAIT	PLUS-QUE-PARFAIT
1	explique	explic-ara/ase	hubiera explicado
2	expliques	explic-aras/ases	hubieras explicado
3	explique	explic-ara/ase	hubiera explicado
1	expliquemos	explic-áramos/ásemos	hubiéramos explicado
2	expliquéis	explic-arais/aseis	hubierais explicado
3	expliquen	explic-aran/asen	hubieran explicado

PASSÉ COMPOSÉ haya explicado, etc.

INFINITIF

PRÉSENT
explicar

PASSÉ
haber explicado

PARTICIPE

PRÉSENT
explicando

PASSÉ
explicado

FREGAR
106 *récurer, faire la vaisselle*

	PRÉSENT	IMPARFAIT	FUTUR
1	friego	fregaba	fregaré
2	friegas	fregabas	fregarás
3	friega	fregaba	fregará
1	fregamos	fregábamos	fregaremos
2	fregáis	fregabais	fregaréis
3	friegan	fregaban	fregarán

	PASSÉ SIMPLE	PASSÉ COMPOSÉ	PLUS-QUE-PARFAIT
1	fregué	he fregado	había fregado
2	fregaste	has fregado	habías fregado
3	fregó	ha fregado	había fregado
1	fregamos	hemos fregado	habíamos fregado
2	fregasteis	habéis fregado	habíais fregado
3	fregaron	han fregado	habían fregado

PASSÉ ANTÉRIEUR
hube fregado, etc.

FUTUR ANTÉRIEUR
habré fregado, etc.

CONDITIONNEL

	PRÉSENT	PASSÉ
1	fregaría	habría fregado
2	fregarías	habrías fregado
3	fregaría	habría fregado
1	fregaríamos	habríamos fregado
2	fregaríais	habríais fregado
3	fregarían	habrían fregado

IMPÉRATIF

(tú) friega
(Vd) friegue
(nosotros) freguemos
(vosotros) fregad
(Vds) frieguen

SUBJONCTIF

	PRÉSENT	IMPARFAIT	PLUS-QUE-PARFAIT
1	friegue	freg-ara/ase	hubiera fregado
2	friegues	freg-aras/ases	hubieras fregado
3	friegue	freg-ara/ase	hubiera fregado
1	freguemos	freg-áramos/ásemos	hubiéramos fregado
2	freguéis	freg-arais/aseis	hubierais fregado
3	frieguen	freg-aran/asen	hubieran fregado

PASSÉ COMPOSÉ haya fregado, etc.

INFINITIF

PRÉSENT
fregar

PASSÉ
haber fregado

PARTICIPE

PRÉSENT
fregando

PASSÉ
fregado

	PRÉSENT	IMPARFAIT	FUTUR
1	frío	freía	freiré
2	fríes	freías	freirás
3	fríe	freía	freirá
1	freímos	freíamos	freiremos
2	freís	freíais	freiréis
3	fríen	freían	freirán
	PASSÉ SIMPLE	**PASSÉ COMPOSÉ**	**PLUS-QUE-PARFAIT**
1	freí	he frito	había frito
2	freíste	has frito	habías frito
3	frió	ha frito	había frito
1	freímos	hemos frito	habíamos frito
2	freísteis	habéis frito	habíais frito
3	frieron	han frito	habían frito
	PASSÉ ANTÉRIEUR		**FUTUR ANTÉRIEUR**
	hube frito, etc.		habré frito, etc.

CONDITIONNEL / *IMPÉRATIF*

	PRÉSENT	PASSÉ	
1	freiría	habría frito	
2	freirías	habrías frito	(tú) fríe
3	freiría	habría frito	(Vd) fría
1	freiríamos	habríamos frito	(nosotros) friamos
2	freiríais	habríais frito	(vosotros) freíd
3	freirían	habrían frito	(Vds) frían

SUBJONCTIF

	PRÉSENT	IMPARFAIT	PLUS-QUE-PARFAIT
1	fría	fri-era/ese	hubiera frito
2	frías	fri-eras/eses	hubieras frito
3	fría	fri-era/ese	hubiera frito
1	friamos	fri-éramos/ésemos	hubiéramos frito
2	friáis	fri-erais/eseis	hubierais frito
3	frían	fri-eran/esen	hubieran frito

PASSÉ COMPOSÉ haya frito, etc.

INFINITIF	*PARTICIPE*
PRÉSENT	**PRÉSENT**
freír	friendo
PASSÉ	**PASSÉ**
haber frito	frito

GEMIR 108 *gémir, geindre*

	PRÉSENT	IMPARFAIT	FUTUR
1	gimo	gemía	gemiré
2	gimes	gemías	gemirás
3	gime	gemía	gemirá
1	gemimos	gemíamos	gemiremos
2	gemís	gemíais	gemiréis
3	gimen	gemían	gemirán

	PASSÉ SIMPLE	PASSÉ COMPOSÉ	PLUS-QUE-PARFAIT
1	gemí	he gemido	había gemido
2	gemiste	has gemido	habías gemido
3	gimió	ha gemido	había gemido
1	gemimos	hemos gemido	habíamos gemido
2	gemisteis	habéis gemido	habíais gemido
3	gimieron	han gemido	habían gemido

PASSÉ ANTÉRIEUR
hube gemido, etc.

FUTUR ANTÉRIEUR
habré gemido, etc.

CONDITIONNEL

	PRÉSENT	PASSÉ
1	gemiría	habría gemido
2	gemirías	habrías gemido
3	gemiría	habría gemido
1	gemiríamos	habríamos gemido
2	gemiríais	habríais gemido
3	gemirían	habrían gemido

IMPÉRATIF

(tú) gime
(Vd) gima
(nosotros) gimamos
(vosotros) gemid
(Vds) giman

SUBJONCTIF

	PRÉSENT	IMPARFAIT	PLUS-QUE-PARFAIT
1	gima	gim-iera/iese	hubiera gemido
2	gimas	gim-ieras/ieses	hubieras gemido
3	gima	gim-iera/iese	hubiera gemido
1	gimamos	gim-iéramos/iésemos	hubiéramos gemido
2	gimáis	gim-ierais/ieseis	hubierais gemido
3	giman	gim-ieran/iesen	hubieran gemido

PASSÉ COMPOSÉ haya gemido, etc.

INFINITIF

PRÉSENT
gemir

PASSÉ
haber gemido

PARTICIPE

PRÉSENT
gimiendo

PASSÉ
gemido

	PRÉSENT	IMPARFAIT	FUTUR
1	gruño	gruñía	gruñiré
2	gruñes	gruñías	gruñirás
3	gruñe	gruñía	gruñirá
1	gruñimos	gruñíamos	gruñiremos
2	gruñís	gruñíais	gruñiréis
3	gruñen	gruñían	gruñirán

	PASSÉ SIMPLE	PASSÉ COMPOSÉ	PLUS-QUE-PARFAIT
1	gruñí	he gruñido	había gruñido
2	gruñiste	has gruñido	habías gruñido
3	gruñó	ha gruñido	había gruñido
1	gruñimos	hemos gruñido	habíamos gruñido
2	gruñisteis	habéis gruñido	habíais gruñido
3	gruñeron	han gruñido	habían gruñido

PASSÉ ANTÉRIEUR
hube gruñido, etc.

FUTUR ANTÉRIEUR
habré gruñido, etc.

CONDITIONNEL

	PRÉSENT	PASSÉ
1	gruñiría	habría gruñido
2	gruñirías	habrías gruñido
3	gruñiría	habría gruñido
1	gruñiríamos	habríamos gruñido
2	gruñiríais	habríais gruñido
3	gruñirían	habrían gruñido

IMPÉRATIF

(tú) gruñe
(Vd) gruña
(nosotros) gruñamos
(vosotros) gruñid
(Vds) gruñan

SUBJONCTIF

	PRÉSENT	IMPARFAIT	PLUS-QUE-PARFAIT
1	gruña	gruñ-era/ese	hubiera gruñido
2	gruñas	gruñ-eras/eses	hubieras gruñido
3	gruña	gruñ-era/ese	hubiera gruñido
1	gruñamos	gruñ-éramos/ésemos	hubiéramos gruñido
2	gruñáis	gruñ-erais/eseis	hubierais gruñido
3	gruñan	gruñ-eran/esen	hubieran gruñido

PASSÉ COMPOSÉ haya gruñido, etc.

INFINITIF

PRÉSENT
gruñir

PASSÉ
haber gruñido

PARTICIPE

PRÉSENT
gruñendo

PASSÉ
gruñido

GUSTAR

110 *aimer, plaire*

	PRÉSENT	IMPARFAIT	FUTUR
1	gusto	gustaba	gustaré
2	gustas	gustabas	gustarás
3	gusta	gustaba	gustará
1	gustamos	gustábamos	gustaremos
2	gustáis	gustabais	gustaréis
3	gustan	gustaban	gustarán

	PASSÉ SIMPLE	PASSÉ COMPOSÉ	PLUS-QUE-PARFAIT
1	gusté	he gustado	había gustado
2	gustaste	has gustado	habías gustado
3	gustó	ha gustado	había gustado
1	gustamos	hemos gustado	habíamos gustado
2	gustasteis	habéis gustado	habíais gustado
3	gustaron	han gustado	habían gustado

PASSÉ ANTÉRIEUR
hube gustado, etc.

FUTUR ANTÉRIEUR
habré gustado, etc.

CONDITIONNEL

	PRÉSENT	PASSÉ
1	gustaría	habría gustado
2	gustarías	habrías gustado
3	gustaría	habría gustado
1	gustaríamos	habríamos gustado
2	gustaríais	habríais gustado
3	gustarían	habrían gustado

IMPÉRATIF

(tú) gusta
(Vd) guste
(nosotros) gustemos
(vosotros) gustad
(Vds) gusten

SUBJONCTIF

	PRÉSENT	IMPARFAIT	PLUS-QUE-PARFAIT
1	guste	gust-ara/ase	hubiera gustado
2	gustes	gust-aras/ases	hubieras gustado
3	guste	gust-ara/ase	hubiera gustado
1	gustemos	gust-áramos/ásemos	hubiéramos gustado
2	gustéis	gust-arais/aseis	hubierais gustado
3	gusten	gust-aran/asen	hubieran gustado

PASSÉ COMPOSÉ haya gustado, etc.

INFINITIF

PRÉSENT
gustar

PASSÉ
haber gustado

PARTICIPE

PRÉSENT
gustando

PASSÉ
gustado

N.B.

Le verbe **GUSTAR** se construit différemment du verbe “aimer” :
me gusta el chocolate
(= *j’aime le chocolat*)

avoir (auxiliaire)

	PRÉSENT	IMPARFAIT	FUTUR
1	he	había	habré
2	has	habías	habrás
3	ha/hay*	había	habrá
1	hemos	habíamos	habremos
2	habéis	habíais	habréis
3	han	habían	habrán

	PASSÉ SIMPLE	PASSÉ COMPOSÉ	PLUS-QUE-PARFAIT
1	hube		
2	hubiste		
3	hubo	ha habido	había habido
1	hubimos		
2	hubisteis		
3	hubieron		

PASSÉ ANTÉRIEUR
hubo habido, etc.

FUTUR ANTÉRIEUR
habrá habido, etc.

CONDITIONNEL

	PRÉSENT	PASSÉ
1	habría	
2	habrías	
3	habría	habría habido
1	habríamos	
2	habríais	
3	habrían	

IMPÉRATIF

SUBJONCTIF

	PRÉSENT	IMPARFAIT	PLUS-QUE-PARFAIT
1	haya	hub-iera/iese	
2	hayas	hub-ieras/ieses	
3	haya	hub-iera/iese	hubiera habido
1	hayamos	hub-iéramos/iésemos	
2	hayáis	hub-ierais/ieseis	
3	hayan	hub-ieran/iesen	

PASSÉ COMPOSÉ haya habido, etc.

INFINITIF

PRÉSENT
haber

PASSÉ
haber habido

PARTICIPE

PRÉSENT
habiendo

PASSÉ
habido

N.B.

Ce verbe est un auxiliaire utilisé pour former les temps composés. Par exemple : he bebido (= *j'ai bu*). Voir aussi TENER.
*hay = *il y a*.

HABLAR
112 *parler*

	PRÉSENT	IMPARFAIT	FUTUR
1	hablo	hablaba	hablaré
2	hablas	hablabas	hablarás
3	habla	hablaba	hablará
1	hablamos	hablábamos	hablaremos
2	habláis	hablabais	hablaréis
3	hablan	hablaban	hablarán

	PASSÉ SIMPLE	PASSÉ COMPOSÉ	PLUS-QUE-PARFAIT
1	hablé	he hablado	había hablado
2	hablaste	has hablado	habías hablado
3	habló	ha hablado	había hablado
1	hablamos	hemos hablado	habíamos hablado
2	hablasteis	habéis hablado	habíais hablado
3	hablaron	han hablado	habían hablado

PASSÉ ANTÉRIEUR
hube hablado, etc.

FUTUR ANTÉRIEUR
habré hablado, etc.

CONDITIONNEL / *IMPÉRATIF*

	PRÉSENT	PASSÉ	
1	hablaría	habría hablado	
2	hablarías	habrías hablado	(tú) habla
3	hablaría	habría hablado	(Vd) hable
1	hablaríamos	habríamos hablado	(nosotros) hablemos
2	hablaríais	habríais hablado	(vosotros) hablad
3	hablarían	habrían hablado	(Vds) hablen

SUBJONCTIF

	PRÉSENT	IMPARFAIT	PLUS-QUE-PARFAIT
1	hable	habl-ara/ase	hubiera hablado
2	hables	habl-aras/ases	hubieras hablado
3	hable	habl-ara/ase	hubiera hablado
1	hablemos	habl-áramos/ásemos	hubiéramos hablado
2	habléis	habl-arais/aseis	hubierais hablado
3	hablen	habl-aran/asen	hubieran hablado

PASSÉ COMPOSÉ haya hablado, etc.

INFINITIF

PRÉSENT
hablar

PASSÉ
haber hablado

PARTICIPE

PRÉSENT
hablando

PASSÉ
hablado

	PRÉSENT	IMPARFAIT	FUTUR
1	hago	hacía	haré
2	haces	hacías	harás
3	hace	hacía	hará
1	hacemos	hacíamos	haremos
2	hacéis	hacíais	haréis
3	hacen	hacían	harán

	PASSÉ SIMPLE	PASSÉ COMPOSÉ	PLUS-QUE-PARFAIT
1	hice	he hecho	había hecho
2	hiciste	has hecho	habías hecho
3	hizo	ha hecho	había hecho
1	hicimos	hemos hecho	habíamos hecho
2	hicisteis	habéis hecho	habíais hecho
3	hicieron	han hecho	habían hecho

PASSÉ ANTÉRIEUR
hube hecho, etc.

FUTUR ANTÉRIEUR
habré hecho, etc.

CONDITIONNEL

	PRÉSENT	PASSÉ
1	haría	habría hecho
2	harías	habrías hecho
3	haría	habría hecho
1	haríamos	habríamos hecho
2	haríais	habríais hecho
3	harían	habrían hecho

IMPÉRATIF

(tú) haz
(Vd) haga
(nosotros) hagamos
(vosotros) haced
(Vds) hagan

SUBJONCTIF

	PRÉSENT	IMPARFAIT	PLUS-QUE-PARFAIT
1	haga	hic-iera/iese	hubiera hecho
2	hagas	hic-ieras/ieses	hubieras hecho
3	haga	hic-iera/iese	hubiera hecho
1	hagamos	hic-iéramos/iésemos	hubiéramos hecho
2	hagáis	hic-ierais/ieseis	hubierais hecho
3	hagan	hic-ieran/iesen	hubieran hecho

PASSÉ COMPOSÉ haya hecho, etc.

INFINITIF

PRÉSENT
hacer

PASSÉ
haber hecho

PARTICIPE

PRÉSENT
haciendo

PASSÉ
hecho

HALLARSE

114 *être, se trouver*

	PRÉSENT	IMPARFAIT	FUTUR
1	me hallo	me hallaba	me hallaré
2	te hallas	te hallabas	te hallarás
3	se halla	se hallaba	se hallará
1	nos hallamos	nos hallábamos	nos hallaremos
2	os halláis	os hallabais	os hallaréis
3	se hallan	se hallaban	se hallarán

	PASSÉ SIMPLE	PASSÉ COMPOSÉ	PLUS-QUE-PARFAIT
1	me hallé	me he hallado	me había hallado
2	te hallaste	te has hallado	te habías hallado
3	se halló	se ha hallado	se había hallado
1	nos hallamos	nos hemos hallado	nos habíamos hallado
2	os hallasteis	os habéis hallado	os habíais hallado
3	se hallaron	se han hallado	se habían hallado

PASSÉ ANTÉRIEUR
me hube hallado, etc.

FUTUR ANTÉRIEUR
me habré hallado, etc.

CONDITIONNEL / *IMPÉRATIF*

	PRÉSENT	PASSÉ	
1	me hallaría	me habría hallado	
2	te hallarías	te habrías hallado	(tú) hállate
3	se hallaría	se habría hallado	(Vd) hállese
1	nos hallaríamos	nos habríamos hallado	(nosotros) hallémonos
2	os hallaríais	os habríais hallado	(vosotros) hallaos
3	se hallarían	se habrían hallado	(Vds) hállense

SUBJONCTIF

	PRÉSENT	IMPARFAIT	PLUS-QUE-PARFAIT
1	me halle	me hall-ara/ase	me hubiera hallado
2	te halles	te hall-aras/ases	te hubieras hallado
3	se halle	se hall-ara/ase	se hubiera hallado
1	nos hallemos	nos hall-áramos/ásemos	nos hubiéramos hallado
2	os halléis	os hall-arais/aseis	os hubierais hallado
3	se hallen	se hall-aran/asen	se hubieran hallado

PASSÉ COMPOSÉ me haya hallado, etc.

INFINITIF

PRÉSENT
hallarse

PASSÉ
haberse hallado

PARTICIPE

PRÉSENT
hallándose

PASSÉ
hallado

	PRÉSENT	IMPARFAIT	FUTUR
3	hiela	helaba	helará

	PASSÉ SIMPLE	PASSÉ COMPOSÉ	PLUS-QUE-PARFAIT
3	heló	ha helado	había helado

PASSÉ ANTÉRIEUR
hubo helado

FUTUR ANTÉRIEUR
habrá helado

CONDITIONNEL

	PRÉSENT	PASSÉ
3	helaría	habría helado

IMPÉRATIF

SUBJONCTIF

	PRÉSENT	IMPARFAIT	PLUS-QUE-PARFAIT
3	hiele	hel-ara/ase	hubiera helado

PASSÉ COMPOSÉ haya helado

INFINITIF

PRÉSENT
helar

PASSÉ
haber helado

PARTICIPE

PRÉSENT
helando

PASSÉ
helado

HERIR
116 *blesser*

	PRÉSENT	IMPARFAIT	FUTUR
1	hiero	hería	heriré
2	hieres	herías	herirás
3	hiere	hería	herirá
1	herimos	heríamos	heriremos
2	herís	heríais	heriréis
3	hieren	herían	herirán

	PASSÉ SIMPLE	PASSÉ COMPOSÉ	PLUS-QUE-PARFAIT
1	herí	he herido	había herido
2	heriste	has herido	habías herido
3	hirió	ha herido	había herido
1	herimos	hemos herido	habíamos herido
2	heristeis	habéis herido	habíais herido
3	hirieron	han herido	habían herido

PASSÉ ANTÉRIEUR
hube herido, etc.

FUTUR ANTÉRIEUR
habré herido, etc.

CONDITIONNEL / *IMPÉRATIF*

	PRÉSENT	PASSÉ	IMPÉRATIF
1	heriría	habría herido	
2	herirías	habrías herido	(tú) hiere
3	heriría	habría herido	(Vd) hiera
1	heriríamos	habríamos herido	(nosotros) hiramos
2	heriríais	habríais herido	(vosotros) herid
3	herirían	habrían herido	(Vds) hieran

SUBJONCTIF

	PRÉSENT	IMPARFAIT	PLUS-QUE-PARFAIT
1	hiera	hir-iera/iese	hubiera herido
2	hieras	hir-ieras/ieses	hubieras herido
3	hiera	hir-iera/iese	hubiera herido
1	hiramos	hir-iéramos/iésemos	hubiéramos herido
2	hiráis	hir-ierais/ieseis	hubierais herido
3	hieran	hir-ieran/iesen	hubieran herido

PASSÉ COMPOSÉ haya herido, etc.

INFINITIF / *PARTICIPE*

INFINITIF	PARTICIPE
PRÉSENT	**PRÉSENT**
herir	hiriendo
PASSÉ	**PASSÉ**
haber herido	herido

	PRÉSENT	IMPARFAIT	FUTUR
1	huyo	huía	huiré
2	huyes	huías	huirás
3	huye	huía	huirá
1	huimos	huíamos	huiremos
2	huís	huíais	huiréis
3	huyen	huían	huirán

	PASSÉ SIMPLE	PASSÉ COMPOSÉ	PLUS-QUE-PARFAIT
1	huí	he huido	había huido
2	huiste	has huido	habías huido
3	huyó	ha huido	había huido
1	huimos	hemos huido	habíamos huido
2	huisteis	habéis huido	habíais huido
3	huyeron	han huido	habían huido

PASSÉ ANTÉRIEUR
hube huido, etc.

FUTUR ANTÉRIEUR
habré huido, etc.

CONDITIONNEL

	PRÉSENT	PASSÉ
1	huiría	habría huido
2	huirías	habrías huido
3	huiría	habría huido
1	huiríamos	habríamos huido
2	huiríais	habríais huido
3	huirían	habrían huido

IMPÉRATIF

(tú) huye
(Vd) huya
(nosotros) huyamos
(vosotros) huid
(Vds) huyan

SUBJONCTIF

	PRÉSENT	IMPARFAIT	PLUS-QUE-PARFAIT
1	huya	hu-yera/yese	hubiera huido
2	huyas	hu-yeras/yeses	hubieras huido
3	huya	hu-yera/yese	hubiera huido
1	huyamos	hu-yéramos/yésemos	hubiéramos huido
2	huyáis	hu-yerais/yeseis	hubierais huido
3	huyan	hu-yeran/yesen	hubieran huido

PASSÉ COMPOSÉ haya huido, etc.

INFINITIF

PRÉSENT
huir

PASSÉ
haber huido

PARTICIPE

PRÉSENT
huyendo

PASSÉ
huido

INDICAR
118 *indiquer*

	PRÉSENT	IMPARFAIT	FUTUR
1	indico	indicaba	indicaré
2	indicas	indicabas	indicarás
3	indica	indicaba	indicará
1	indicamos	indicábamos	indicaremos
2	indicáis	indicabais	indicaréis
3	indican	indicaban	indicarán

	PASSÉ SIMPLE	PASSÉ COMPOSÉ	PLUS-QUE-PARFAIT
1	indiqué	he indicado	había indicado
2	indicaste	has indicado	habías indicado
3	indicó	ha indicado	había indicado
1	indicamos	hemos indicado	habíamos indicado
2	indicasteis	habéis indicado	habíais indicado
3	indicaron	han indicado	habían indicado

PASSÉ ANTÉRIEUR
hube indicado, etc.

FUTUR ANTÉRIEUR
habré indicado, etc.

CONDITIONNEL

	PRÉSENT	PASSÉ
1	indicaría	habría indicado
2	indicarías	habrías indicado
3	indicaría	habría indicado
1	indicaríamos	habríamos indicado
2	indicaríais	habríais indicado
3	indicarían	habrían indicado

IMPÉRATIF

(tú) indica
(Vd) indique
(nosotros) indiquemos
(vosotros) indicad
(Vds) indiquen

SUBJONCTIF

	PRÉSENT	IMPARFAIT	PLUS-QUE-PARFAIT
1	indique	indic-ara/ase	hubiera indicado
2	indiques	indic-aras/ases	hubieras indicado
3	indique	indic-ara/ase	hubiera indicado
1	indiquemos	indic-áramos/ásemos	hubiéramos indicado
2	indiquéis	indic-arais/aseis	hubierais indicado
3	indiquen	indic-aran/asen	hubieran indicado

PASSÉ COMPOSÉ haya indicado, etc.

INFINITIF

PRÉSENT
indicar

PASSÉ
haber indicado

PARTICIPE

PRÉSENT
indicando

PASSÉ
indicado

	PRÉSENT	IMPARFAIT	FUTUR
1	intento	intentaba	intentaré
2	intentas	intentabas	intentarás
3	intenta	intentaba	intentará
1	intentamos	intentábamos	intentaremos
2	intentáis	intentabais	intentaréis
3	intentan	intentaban	intentarán

	PASSÉ SIMPLE	PASSÉ COMPOSÉ	PLUS-QUE-PARFAIT
1	intenté	he intentado	había intentado
2	intentaste	has intentado	habías intentado
3	intentó	ha intentado	había intentado
1	intentamos	hemos intentado	habíamos intentado
2	intentasteis	habéis intentado	habíais intentado
3	intentaron	han intentado	habían intentado

PASSÉ ANTÉRIEUR
hube intentado, etc.

FUTUR ANTÉRIEUR
habré intentado, etc.

CONDITIONNEL / *IMPÉRATIF*

	PRÉSENT	PASSÉ	
1	intentaría	habría intentado	
2	intentarías	habrías intentado	(tú) intenta
3	intentaría	habría intentado	(Vd) intente
1	intentaríamos	habríamos intentado	(nosotros) intentemos
2	intentaríais	habríais intentado	(vosotros) intentad
3	intentarían	habrían intentado	(Vds) intenten

SUBJONCTIF

	PRÉSENT	IMPARFAIT	PLUS-QUE-PARFAIT
1	intente	intent-ara/ase	hubiera intentado
2	intentes	intent-aras/ases	hubieras intentado
3	intente	intent-ara/ase	hubiera intentado
1	intentemos	intent-áramos/ásemos	hubiéramos intentado
2	intentéis	intent-arais/aseis	hubierais intentado
3	intenten	intent-aran/asen	hubieran intentado

PASSÉ COMPOSÉ haya intentado, etc.

INFINITIF

PRÉSENT
intentar

PASSÉ
haber intentado

PARTICIPE

PRÉSENT
intentando

PASSÉ
intentado

INTRODUCIR

120 *introduire*

	PRÉSENT	IMPARFAIT	FUTUR
1	introduzco	introducía	introduciré
2	introduces	introducías	introducirás
3	introduce	introducía	introducirá
1	introducimos	introducíamos	introduciremos
2	introducís	introducíais	introduciréis
3	introducen	introducían	introducirán
	PASSÉ SIMPLE	**PASSÉ COMPOSÉ**	**PLUS-QUE-PARFAIT**
1	introduje	he introducido	había introducido
2	introdujiste	has introducido	habías introducido
3	introdujo	ha introducido	había introducido
1	introdujimos	hemos introducido	habíamos introducido
2	introdujisteis	habéis introducido	habíais introducido
3	introdujeron	han introducido	habían introducido

PASSÉ ANTÉRIEUR
hube introducido, etc.

FUTUR ANTÉRIEUR
habré introducido, etc.

	CONDITIONNEL		*IMPÉRATIF*
	PRÉSENT	**PASSÉ**	
1	introduciría	habría introducido	
2	introducirías	habrías introducido	(tú) introduce
3	introduciría	habría introducido	(Vd) introduzca
1	introduciríamos	habríamos introducido	(nosotros) introduzcamos
2	introduciríais	habríais introducido	(vosotros) introducid
3	introducirían	habrían introducido	(Vds) introduzcan

SUBJONCTIF

	PRÉSENT	IMPARFAIT	PLUS-QUE-PARFAIT
1	introduzca	introduj-era/ese	hubiera introducido
2	introduzcas	introduj-eras/eses	hubieras introducido
3	introduzca	introduj-era/ese	hubiera introducido
1	introduzcamos	introduj-éramos/ésemos	hubiéramos introducido
2	introduzcáis	introduj-erais/eseis	hubierais introducido
3	introduzcan	introduj-eran/esen	hubieran introducido

PASSÉ COMPOSÉ haya introducido, etc.

INFINITIF	*PARTICIPE*
PRÉSENT	**PRÉSENT**
introducir	introduciendo
PASSÉ	**PASSÉ**
haber introducido	introducido

	PRÉSENT	IMPARFAIT	FUTUR
1	voy	iba	iré
2	vas	ibas	irás
3	va	iba	irá
1	vamos	íbamos	iremos
2	vais	ibais	iréis
3	van	iban	irán

	PASSÉ SIMPLE	PASSÉ COMPOSÉ	PLUS-QUE-PARFAIT
1	fui	he ido	había ido
2	fuiste	has ido	habías ido
3	fue	ha ido	había ido
1	fuimos	hemos ido	habíamos ido
2	fuisteis	habéis ido	habíais ido
3	fueron	han ido	habían ido

PASSÉ ANTÉRIEUR
hube ido, etc.

FUTUR ANTÉRIEUR
habré ido, etc.

CONDITIONNEL

	PRÉSENT	PASSÉ
1	iría	habría ido
2	irías	habrías ido
3	iría	habría ido
1	iríamos	habríamos ido
2	iríais	habríais ido
3	irían	habrían ido

IMPÉRATIF

(tú) ve
(Vd) vaya
(nosotros) vamos
(vosotros) id
(Vds) vayan

SUBJONCTIF

	PRÉSENT	IMPARFAIT	PLUS-QUE-PARFAIT
1	vaya	fu-era/ese	hubiera ido
2	vayas	fu-eras/eses	hubieras ido
3	vaya	fu-era/ese	hubiera ido
1	vayamos	fu-éramos/ésemos	hubiéramos ido
2	vayáis	fu-erais/eseis	hubierais ido
3	vayan	fu-eran/esen	hubieran ido

PASSÉ COMPOSÉ haya ido, etc.

INFINITIF

PRÉSENT
ir

PASSÉ
haber ido

PARTICIPE

PRÉSENT
yendo

PASSÉ
ido

JUGAR

122 *jouer*

	PRÉSENT	IMPARFAIT	FUTUR
1	juego	jugaba	jugaré
2	juegas	jugabas	jugarás
3	juega	jugaba	jugará
1	jugamos	jugábamos	jugaremos
2	jugáis	jugabais	jugaréis
3	juegan	jugaban	jugarán
	PASSÉ SIMPLE	**PASSÉ COMPOSÉ**	**PLUS-QUE-PARFAIT**
1	jugué	he jugado	había jugado
2	jugaste	has jugado	habías jugado
3	jugó	ha jugado	había jugado
1	jugamos	hemos jugado	habíamos jugado
2	jugasteis	habéis jugado	habíais jugado
3	jugaron	han jugado	habían jugado
	PASSÉ ANTÉRIEUR		**FUTUR ANTÉRIEUR**
	hube jugado, etc.		habré jugado, etc.

	CONDITIONNEL		*IMPÉRATIF*
	PRÉSENT	**PASSÉ**	
1	jugaría	habría jugado	
2	jugarías	habrías jugado	(tú) juega
3	jugaría	habría jugado	(Vd) juegue
1	jugaríamos	habríamos jugado	(nosotros) juguemos
2	jugaríais	habríais jugado	(vosotros) jugad
3	jugarían	habrían jugado	(Vds) jueguen

SUBJONCTIF

	PRÉSENT	IMPARFAIT	PLUS-QUE-PARFAIT
1	juegue	jug-ara/ase	hubiera jugado
2	juegues	jug-aras/ases	hubieras jugado
3	juegue	jug-ara/ase	hubiera jugado
1	juguemos	jug-áramos/ásemos	hubiéramos jugado
2	juguéis	jug-arais/aseis	hubierais jugado
3	jueguen	jug-aran/asen	hubieran jugado

PASSÉ COMPOSÉ haya jugado, etc.

INFINITIF	*PARTICIPE*
PRÉSENT	**PRÉSENT**
jugar	jugando
PASSÉ	**PASSÉ**
haber jugado	jugado

JUZGAR

juger **123**

	PRÉSENT	**IMPARFAIT**	**FUTUR**
1	juzgo	juzgaba	juzgaré
2	juzgas	juzgabas	juzgarás
3	juzga	juzgaba	juzgará
1	juzgamos	juzgábamos	juzgaremos
2	juzgáis	juzgabais	juzgaréis
3	juzgan	juzgaban	juzgarán
	PASSÉ SIMPLE	**PASSÉ COMPOSÉ**	**LUS-QUE-PARFAIT**
1	juzgué	he juzgado	había juzgado
2	juzgaste	has juzgado	habías juzgado
3	juzgó	ha juzgado	había juzgado
1	juzgamos	hemos juzgado	habíamos juzgado
2	juzgasteis	habéis juzgado	habíais juzgado
3	juzgaron	han juzgado	habían juzgado
	PASSÉ ANTÉRIEUR		**FUTUR ANTÉRIEUR**
	hube juzgado, etc.		habré juzgado, etc.

	CONDITIONNEL		*IMPÉRATIF*
	PRÉSENT	**PASSÉ**	
1	juzgaría	habría juzgado	
2	juzgarías	habrías juzgado	(tú) juzga
3	juzgaría	habría juzgado	(Vd) juzgue
1	juzgaríamos	habríamos juzgado	(nosotros) juzguemos
2	juzgaríais	habríais juzgado	(vosotros) juzgad
3	juzgarían	habrían juzgado	(Vds) juzguen

SUBJONCTIF

	PRÉSENT	**IMPARFAIT**	**PLUS-QUE-PARFAIT**
1	juzgue	juzg-ara/ase	hubiera juzgado
2	juzgues	juzg-aras/ases	hubieras juzgado
3	juzgue	juzg-ara/ase	hubiera juzgado
1	juzguemos	juzg-áramos/ásemos	hubiéramos juzgado
2	juzguéis	juzg-arais/aseis	hubierais juzgado
3	juzguen	juzg-aran/asen	hubieran juzgado

PASSÉ COMPOSÉ haya juzgado, etc.

INFINITIF	*PARTICIPE*
PRÉSENT	**PRÉSENT**
juzgar	juzgando
PASSÉ	**PASSÉ**
haber juzgado	juzgado

LAVAR
124 laver

	PRÉSENT	IMPARFAIT	FUTUR
1	lavo	lavaba	lavaré
2	lavas	lavabas	lavarás
3	lava	lavaba	lavará
1	lavamos	lavábamos	lavaremos
2	laváis	lavabais	lavaréis
3	lavan	lavaban	lavarán

	PASSÉ SIMPLE	PASSÉ COMPOSÉ	PLUS-QUE-PARFAIT
1	lavé	he lavado	había lavado
2	lavaste	has lavado	habías lavado
3	lavó	ha lavado	había lavado
1	lavamos	hemos lavado	habíamos lavado
2	lavasteis	habéis lavado	habíais lavado
3	lavaron	han lavado	habían lavado

PASSÉ ANTÉRIEUR
hube lavado, etc.

FUTUR ANTÉRIEUR
habré lavado, etc.

CONDITIONNEL / *IMPÉRATIF*

	PRÉSENT	PASSÉ	IMPÉRATIF
1	lavaría	habría lavado	
2	lavarías	habrías lavado	(tú) lava
3	lavaría	habría lavado	(Vd) lave
1	lavaríamos	habríamos lavado	(nosotros) lavemos
2	lavaríais	habríais lavado	(vosotros) lavad
3	lavarían	habrían lavado	(Vds) laven

SUBJONCTIF

	PRÉSENT	IMPARFAIT	PLUS-QUE-PARFAIT
1	lave	lav-ara/ase	hubiera lavado
2	laves	lav-aras/ases	hubieras lavado
3	lave	lav-ara/ase	hubiera lavado
1	lavemos	lav-áramos/ásemos	hubiéramos lavado
2	lavéis	lav-arais/aseis	hubierais lavado
3	laven	lav-aran/asen	hubieran lavado

PASSÉ COMPOSÉ haya lavado, etc.

INFINITIF	*PARTICIPE*
PRÉSENT	**PRÉSENT**
lavar	lavando
PASSÉ	**PASSÉ**
haber lavado	lavado

	PRÉSENT	IMPARFAIT	FUTUR
1	leo	leía	leeré
2	lees	leías	leerás
3	lee	leía	leerá
1	leemos	leíamos	leeremos
2	leéis	leíais	leeréis
3	leen	leían	leerán

	PASSÉ SIMPLE	PASSÉ COMPOSÉ	PLUS-QUE-PARFAIT
1	leí	he leído	había leído
2	leíste	has leído	habías leído
3	leyó	ha leído	había leído
1	leímos	hemos leído	habíamos leído
2	leísteis	habéis leído	habíais leído
3	leyeron	han leído	habían leído

PASSÉ ANTÉRIEUR
hube leído, etc.

FUTUR ANTÉRIEUR
habré leído, etc.

CONDITIONNEL / *IMPÉRATIF*

	PRÉSENT	PASSÉ	
1	leería	habría leído	
2	leerías	habrías leído	(tú) lee
3	leería	habría leído	(Vd) lea
1	leeríamos	habríamos leído	(nosotros) leamos
2	leeríais	habríais leído	(vosotros) leed
3	leerían	habrían leído	(Vds) lean

SUBJONCTIF

	PRÉSENT	IMPARFAIT	PLUS-QUE-PARFAIT
1	lea	le-yera/yese	hubiera leído
2	leas	le-yeras/yeses	hubieras leído
3	lea	le-yera/yese	hubiera leído
1	leamos	le-yéramos/yésemos	hubiéramos leído
2	leáis	le-yerais/yeseis	hubierais leído
3	lean	le-yeran/yesen	hubieran leído

PASSÉ COMPOSÉ haya leído, etc.

INFINITIF	*PARTICIPE*
PRÉSENT	**PRÉSENT**
leer	leyendo
PASSÉ	**PASSÉ**
haber leído	leído

LLAMAR 126 *appeler*

	PRÉSENT	IMPARFAIT	FUTUR
1	llamo	llamaba	llamaré
2	llamas	llamabas	llamarás
3	llama	llamaba	llamará
1	llamamos	llamábamos	llamaremos
2	llamáis	llamabais	llamaréis
3	llaman	llamaban	llamarán

	PASSÉ SIMPLE	PASSÉ COMPOSÉ	PLUS-QUE-PARFAIT
1	llamé	he llamado	había llamado
2	llamaste	has llamado	habías llamado
3	llamó	ha llamado	había llamado
1	llamamos	hemos llamado	habíamos llamado
2	llamasteis	habéis llamado	habíais llamado
3	llamaron	han llamado	habían llamado

PASSÉ ANTÉRIEUR
hube llamado, etc.

FUTUR ANTÉRIEUR
habré llamado, etc.

CONDITIONNEL

	PRÉSENT	PASSÉ
1	llamaría	habría llamado
2	llamarías	habrías llamado
3	llamaría	habría llamado
1	llamaríamos	habríamos llamado
2	llamaríais	habríais llamado
3	llamarían	habrían llamado

IMPÉRATIF

(tú) llama
(Vd) llame
(nosotros) llamemos
(vosotros) llamad
(Vds) llamen

SUBJONCTIF

	PRÉSENT	IMPARFAIT	PLUS-QUE-PARFAIT
1	llame	llam-ara/ase	hubiera llamado
2	llames	llam-aras/ases	hubieras llamado
3	llame	llam-ara/ase	hubiera llamado
1	llamemos	llam-áramos/ásemos	hubiéramos llamado
2	llaméis	llam-arais/aseis	hubierais llamado
3	llamen	llam-aran/asen	hubieran llamado

PASSÉ COMPOSÉ haya llamado, etc.

INFINITIF

PRÉSENT
llamar

PASSÉ
haber llamado

PARTICIPE

PRÉSENT
llamando

PASSÉ
llamado

	PRÉSENT	IMPARFAIT	FUTUR
1	llego	llegaba	llegaré
2	llegas	llegabas	llegarás
3	llega	llegaba	llegará
1	llegamos	llegábamos	llegaremos
2	llegáis	llegabais	llegaréis
3	llegan	llegaban	llegarán
	PASSÉ SIMPLE	**PASSÉ COMPOSÉ**	**PLUS-QUE-PARFAIT**
1	llegué	he llegado	había llegado
2	llegaste	has llegado	habías llegado
3	llegó	ha llegado	había llegado
1	llegamos	hemos llegado	habíamos llegado
2	llegasteis	habéis llegado	habíais llegado
3	llegaron	han llegado	habían llegado
	PASSÉ ANTÉRIEUR		**FUTUR ANTÉRIEUR**
	hube llegado, etc.		habré llegado, etc.

	CONDITIONNEL		*IMPÉRATIF*
	PRÉSENT	**PASSÉ**	
1	llegaría	habría llegado	
2	llegarías	habrías llegado	(tú) llega
3	llegaría	habría llegado	(Vd) llegue
1	llegaríamos	habríamos llegado	(nosotros) lleguemos
2	llegaríais	habríais llegado	(vosotros) llegad
3	llegarían	habrían llegado	(Vds) lleguen

SUBJONCTIF

	PRÉSENT	IMPARFAIT	PLUS-QUE-PARFAIT
1	llegue	lleg-ara/ase	hubiera llegado
2	llegues	lleg-aras/ases	hubieras llegado
3	llegue	lleg-ara/ase	hubiera llegado
1	lleguemos	lleg-áramos/ásemos	hubiéramos llegado
2	lleguéis	lleg-arais/aseis	hubierais llegado
3	lleguen	lleg-aran/asen	hubieran llegado

PASSÉ COMPOSÉ haya llegado, etc.

INFINITIF	*PARTICIPE*
PRÉSENT	**PRÉSENT**
llegar	llegando
PASSÉ	**PASSÉ**
haber llegado	llegado

LLOVER
128 *pleuvoir*

PRÉSENT	IMPARFAIT	FUTUR
3 llueve	llovía	lloverá

PASSÉ SIMPLE	PASSÉ COMPOSÉ	PLUS-QUE-PARFAIT
3 llovió	ha llovido	había llovido

PASSÉ ANTÉRIEUR
hubo llovido

FUTUR ANTÉRIEUR
habrá llovido

CONDITIONNEL

PRÉSENT	PASSÉ
3 llovería	habría llovido

IMPÉRATIF

SUBJONCTIF

PRÉSENT	IMPARFAIT	PLUS-QUE-PARFAIT
3 llueva	llov-iera/iese	hubiera llovido

PASSÉ COMPOSÉ haya llovido

INFINITIF

PRÉSENT
llover

PASSÉ
haber llovido

PARTICIPE

PRÉSENT
lloviendo

PASSÉ
llovido

	PRÉSENT	IMPARFAIT	FUTUR
1	luzco	lucía	luciré
2	luces	lucías	lucirás
3	luce	lucía	lucirá
1	lucimos	lucíamos	luciremos
2	lucís	lucíais	luciréis
3	lucen	lucían	lucirán

	PASSÉ SIMPLE	PASSÉ COMPOSÉ	PLUS-QUE-PARFAIT
1	lucí	he lucido	había lucido
2	luciste	has lucido	habías lucido
3	lució	ha lucido	había lucido
1	lucimos	hemos lucido	habíamos lucido
2	lucisteis	habéis lucido	habíais lucido
3	lucieron	han lucido	habían lucido

PASSÉ ANTÉRIEUR
hube lucido, etc.

FUTUR ANTÉRIEUR
habré lucido, etc.

CONDITIONNEL

	PRÉSENT	PASSÉ
1	luciría	habría lucido
2	lucirías	habrías lucido
3	luciría	habría lucido
1	luciríamos	habríamos lucido
2	luciríais	habríais lucido
3	lucirían	habrían lucido

IMPÉRATIF

(tú) luce
(Vd) luzca
(nosotros) luzcamos
(vosotros) lucid
(Vds) luzcan

SUBJONCTIF

	PRÉSENT	IMPARFAIT	PLUS-QUE-PARFAIT
1	luzca	luc-iera/iese	hubiera lucido
2	luzcas	luc-ieras/ieses	hubieras lucido
3	luzca	luc-iera/iese	hubiera lucido
1	luzcamos	luc-iéramos/iésemos	hubiéramos lucido
2	luzcáis	luc-ierais/ieseis	hubierais lucido
3	luzcan	luc-ieran/iesen	hubieran lucido

PASSÉ COMPOSÉ haya lucido, etc.

INFINITIF

PRÉSENT
lucir

PASSÉ
haber lucido

PARTICIPE

PRÉSENT
luciendo

PASSÉ
lucido

MENTIR

130 *mentir*

	PRÉSENT	IMPARFAIT	FUTUR
1	miento	mentía	mentiré
2	mientes	mentías	mentirás
3	miente	mentía	mentirá
1	mentimos	mentíamos	mentiremos
2	mentís	mentíais	mentiréis
3	mienten	mentían	mentirán

	PASSÉ SIMPLE	PASSÉ COMPOSÉ	PLUS-QUE-PARFAIT
1	mentí	he mentido	había mentido
2	mentiste	has mentido	habías mentido
3	mintió	ha mentido	había mentido
1	mentimos	hemos mentido	habíamos mentido
2	mentisteis	habéis mentido	habíais mentido
3	mintieron	han mentido	habían mentido

PASSÉ ANTÉRIEUR
hube mentido, etc.

FUTUR ANTÉRIEUR
habré mentido, etc.

CONDITIONNEL

	PRÉSENT	PASSÉ
1	mentiría	habría mentido
2	mentirías	habrías mentido
3	mentiría	habría mentido
1	mentiríamos	habríamos mentido
2	mentiríais	habríais mentido
3	mentirían	habrían mentido

IMPÉRATIF

(tú) miente
(Vd) mienta
(nosotros) mintamos
(vosotros) mentid
(Vds) mientan

SUBJONCTIF

	PRÉSENT	IMPARFAIT	PLUS-QUE-PARFAIT
1	mienta	mint-iera/iese	hubiera mentido
2	mientas	mint-ieras/ieses	hubieras mentido
3	mienta	mint-iera/iese	hubiera mentido
1	mintamos	mint-iéramos/iésemos	hubiéramos mentido
2	mintáis	mint-ierais/ieseis	hubierais mentido
3	mientan	mint-ieran/iesen	hubieran mentido

PASSÉ COMPOSÉ haya mentido, etc.

INFINITIF

PRÉSENT
mentir

PASSÉ
haber mentido

PARTICIPE

PRÉSENT
mintiendo

PASSÉ
mentido

	PRÉSENT	IMPARFAIT	FUTUR
1	merezco	merecía	mereceré
2	mereces	merecías	merecerás
3	merece	merecía	merecerá
1	merecemos	merecíamos	mereceremos
2	merecéis	merecíais	mereceréis
3	merecen	merecían	merecerán

	PASSÉ SIMPLE	PASSÉ COMPOSÉ	PLUS-QUE-PARFAIT
1	merecí	he merecido	había merecido
2	mereciste	has merecido	habías merecido
3	mereció	ha merecido	había merecido
1	merecimos	hemos merecido	habíamos merecido
2	merecisteis	habéis merecido	habíais merecido
3	merecieron	han merecido	habían merecido

PASSÉ ANTÉRIEUR
hube merecido, etc.

FUTUR ANTÉRIEUR
habré merecido, etc.

CONDITIONNEL

	PRÉSENT	PASSÉ	*IMPÉRATIF*
1	merecería	habría merecido	
2	merecerías	habrías merecido	(tú) merece
3	merecería	habría merecido	(Vd) merezca
1	mereceríamos	habríamos merecido	(nosotros) merezcamos
2	mereceríais	habríais merecido	(vosotros) mereced
3	merecerían	habrían merecido	(Vds) merezcan

SUBJONCTIF

	PRÉSENT	IMPARFAIT	PLUS-QUE-PARFAIT
1	merezca	merec-iera/iese	hubiera merecido
2	merezcas	merec-ieras/ieses	hubieras merecido
3	merezca	merec-iera/iese	hubiera merecido
1	merezcamos	merec-iéramos/iésemos	hubiéramos merecido
2	merezcáis	merec-ierais/ieseis	hubierais merecido
3	merezcan	merec-ieran/iesen	hubieran merecido

PASSÉ COMPOSÉ haya merecido, etc.

INFINITIF

PRÉSENT
merecer

PASSÉ
haber merecido

PARTICIPE

PRÉSENT
mereciendo

PASSÉ
merecido

MORDER

132 *mordre*

	PRÉSENT	IMPARFAIT	FUTUR
1	muerdo	mordía	morderé
2	muerdes	mordías	morderás
3	muerde	mordía	morderá
1	mordemos	mordíamos	morderemos
2	mordéis	mordíais	morderéis
3	muerden	mordían	morderán

	PASSÉ SIMPLE	PASSÉ COMPOSÉ	PLUS-QUE-PARFAIT
1	mordí	he mordido	había mordido
2	mordiste	has mordido	habías mordido
3	mordió	ha mordido	había mordido
1	mordimos	hemos mordido	habíamos mordido
2	mordisteis	habéis mordido	habíais mordido
3	mordieron	han mordido	habían mordido

PASSÉ ANTÉRIEUR
hube mordido, etc.

FUTUR ANTÉRIEUR
habré mordido, etc.

CONDITIONNEL

	PRÉSENT	PASSÉ
1	mordería	habría mordido
2	morderías	habrías mordido
3	mordería	habría mordido
1	morderíamos	habríamos mordido
2	morderíais	habríais mordido
3	morderían	habrían mordido

IMPÉRATIF

(tú) muerde
(Vd) muerda
(nosotros) mordamos
(vosotros) morded
(Vds) muerdan

SUBJONCTIF

	PRÉSENT	IMPARFAIT	PLUS-QUE-PARFAIT
1	muerda	mord-iera/iese	hubiera mordido
2	muerdas	mord-ieras/ieses	hubieras mordido
3	muerda	mord-iera/iese	hubiera mordido
1	mordamos	mord-iéramos/iésemos	hubiéramos mordido
2	mordáis	mord-ierais/ieseis	hubierais mordido
3	muerdan	mord-ieran/iesen	hubieran mordido

PASSÉ COMPOSÉ haya mordido, etc.

INFINITIF

PRÉSENT
morder

PASSÉ
haber mordido

PARTICIPE

PRÉSENT
mordiendo

PASSÉ
mordido

PRÉSENT	IMPARFAIT	FUTUR
1 muero	moría	moriré
2 mueres	morías	morirás
3 muere	moría	morirá
1 morimos	moríamos	moriremos
2 morís	moríais	moriréis
3 mueren	morían	morirán

PASSÉ SIMPLE	PASSÉ COMPOSÉ	PLUS-QUE-PARFAIT
1 morí	he muerto	había muerto
2 moriste	has muerto	habías muerto
3 murió	ha muerto	había muerto
1 morimos	hemos muerto	habíamos muerto
2 moristeis	habéis muerto	habíais muerto
3 murieron	han muerto	habían muerto

PASSÉ ANTÉRIEUR
hube muerto, etc.

FUTUR ANTÉRIEUR
habré muerto, etc.

CONDITIONNEL

PRÉSENT	PASSÉ
1 moriría	habría muerto
2 morirías	habrías muerto
3 moriría	habría muerto
1 moriríamos	habríamos muerto
2 moriríais	habríais muerto
3 morirían	habrían muerto

IMPÉRATIF

(tú) muere
(Vd) muera
(nosotros) muramos
(vosotros) morid
(Vds) mueran

SUBJONCTIF

PRÉSENT	IMPARFAIT	PLUS-QUE-PARFAIT
1 muera	mur-iera/iese	hubiera muerto
2 mueras	mur-ieras/ieses	hubieras muerto
3 muera	mur-iera/iese	hubiera muerto
1 muramos	mur-iéramos/iésemos	hubiéramos muerto
2 muráis	mur-ierais/ieseis	hubierais muerto
3 mueran	mur-ieran/iesen	hubieran muerto

PASSÉ COMPOSÉ haya muerto, etc.

INFINITIF

PRÉSENT
morir

PASSÉ
haber muerto

PARTICIPE

PRÉSENT
muriendo

PASSÉ
muerto

MOVER
134 *remuer, faire marcher*

	PRÉSENT	IMPARFAIT	FUTUR
1	muevo	movía	moveré
2	mueves	movías	moverás
3	mueve	movía	moverá
1	movemos	movíamos	moveremos
2	movéis	movíais	moveréis
3	mueven	movían	moverán
	PASSÉ SIMPLE	**PASSÉ COMPOSÉ**	**PLUS-QUE-PARFAIT**
1	moví	he movido	había movido
2	moviste	has movido	habías movido
3	movió	ha movido	había movido
1	movimos	hemos movido	habíamos movido
2	movisteis	habéis movido	habíais movido
3	movieron	han movido	habían movido
	PASSÉ ANTÉRIEUR		**FUTUR ANTÉRIEUR**
	hube movido, etc.		habré movido, etc.

CONDITIONNEL — *IMPÉRATIF*

	PRÉSENT	PASSÉ	IMPÉRATIF
1	movería	habría movido	
2	moverías	habrías movido	(tú) mueve
3	movería	habría movido	(Vd) mueva
1	moveríamos	habríamos movido	(nosotros) movamos
2	moveríais	habríais movido	(vosotros) moved
3	moverían	habrían movido	(Vds) muevan

SUBJONCTIF

	PRÉSENT	IMPARFAIT	PLUS-QUE-PARFAIT
1	mueva	mov-iera/iese	hubiera movido
2	muevas	mov-ieras/ieses	hubieras movido
3	mueva	mov-iera/iese	hubiera movido
1	movamos	mov-iéramos/iésemos	hubiéramos movido
2	mováis	mov-ierais/ieseis	hubierais movido
3	muevan	mov-ieran/iesen	hubieran movido

PASSÉ COMPOSÉ haya movido, etc.

INFINITIF	*PARTICIPE*
PRÉSENT	**PRÉSENT**
mover	moviendo
PASSÉ	**PASSÉ**
haber movido	movido

	PRÉSENT	IMPARFAIT	FUTUR
1	nazco	nacía	naceré
2	naces	nacías	nacerás
3	nace	nacía	nacerá
1	nacemos	nacíamos	naceremos
2	nacéis	nacíais	naceréis
3	nacen	nacían	nacerán

	PASSÉ SIMPLE	PASSÉ COMPOSÉ	PLUS-QUE-PARFAIT
1	nací	he nacido	había nacido
2	naciste	has nacido	habías nacido
3	nació	ha nacido	había nacido
1	nacimos	hemos nacido	habíamos nacido
2	nacisteis	habéis nacido	habíais nacido
3	nacieron	han nacido	habían nacido

PASSÉ ANTÉRIEUR
hube nacido, etc.

FUTUR ANTÉRIEUR
habré nacido, etc.

CONDITIONNEL

	PRÉSENT	PASSÉ
1	nacería	habría nacido
2	nacerías	habrías nacido
3	nacería	habría nacido
1	naceríamos	habríamos nacido
2	naceríais	habríais nacido
3	nacerían	habrían nacido

IMPÉRATIF

(tú) nace
(Vd) nazca
(nosotros) nazcamos
(vosotros) naced
(Vds) nazcan

SUBJONCTIF

	PRÉSENT	IMPARFAIT	PLUS-QUE-PARFAIT
1	nazca	nac-iera/iese	hubiera nacido
2	nazcas	nac-ieras/ieses	hubieras nacido
3	nazca	nac-iera/iese	hubiera nacido
1	nazcamos	nac-iéramos/iésemos	hubiéramos nacido
2	nazcáis	nac-ierais/ieseis	hubierais nacido
3	nazcan	nac-ieran/iesen	hubieran nacido

PASSÉ COMPOSÉ haya nacido, etc.

INFINITIF

PRÉSENT
nacer

PASSÉ
haber nacido

PARTICIPE

PRÉSENT
naciendo

PASSÉ
nacido

NADAR
136 *nager*

	PRÉSENT	IMPARFAIT	FUTUR
1	nado	nadaba	nadaré
2	nadas	nadabas	nadarás
3	nada	nadaba	nadará
1	nadamos	nadábamos	nadaremos
2	nadáis	nadabais	nadaréis
3	nadan	nadaban	nadarán

	PASSÉ SIMPLE	PASSÉ COMPOSÉ	PLUS-QUE-PARFAIT
1	nadé	he nadado	había nadado
2	nadaste	has nadado	habías nadado
3	nadó	ha nadado	había nadado
1	nadamos	hemos nadado	habíamos nadado
2	nadasteis	habéis nadado	habíais nadado
3	nadaron	han nadado	habían nadado

PASSÉ ANTÉRIEUR
hube nadado, etc.

FUTUR ANTÉRIEUR
habré nadado, etc.

CONDITIONNEL / *IMPÉRATIF*

	PRÉSENT	PASSÉ	
1	nadaría	habría nadado	
2	nadarías	habrías nadado	(tú) nada
3	nadaría	habría nadado	(Vd) nade
1	nadaríamos	habríamos nadado	(nosotros) nademos
2	nadaríais	habríais nadado	(vosotros) nadad
3	nadarían	habrían nadado	(Vds) naden

SUBJONCTIF

	PRÉSENT	IMPARFAIT	PLUS-QUE-PARFAIT
1	nade	nad-ara/ase	hubiera nadado
2	nades	nad-aras/ases	hubieras nadado
3	nade	nad-ara/ase	hubiera nadado
1	nademos	nad-áramos/ásemos	hubiéramos nadado
2	nadéis	nad-arais/aseis	hubierais nadado
3	naden	nad-aran/asen	hubieran nadado

PASSÉ COMPOSÉ haya nadado, etc.

INFINITIF / *PARTICIPE*

INFINITIF	PARTICIPE
PRÉSENT	**PRÉSENT**
nadar	nadando
PASSÉ	**PASSÉ**
haber nadado	nadado

	PRÉSENT	IMPARFAIT	FUTUR
1	necesito	necesitaba	necesitaré
2	necesitas	necesitabas	necesitarás
3	necesita	necesitaba	necesitará
1	necesitamos	necesitábamos	necesitaremos
2	necesitáis	necesitabais	necesitaréis
3	necesitan	necesitaban	necesitarán

	PASSÉ SIMPLE	PASSÉ COMPOSÉ	PLUS-QUE-PARFAIT
1	necesité	he necesitado	había necesitado
2	necesitaste	has necesitado	habías necesitado
3	necesitó	ha necesitado	había necesitado
1	necesitamos	hemos necesitado	habíamos necesitado
2	necesitasteis	habéis necesitado	habíais necesitado
3	necesitaron	han necesitado	habían necesitado

PASSÉ ANTÉRIEUR
hube necesitado, etc.

FUTUR ANTÉRIEUR
habré necesitado, etc.

CONDITIONNEL

	PRÉSENT	PASSÉ
1	necesitaría	habría necesitado
2	necesitarías	habrías necesitado
3	necesitaría	habría necesitado
1	necesitaríamos	habríamos necesitado
2	necesitaríais	habríais necesitado
3	necesitarían	habrían necesitado

IMPÉRATIF

(tú) necesita
(Vd) necesite
(nosotros) necesitemos
(vosotros) necesitad
(Vds) necesiten

SUBJONCTIF

	PRÉSENT	IMPARFAIT	PLUS-QUE-PARFAIT
1	necesite	necesit-ara/ase	hubiera necesitado
2	necesites	necesit-aras/ases	hubieras necesitado
3	necesite	necesit-ara/ase	hubiera necesitado
1	necesitemos	necesit-áramos/ásemos	hubiéramos necesitado
2	necesitéis	necesit-arais/aseis	hubierais necesitado
3	necesiten	necesit-aran/asen	hubieran necesitado

PASSÉ COMPOSÉ haya necesitado, etc.

INFINITIF

PRÉSENT
necesitar

PASSÉ
haber necesitado

PARTICIPE

PRÉSENT
necesitando

PASSÉ
necesitado

NEGAR 138 *nier*

	PRÉSENT	IMPARFAIT	FUTUR
1	niego	negaba	negaré
2	niegas	negabas	negarás
3	niega	negaba	negará
1	negamos	negábamos	negaremos
2	negáis	negabais	negaréis
3	niegan	negaban	negarán

	PASSÉ SIMPLE	PASSÉ COMPOSÉ	PLUS-QUE-PARFAIT
1	negué	he negado	había negado
2	negaste	has negado	habías negado
3	negó	ha negado	había negado
1	negamos	hemos negado	habíamos negado
2	negasteis	habéis negado	habíais negado
3	negaron	han negado	habían negado

PASSÉ ANTÉRIEUR
hube negado, etc.

FUTUR ANTÉRIEUR
habré negado, etc.

CONDITIONNEL

	PRÉSENT	PASSÉ
1	negaría	habría negado
2	negarías	habrías negado
3	negaría	habría negado
1	negaríamos	habríamos negado
2	negaríais	habríais negado
3	negarían	habrían negado

IMPÉRATIF

(tú) niega
(Vd) niegue
(nosotros) neguemos
(vosotros) negad
(Vds) nieguen

SUBJONCTIF

	PRÉSENT	IMPARFAIT	PLUS-QUE-PARFAIT
1	niegue	neg-ara/ase	hubiera negado
2	niegues	neg-aras/ases	hubieras negado
3	niegue	neg-ara/ase	hubiera negado
1	neguemos	neg-áramos/ásemos	hubiéramos negado
2	neguéis	neg-arais/aseis	hubierais negado
3	nieguen	neg-aran/asen	hubieran negado

PASSÉ COMPOSÉ haya negado, etc.

INFINITIF

PRÉSENT
negar

PASSÉ
haber negado

PARTICIPE

PRÉSENT
negando

PASSÉ
negado

	PRÉSENT	IMPARFAIT	FUTUR
3	nieva	nevaba	nevará

	PASSÉ SIMPLE	PASSÉ COMPOSÉ	PLUS-QUE-PARFAIT
3	nevó	ha nevado	había nevado

PASSÉ ANTÉRIEUR
hubo nevado

FUTUR ANTÉRIEUR
habrá nevado

CONDITIONNEL

	PRÉSENT	PASSÉ
3	nevaría	habría nevado

IMPÉRATIF

SUBJONCTIF

	PRÉSENT	IMPARFAIT	PLUS-QUE-PARFAIT
3	nieve	nev-ara/ase	hubiera nevado

PASSÉ COMPOSÉ haya nevado

INFINITIF

PRÉSENT
nevar

PASSÉ
haber nevado

PARTICIPE

PRÉSENT
nevando

PASSÉ
nevado

OBEDECER
140 *obéir*

	PRÉSENT	IMPARFAIT	FUTUR
1	obedezco	obedecía	obedeceré
2	obedeces	obedecías	obedecerás
3	obedece	obedecía	obedecerá
1	obedecemos	obedecíamos	obedeceremos
2	obedecéis	obedecíais	obedeceréis
3	obedecen	obedecían	obedecerán

	PASSÉ SIMPLE	PASSÉ COMPOSÉ	PLUS-QUE-PARFAIT
1	obedecí	he obedecido	había obedecido
2	obedeciste	has obedecido	habías obedecido
3	obedeció	ha obedecido	había obedecido
1	obedecimos	hemos obedecido	habíamos obedecido
2	obedecisteis	habéis obedecido	habíais obedecido
3	obedecieron	han obedecido	habían obedecido

PASSÉ ANTÉRIEUR
hube obedecido, etc.

FUTUR ANTÉRIEUR
habré obedecido, etc.

CONDITIONNEL / *IMPÉRATIF*

	PRÉSENT	PASSÉ	
1	obedecería	habría obedecido	
2	obedecerías	habrías obedecido	(tú) obedece
3	obedecería	habría obedecido	(Vd) obedezca
1	obedeceríamos	habríamos obedecido	(nosotros) obedezcamos
2	obedeceríais	habríais obedecido	(vosotros) obedeced
3	obedecerían	habrían obedecido	(Vds) obedezcan

SUBJONCTIF

	PRÉSENT	IMPARFAIT	PLUS-QUE-PARFAIT
1	obedezca	obedec-iera/iese	hubiera obedecido
2	obedezcas	obedec-ieras/ieses	hubieras obedecido
3	obedezca	obedec-iera/iese	hubiera obedecido
1	obedezcamos	obedec-iéramos/iésemos	hubiéramos obedecido
2	obedezcáis	obedec-ierais/ieseis	hubierais obedecido
3	obedezcan	obedec-ieran/iesen	hubieran obedecido

PASSÉ COMPOSÉ haya obedecido, etc.

INFINITIF

PRÉSENT
obedecer

PASSÉ
haber obedecido

PARTICIPE

PRÉSENT
obedeciendo

PASSÉ
obedecido

	PRÉSENT	IMPARFAIT	FUTUR
1	obligo	obligaba	obligaré
2	obligas	obligabas	obligarás
3	obliga	obligaba	obligará
1	obligamos	obligábamos	obligaremos
2	obligáis	obligabais	obligaréis
3	obligan	obligaban	obligarán
	PASSÉ SIMPLE	**PASSÉ COMPOSÉ**	**PLUS-QUE-PARFAIT**
1	obligué	he obligado	había obligado
2	obligaste	has obligado	habías obligado
3	obligó	ha obligado	había obligado
1	obligamos	hemos obligado	habíamos obligado
2	obligasteis	habéis obligado	habíais obligado
3	obligaron	han obligado	habían obligado
	PASSÉ ANTÉRIEUR		**FUTUR ANTÉRIEUR**
	hube obligado, etc.		habré obligado, etc.

CONDITIONNEL / *IMPÉRATIF*

	PRÉSENT	PASSÉ	
1	obligaría	habría obligado	
2	obligarías	habrías obligado	(tú) obliga
3	obligaría	habría obligado	(Vd) obligue
1	obligaríamos	habríamos obligado	(nosotros) obliguemos
2	obligaríais	habríais obligado	(vosotros) obligad
3	obligarían	habrían obligado	(Vds) obliguen

SUBJONCTIF

	PRÉSENT	IMPARFAIT	PLUS-QUE-PARFAIT
1	obligue	oblig-ara/ase	hubiera obligado
2	obligues	oblig-aras/ases	hubieras obligado
3	obligue	oblig-ara/ase	hubiera obligado
1	obliguemos	oblig-áramos/ásemos	hubiéramos obligado
2	obliguéis	oblig-arais/aseis	hubierais obligado
3	obliguen	oblig-aran/asen	hubieran obligado

PASSÉ COMPOSÉ haya obligado, etc.

INFINITIF	*PARTICIPE*
PRÉSENT	**PRÉSENT**
obligar	obligando
PASSÉ	**PASSÉ**
haber obligado	obligado

OFRECER
142 *offrir*

	PRÉSENT	IMPARFAIT	FUTUR
1	ofrezco	ofrecía	ofreceré
2	ofreces	ofrecías	ofrecerás
3	ofrece	ofrecía	ofrecerá
1	ofrecemos	ofrecíamos	ofreceremos
2	ofrecéis	ofrecíais	ofreceréis
3	ofrecen	ofrecían	ofrecerán

	PASSÉ SIMPLE	PASSÉ COMPOSÉ	PLUS-QUE-PARFAIT
1	ofrecí	he ofrecido	había ofrecido
2	ofreciste	has ofrecido	habías ofrecido
3	ofreció	ha ofrecido	había ofrecido
1	ofrecimos	hemos ofrecido	habíamos ofrecido
2	ofrecisteis	habéis ofrecido	habíais ofrecido
3	ofrecieron	han ofrecido	habían ofrecido

PASSÉ ANTÉRIEUR
hube ofrecido, etc.

FUTUR ANTÉRIEUR
habré ofrecido, etc.

CONDITIONNEL

	PRÉSENT	PASSÉ
1	ofrecería	habría ofrecido
2	ofrecerías	habrías ofrecido
3	ofrecería	habría ofrecido
1	ofreceríamos	habríamos ofrecido
2	ofreceríais	habríais ofrecido
3	ofrecerían	habrían ofrecido

IMPÉRATIF

(tú) ofrece
(Vd) ofrezca
(nosotros) ofrezcamos
(vosotros) ofreced
(Vds) ofrezcan

SUBJONCTIF

	PRÉSENT	IMPARFAIT	PLUS-QUE-PARFAIT
1	ofrezca	ofrec-iera/iese	hubiera ofrecido
2	ofrezcas	ofrec-ieras/ieses	hubieras ofrecido
3	ofrezca	ofrec-iera/iese	hubiera ofrecido
1	ofrezcamos	ofrec-iéramos/iésemos	hubiéramos ofrecido
2	ofrezcáis	ofrec-ierais/ieseis	hubierais ofrecido
3	ofrezcan	ofrec-ieran/iesen	hubieran ofrecido

PASSÉ COMPOSÉ haya ofrecido, etc.

INFINITIF

PRÉSENT
ofrecer

PASSÉ
haber ofrecido

PARTICIPE

PRÉSENT
ofreciendo

PASSÉ
ofrecido

	PRÉSENT	IMPARFAIT	FUTUR
1	oigo	oía	oiré
2	oyes	oías	oirás
3	oye	oía	oirá
1	oímos	oíamos	oiremos
2	oís	oíais	oiréis
3	oyen	oían	oirán

	PASSÉ SIMPLE	PASSÉ COMPOSÉ	PLUS-QUE-PARFAIT
1	oí	he oído	había oído
2	oíste	has oído	habías oído
3	oyó	ha oído	había oído
1	oímos	hemos oído	habíamos oído
2	oísteis	habéis oído	habíais oído
3	oyeron	han oído	habían oído

PASSÉ ANTÉRIEUR
hube oído, etc.

FUTUR ANTÉRIEUR
habré oído, etc.

CONDITIONNEL

	PRÉSENT	PASSÉ	*IMPÉRATIF*
1	oiría	habría oído	
2	oirías	habrías oído	(tú) oye
3	oiría	habría oído	(Vd) oiga
1	oiríamos	habríamos oído	(nosotros) oigamos
2	oiríais	habríais oído	(vosotros) oíd
3	oirían	habrían oído	(Vds) oigan

SUBJONCTIF

	PRÉSENT	IMPARFAIT	PLUS-QUE-PARFAIT
1	oiga	o-yera/yese	hubiera oído
2	oigas	o-yeras/yeses	hubieras oído
3	oiga	o-yera/yese	hubiera oído
1	oigamos	o-yéramos/yésemos	hubiéramos oído
2	oigáis	o-yerais/yeseis	hubierais oído
3	oigan	o-yeran/yesen	hubieran oído

PASSÉ COMPOSÉ haya oído, etc.

INFINITIF	*PARTICIPE*
PRÉSENT	**PRÉSENT**
oír	oyendo
PASSÉ	**PASSÉ**
haber oído	oído

 sentir

INDICATIF

	PRÉSENT	IMPARFAIT	FUTUR
1	huelo	olía	oleré
2	hueles	olías	olerás
3	huele	olía	olerá
1	olemos	olíamos	oleremos
2	oléis	olíais	oleréis
3	huelen	olían	olerán

	PASSÉ SIMPLE	PASSÉ COMPOSÉ	PLUS-QUE-PARFAIT
1	olí	he olido	había olido
2	oliste	has olido	habías olido
3	olió	ha olido	había olido
1	olimos	hemos olido	habíamos olido
2	olisteis	habéis olido	habíais olido
3	olieron	han olido	habían olido

PASSÉ ANTÉRIEUR
hube olido, etc.

FUTUR ANTÉRIEUR
habré olido, etc.

	CONDITIONNEL PRÉSENT	PASSÉ	*IMPÉRATIF*
1	olería	habría olido	
2	olerías	habrías olido	(tú) huele
3	olería	habría olido	(Vd) huela
1	oleríamos	habríamos olido	(nosotros) olamos
2	oleríais	habríais olido	(vosotros) oled
3	olerían	habrían olido	(Vds) huelan

SUBJONCTIF

	PRÉSENT	IMPARFAIT	PLUS-QUE-PARFAIT
1	huela	ol-iera/iese	hubiera olido
2	huelas	ol-ieras/ieses	hubieras olido
3	huela	ol-iera/iese	hubiera olido
1	olamos	ol-iéramos/iésemos	hubiéramos olido
2	oláis	ol-ierais/ieseis	hubierais olido
3	huelan	ol-ieran/iesen	hubieran olido

PASSÉ COMPOSÉ haya olido, etc.

INFINITIF	*PARTICIPE*
PRÉSENT	**PRÉSENT**
oler	oliendo
PASSÉ	**PASSÉ**
haber olido	olido

	PRÉSENT	IMPARFAIT	FUTUR
1	pago	pagaba	pagaré
2	pagas	pagabas	pagarás
3	paga	pagaba	pagará
1	pagamos	pagábamos	pagaremos
2	pagáis	pagabais	pagaréis
3	pagan	pagaban	pagarán

	PASSÉ SIMPLE	PASSÉ COMPOSÉ	PLUS-QUE-PARFAIT
1	pagué	he pagado	había pagado
2	pagaste	has pagado	habías pagado
3	pagó	ha pagado	había pagado
1	pagamos	hemos pagado	habíamos pagado
2	pagasteis	habéis pagado	habíais pagado
3	pagaron	han pagado	habían pagado

PASSÉ ANTÉRIEUR
hube pagado, etc.

FUTUR ANTÉRIEUR
habré pagado, etc.

CONDITIONNEL

	PRÉSENT	PASSÉ
1	pagaría	habría pagado
2	pagarías	habrías pagado
3	pagaría	habría pagado
1	pagaríamos	habríamos pagado
2	pagaríais	habríais pagado
3	pagarían	habrían pagado

IMPÉRATIF

(tú) paga
(Vd) pague
(nosotros) paguemos
(vosotros) pagad
(Vds) paguen

SUBJONCTIF

	PRÉSENT	IMPARFAIT	PLUS-QUE-PARFAIT
1	pague	pag-ara/ase	hubiera pagado
2	pagues	pag-aras/ases	hubieras pagado
3	pague	pag-ara/ase	hubiera pagado
1	paguemos	pag-áramos/ásemos	hubiéramos pagado
2	paguéis	pag-arais/aseis	hubierais pagado
3	paguen	pag-aran/asen	hubieran pagado

PASSÉ COMPOSÉ haya pagado, etc.

INFINITIF

PRÉSENT
pagar

PASSÉ
haber pagado

PARTICIPE

PRÉSENT
pagando

PASSÉ
pagado

PARECER
146 *paraître, sembler*

	PRÉSENT	IMPARFAIT	FUTUR
1	parezco	parecía	pareceré
2	pareces	parecías	parecerás
3	parece	parecía	parecerá
1	parecemos	parecíamos	pareceremos
2	parecéis	parecíais	pareceréis
3	parecen	parecían	parecerán
	PASSÉ SIMPLE	**PASSÉ COMPOSÉ**	**PLUS-QUE-PARFAIT**
1	parecí	he parecido	había parecido
2	pareciste	has parecido	habías parecido
3	pareció	ha parecido	había parecido
1	parecimos	hemos parecido	habíamos parecido
2	parecisteis	habéis parecido	habíais parecido
3	parecieron	han parecido	habían parecido
	PASSÉ ANTÉRIEUR		**FUTUR ANTÉRIEUR**
	hube parecido, etc.		habré parecido, etc.

CONDITIONNEL / *IMPÉRATIF*

	PRÉSENT	PASSÉ	IMPÉRATIF
1	parecería	habría parecido	
2	parecerías	habrías parecido	(tú) parece
3	parecería	habría parecido	(Vd) parezca
1	pareceríamos	habríamos parecido	(nosotros) parezcamos
2	pareceríais	habríais parecido	(vosotros) pareced
3	parecerían	habrían parecido	(Vds) parezcan

SUBJONCTIF

	PRÉSENT	IMPARFAIT	PLUS-QUE-PARFAIT
1	parezca	parec-iera/iese	hubiera parecido
2	parezcas	parec-ieras/ieses	hubieras parecido
3	parezca	parec-iera/iese	hubiera parecido
1	parezcamos	parec-iéramos/iésemos	hubiéramos parecido
2	parezcáis	parec-ierais/ieseis	hubierais parecido
3	parezcan	parec-ieran/iesen	hubieran parecido

PASSÉ COMPOSÉ haya parecido, etc.

INFINITIF	*PARTICIPE*
PRÉSENT	**PRÉSENT**
parecer	pareciendo
PASSÉ	**PASSÉ**
haber parecido	parecido

	PRÉSENT	IMPARFAIT	FUTUR
1	paseo	paseaba	pasearé
2	paseas	paseabas	pasearás
3	pasea	paseaba	paseará
1	paseamos	paseábamos	pasearemos
2	paseáis	paseabais	pasearéis
3	pasean	paseaban	pasearán

	PASSÉ SIMPLE	PASSÉ COMPOSÉ	PLUS-QUE-PARFAIT
1	paseé	he paseado	había paseado
2	paseaste	has paseado	habías paseado
3	paseó	ha paseado	había paseado
1	paseamos	hemos paseado	habíamos paseado
2	paseasteis	habéis paseado	habíais paseado
3	pasearon	han paseado	habían paseado

PASSÉ ANTÉRIEUR
hube paseado, etc.

FUTUR ANTÉRIEUR
habré paseado, etc.

CONDITIONNEL

	PRÉSENT	PASSÉ
1	pasearía	habría paseado
2	pasearías	habrías paseado
3	pasearía	habría paseado
1	pasearíamos	habríamos paseado
2	pasearíais	habríais paseado
3	pasearían	habrían paseado

IMPÉRATIF

(tú) pasea
(Vd) pasee
(nosotros) paseemos
(vosotros) pasead
(Vds) paseen

SUBJONCTIF

	PRÉSENT	IMPARFAIT	PLUS-QUE-PARFAIT
1	pasee	pase-ara/ase	hubiera paseado
2	pasees	pase-aras/ases	hubieras paseado
3	pasee	pase-ara/ase	hubiera paseado
1	paseemos	pase-áramos/ásemos	hubiéramos paseado
2	paseéis	pase-arais/aseis	hubierais paseado
3	paseen	pase-aran/asen	hubieran paseado

PASSÉ COMPOSÉ haya paseado, etc.

INFINITIF

PRÉSENT
pasear

PASSÉ
haber paseado

PARTICIPE

PRÉSENT
paseando

PASSÉ
paseado

PEDIR 148 *demander*

	PRÉSENT	IMPARFAIT	FUTUR
1	pido	pedía	pediré
2	pides	pedías	pedirás
3	pide	pedía	pedirá
1	pedimos	pedíamos	pediremos
2	pedís	pedíais	pediréis
3	piden	pedían	pedirán

	PASSÉ SIMPLE	PASSÉ COMPOSÉ	PLUS-QUE-PARFAIT
1	pedí	he pedido	había pedido
2	pediste	has pedido	habías pedido
3	pidió	ha pedido	había pedido
1	pedimos	hemos pedido	habíamos pedido
2	pedisteis	habéis pedido	habíais pedido
3	pidieron	han pedido	habían pedido

PASSÉ ANTÉRIEUR
hube pedido, etc.

FUTUR ANTÉRIEUR
habré pedido, etc.

CONDITIONNEL / *IMPÉRATIF*

	PRÉSENT	PASSÉ	
1	pediría	habría pedido	
2	pedirías	habrías pedido	(tú) pide
3	pediría	habría pedido	(Vd) pida
1	pediríamos	habríamos pedido	(nosotros) pidamos
2	pediríais	habríais pedido	(vosotros) pedid
3	pedirían	habrían pedido	(Vds) pidan

SUBJONCTIF

	PRÉSENT	IMPARFAIT	PLUS-QUE-PARFAIT
1	pida	pid-iera/iese	hubiera pedido
2	pidas	pid-ieras/ieses	hubieras pedido
3	pida	pid-iera/iese	hubiera pedido
1	pidamos	pid-iéramos/iésemos	hubiéramos pedido
2	pidáis	pid-ierais/ieseis	hubierais pedido
3	pidan	pid-ieran/iesen	hubieran pedido

PASSÉ COMPOSÉ haya pedido, etc.

INFINITIF

PRÉSENT
pedir

PASSÉ
haber pedido

PARTICIPE

PRÉSENT
pidiendo

PASSÉ
pedido

PRÉSENT		IMPARFAIT	FUTUR
1	piensa	pensaba	pensaré
2	piensas	pensabas	pensarás
3	piensa	pensaba	pensará
1	pensamos	pensábamos	pensaremos
2	pensáis	pensabais	pensaréis
3	piensan	pensaban	pensarán

PASSÉ SIMPLE		PASSÉ COMPOSÉ	PLUS-QUE-PARFAIT
1	pensé	he pensado	había pensado
2	pensaste	has pensado	habías pensado
3	pensó	ha pensado	había pensado
1	pensamos	hemos pensado	habíamos pensado
2	pensasteis	habéis pensado	habíais pensado
3	pensaron	han pensado	habían pensado

PASSÉ ANTÉRIEUR
hube pensado, etc.

FUTUR ANTÉRIEUR
habré pensado, etc.

CONDITIONNEL

PRÉSENT		PASSÉ
1	pensaría	habría pensado
2	pensarías	habrías pensado
3	pensaría	habría pensado
1	pensaríamos	habríamos pensado
2	pensaríais	habríais pensado
3	pensarían	habrían pensado

IMPÉRATIF

(tú) piensa
(Vd) piense
(nosotros) pensemos
(vosotros) pensad
(Vds) piensen

SUBJONCTIF

PRÉSENT		IMPARFAIT	PLUS-QUE-PARFAIT
1	piense	pens-ara/ase	hubiera pensado
2	pienses	pens-aras/ases	hubieras pensado
3	piense	pens-ara/ase	hubiera pensado
1	pensemos	pens-áramos/ásemos	hubiéramos pensado
2	penséis	pens-arais/aseis	hubierais pensado
3	piensen	pens-aran/asen	hubieran pensado

PASSÉ COMPOSÉ haya pensado, etc.

INFINITIF

PRÉSENT
pensar

PASSÉ
haber pensado

PARTICIPE

PRÉSENT
pensando

PASSÉ
pensado

PERDER
150 *perdre*

	PRÉSENT	IMPARFAIT	FUTUR
1	pierdo	perdía	perderé
2	pierdes	perdías	perderás
3	pierde	perdía	perderá
1	perdemos	perdíamos	perderemos
2	perdéis	perdíais	perderéis
3	pierden	perdían	perderán

	PASSÉ SIMPLE	PASSÉ COMPOSÉ	PLUS-QUE-PARFAIT
1	perdí	he perdido	había perdido
2	perdiste	has perdido	habías perdido
3	perdió	ha perdido	había perdido
1	perdimos	hemos perdido	habíamos perdido
2	perdisteis	habéis perdido	habíais perdido
3	perdieron	han perdido	habían perdido

PASSÉ ANTÉRIEUR
hube perdido, etc.

FUTUR ANTÉRIEUR
habré perdido, etc.

CONDITIONNEL

	PRÉSENT	PASSÉ
1	perdería	habría perdido
2	perderías	habrías perdido
3	perdería	habría perdido
1	perderíamos	habríamos perdido
2	perderíais	habríais perdido
3	perderían	habrían perdido

IMPÉRATIF

(tú) pierde
(Vd) pierda
(nosotros) perdamos
(vosotros) perded
(Vds) pierdan

SUBJONCTIF

	PRÉSENT	IMPARFAIT	PLUS-QUE-PARFAIT
1	pierda	perd-iera/iese	hubiera perdido
2	pierdas	perd-ieras/ieses	hubieras perdido
3	pierda	perd-iera/iese	hubiera perdido
1	perdamos	perd-iéramos/iésemos	hubiéramos perdido
2	perdáis	perd-ierais/ieseis	hubierais perdido
3	pierdan	perd-ieran/iesen	hubieran perdido

PASSÉ COMPOSÉ haya perdido, etc.

INFINITIF

PRÉSENT
perder

PASSÉ
haber perdido

PARTICIPE

PRÉSENT
perdiendo

PASSÉ
perdido

	PRÉSENT	IMPARFAIT	FUTUR
1	pertenezco	pertenecía	perteneceré
2	perteneces	pertenecías	pertenecerás
3	pertenece	pertenecía	pertenecerá
1	pertenecemos	pertenecíamos	perteneceremos
2	pertenecéis	pertenecíais	perteneceréis
3	pertenecen	pertenecían	pertenecerán

	PASSÉ SIMPLE	PASSÉ COMPOSÉ	PLUS-QUE-PARFAIT
1	pertenecí	he pertenecido	había pertenecido
2	perteneciste	has pertenecido	habías pertenecido
3	perteneció	ha pertenecido	había pertenecido
1	pertenecimos	hemos pertenecido	habíamos pertenecido
2	pertenecisteis	habéis pertenecido	habíais pertenecido
3	pertenecieron	han pertenecido	habían pertenecido

PASSÉ ANTÉRIEUR
hube pertenecido, etc.

FUTUR ANTÉRIEUR
habré pertenecido, etc.

CONDITIONNEL

	PRÉSENT	PASSÉ
1	pertenecería	habría pertenecido
2	pertenecerías	habrías pertenecido
3	pertenecería	habría pertenecido
1	perteneceríamos	habríamos pertenecido
2	perteneceríais	habríais pertenecido
3	pertenecerían	habrían pertenecido

IMPÉRATIF

(tú) pertenece
(Vd) pertenezca
(nosotros) pertenezcamos
(vosotros) perteneced
(Vds) pertenezcan

SUBJONCTIF

	PRÉSENT	IMPARFAIT	PLUS-QUE-PARFAIT
1	pertenezca	pertenec-iera/iese	hubiera pertenecido
2	pertenezcas	pertenec-ieras/ieses	hubieras pertenecido
3	pertenezca	pertenec-iera/iese	hubiera pertenecido
1	pertenezcamos	pertenec-iéramos/iésemos	hubiéramos pertenecido
2	pertenezcáis	pertenec-ierais/ieseis	hubierais pertenecido
3	pertenezcan	pertenec-ieran/iesen	hubieran pertenecido

PASSÉ COMPOSÉ haya pertenecido, etc.

INFINITIF

PRÉSENT
pertenecer

PASSÉ
haber pertenecido

PARTICIPE

PRÉSENT
perteneciendo

PASSÉ
pertenecido

PODER 152

pouvoir

PRÉSENT	IMPARFAIT	FUTUR
1 puedo	podía	podré
2 puedes	podías	podrás
3 puede	podía	podrá
1 podemos	podíamos	podremos
2 podéis	podíais	podréis
3 pueden	podían	podrán

PASSÉ SIMPLE	PASSÉ COMPOSÉ	PLUS-QUE-PARFAIT
1 pude	he podido	había podido
2 pudiste	has podido	habías podido
3 pudo	ha podido	había podido
1 pudimos	hemos podido	habíamos podido
2 pudisteis	habéis podido	habíais podido
3 pudieron	han podido	habían podido

PASSÉ ANTÉRIEUR		FUTUR ANTÉRIEUR
hube podido, etc.		habré podido, etc.

CONDITIONNEL		*IMPÉRATIF*
PRÉSENT	PASSÉ	
1 podría	habría podido	
2 podrías	habrías podido	(tú) puede
3 podría	habría podido	(Vd) pueda
1 podríamos	habríamos podido	(nosotros) podamos
2 podríais	habríais podido	(vosotros) poded
3 podrían	habrían podido	(Vds) puedan

SUBJONCTIF

PRÉSENT	IMPARFAIT	PLUS-QUE-PARFAIT
1 pueda	pud-iera/iese	hubiera podido
2 puedas	pud-ieras/ieses	hubieras podido
3 pueda	pud-iera/iese	hubiera podido
1 podamos	pud-iéramos/iésemos	hubiéramos podido
2 podáis	pud-ierais/ieseis	hubierais podido
3 puedan	pud-ieran/iesen	hubieran podido

PASSÉ COMPOSÉ haya podido, etc.

INFINITIF	*PARTICIPE*
PRÉSENT	PRÉSENT
poder	pudiendo
PASSÉ	PASSÉ
haber podido	podido

	PRÉSENT	IMPARFAIT	FUTUR
1	pongo	ponía	pondré
2	pones	ponías	pondrás
3	pone	ponía	pondrá
1	ponemos	poníamos	pondremos
2	ponéis	poníais	pondréis
3	ponen	ponían	pondrán

	PASSÉ SIMPLE	PASSÉ COMPOSÉ	PLUS-QUE-PARFAIT
1	puse	he puesto	había puesto
2	pusiste	has puesto	habías puesto
3	puso	ha puesto	había puesto
1	pusimos	hemos puesto	habíamos puesto
2	pusisteis	habéis puesto	habíais puesto
3	pusieron	han puesto	habían puesto

PASSÉ ANTÉRIEUR
hube puesto, etc.

FUTUR ANTÉRIEUR
habré puesto, etc.

CONDITIONNEL

	PRÉSENT	PASSÉ
1	pondría	habría puesto
2	pondrías	habrías puesto
3	pondría	habría puesto
1	pondríamos	habríamos puesto
2	pondríais	habríais puesto
3	pondrían	habrían puesto

IMPÉRATIF

(tú) pon
(Vd) ponga
(nosotros) pongamos
(vosotros) poned
(Vds) pongan

SUBJONCTIF

	PRÉSENT	IMPARFAIT	PLUS-QUE-PARFAIT
1	ponga	pus-iera/iese	hubiera puesto
2	pongas	pus-ieras/ieses	hubieras puesto
3	ponga	pus-iera/iese	hubiera puesto
1	pongamos	pus-iéramos/iésemos	hubiéramos puesto
2	pongáis	pus-ierais/ieseis	hubierais puesto
3	pongan	pus-ieran/iesen	hubieran puesto

PASSÉ COMPOSÉ haya puesto, etc.

INFINITIF

PRÉSENT
poner

PASSÉ
haber puesto

PARTICIPE

PRÉSENT
poniendo

PASSÉ
puesto

PREFERIR
154 *préférer*

	PRÉSENT	IMPARFAIT	FUTUR
1	prefiero	prefería	preferiré
2	prefieres	preferías	preferirás
3	prefiere	prefería	preferirá
1	preferimos	preferíamos	preferiremos
2	preferís	preferíais	preferiréis
3	prefieren	preferían	preferirán

	PASSÉ SIMPLE	PASSÉ COMPOSÉ	PLUS-QUE-PARFAIT
1	preferí	he preferido	había preferido
2	preferiste	has preferido	habías preferido
3	prefirió	ha preferido	había preferido
1	preferimos	hemos preferido	habíamos preferido
2	preferisteis	habéis preferido	habíais preferido
3	prefirieron	han preferido	habían preferido

PASSÉ ANTÉRIEUR
hube preferido, etc.

FUTUR ANTÉRIEUR
habré preferido, etc.

CONDITIONNEL

	PRÉSENT	PASSÉ
1	preferiría	habría preferido
2	preferirías	habrías preferido
3	preferiría	habría preferido
1	preferiríamos	habríamos preferido
2	preferiríais	habríais preferido
3	preferirían	habrían preferido

IMPÉRATIF

(tú) prefiere
(Vd) prefiera
(nosotros) prefiramos
(vosotros) preferid
(Vds) prefieran

SUBJONCTIF

	PRÉSENT	IMPARFAIT	PLUS-QUE-PARFAIT
1	prefiera	prefir-iera/iese	hubiera preferido
2	prefieras	prefir-ieras/ieses	hubieras preferido
3	prefiera	prefir-iera/iese	hubiera preferido
1	prefiramos	prefir-iéramos/iésemos	hubiéramos preferido
2	prefiráis	prefir-ierais/ieseis	hubierais preferido
3	prefieran	prefir-ieran/iesen	hubieran preferido

PASSÉ COMPOSÉ haya preferido, etc.

INFINITIF

PRÉSENT
preferir

PASSÉ
haber preferido

PARTICIPE

PRÉSENT
prefiriendo

PASSÉ
preferido

	PRÉSENT	IMPARFAIT	FUTUR
1	pruebo	probaba	probaré
2	pruebas	probabas	probarás
3	prueba	probaba	probará
1	probamos	probábamos	probaremos
2	probáis	probabais	probaréis
3	prueban	probaban	probarán
	PASSÉ SIMPLE	**PASSÉ COMPOSÉ**	**PLUS-QUE-PARFAIT**
1	probé	he probado	había probado
2	probaste	has probado	habías probado
3	probó	ha probado	había probado
1	probamos	hemos probado	habíamos probado
2	probasteis	habéis probado	habíais probado
3	probaron	han probado	habían probado
	PASSÉ ANTÉRIEUR		**FUTUR ANTÉRIEUR**
	hube probado, etc.		habré probado, etc.

CONDITIONNEL / *IMPÉRATIF*

	PRÉSENT	PASSÉ	IMPÉRATIF
1	probaría	habría probado	
2	probarías	habrías probado	(tú) prueba
3	probaría	habría probado	(Vd) pruebe
1	probaríamos	habríamos probado	(nosotros) probemos
2	probaríais	habríais probado	(vosotros) probad
3	probarían	habrían probado	(Vds) prueben

SUBJONCTIF

	PRÉSENT	IMPARFAIT	PLUS-QUE-PARFAIT
1	pruebe	prob-ara/ase	hubiera probado
2	pruebes	prob-aras/ases	hubieras probado
3	pruebe	prob-ara/ase	hubiera probado
1	probemos	prob-áramos/ásemos	hubiéramos probado
2	probéis	prob-arais/aseis	hubierais probado
3	prueben	prob-aran/asen	hubieran probado

PASSÉ COMPOSÉ haya probado, etc.

INFINITIF / *PARTICIPE*

INFINITIF	PARTICIPE
PRÉSENT	**PRÉSENT**
probar	probando
PASSÉ	**PASSÉ**
haber probado	probado

PROHIBIR
156 *interdire*

	PRÉSENT	IMPARFAIT	FUTUR
1	prohíbo	prohibía	prohibiré
2	prohíbes	prohibías	prohibirás
3	prohíbe	prohibía	prohibirá
1	prohibimos	prohibíamos	prohibiremos
2	prohibís	prohibíais	prohibiréis
3	prohíben	prohibían	prohibirán

	PASSÉ SIMPLE	PASSÉ COMPOSÉ	PLUS-QUE-PARFAIT
1	prohibí	he prohibido	había prohibido
2	prohibiste	has prohibido	habías prohibido
3	prohibió	ha prohibido	había prohibido
1	prohibimos	hemos prohibido	habíamos prohibido
2	prohibisteis	habéis prohibido	habíais prohibido
3	prohibieron	han prohibido	habían prohibido

PASSÉ ANTÉRIEUR
hube prohibido, etc.

FUTUR ANTÉRIEUR
habré prohibido, etc.

CONDITIONNEL

	PRÉSENT	PASSÉ
1	prohibiría	habría prohibido
2	prohibirías	habrías prohibido
3	prohibiría	habría prohibido
1	prohibiríamos	habríamos prohibido
2	prohibiríais	habríais prohibido
3	prohibirían	habrían prohibido

IMPÉRATIF

(tú) prohíbe
(Vd) prohíba
(nosotros) prohibamos
(vosotros) prohibid
(Vds) prohíban

SUBJONCTIF

	PRÉSENT	IMPARFAIT	PLUS-QUE-PARFAIT
1	prohíba	prohib-iera/iese	hubiera prohibido
2	prohíbas	prohib-ieras/ieses	hubieras prohibido
3	prohíba	prohib-iera/iese	hubiera prohibido
1	prohibamos	prohib-iéramos/iésemos	hubiéramos prohibido
2	prohibáis	prohib-ierais/ieseis	hubierais prohibido
3	prohíban	prohib-ieran/iesen	hubieran prohibido

PASSÉ COMPOSÉ haya prohibido, etc.

INFINITIF

PRÉSENT
prohibir

PASSÉ
haber prohibido

PARTICIPE

PRÉSENT
prohibiendo

PASSÉ
prohibido

	PRÉSENT	IMPARFAIT	FUTUR
1	protejo	protegía	protegeré
2	proteges	protegías	protegerás
3	protege	protegía	protegerá
1	protegemos	protegíamos	protegeremos
2	protegéis	protegíais	protegeréis
3	protegen	protegían	protegerán

	PASSÉ SIMPLE	PASSÉ COMPOSÉ	PLUS-QUE-PARFAIT
1	protegí	he protegido	había protegido
2	protegiste	has protegido	habías protegido
3	protegió	ha protegido	había protegido
1	protegimos	hemos protegido	habíamos protegido
2	protegisteis	habéis protegido	habíais protegido
3	protegieron	han protegido	habían protegido

PASSÉ ANTÉRIEUR
hube protegido, etc.

FUTUR ANTÉRIEUR
habré protegido, etc.

CONDITIONNEL

	PRÉSENT	PASSÉ
1	protegería	habría protegido
2	protegerías	habrías protegido
3	protegería	habría protegido
1	protegeríamos	habríamos protegido
2	protegeríais	habríais protegido
3	protegerían	habrían protegido

IMPÉRATIF

(tú) protege
(Vd) proteja
(nosotros) protejamos
(vosotros) proteged
(Vds) protejan

SUBJONCTIF

	PRÉSENT	IMPARFAIT	PLUS-QUE-PARFAIT
1	proteja	proteg-iera/iese	hubiera protegido
2	protejas	proteg-ieras/ieses	hubieras protegido
3	proteja	proteg-iera/iese	hubiera protegido
1	protejamos	proteg-iéramos/iésemos	hubiéramos protegido
2	protejáis	proteg-ierais/ieseis	hubierais protegido
3	protejan	proteg-ieran/iesen	hubieran protegido

PASSÉ COMPOSÉ haya protegido, etc.

INFINITIF

PRÉSENT
proteger

PASSÉ
haber protegido

PARTICIPE

PRÉSENT
protegiendo

PASSÉ
protegido

PUDRIR 158

pourrir

	PRÉSENT	IMPARFAIT	FUTUR
1	pudro	pudría	pudriré
2	pudres	pudrías	pudrirás
3	pudre	pudría	pudrirá
1	pudrimos	pudríamos	pudriremos
2	pudrís	pudríais	pudriréis
3	pudren	pudrían	pudrirán

	PASSÉ SIMPLE	PASSÉ COMPOSÉ	PLUS-QUE-PARFAIT
1	pudrí	he podrido	había podrido
2	pudriste	has podrido	habías podrido
3	pudrió	ha podrido	había podrido
1	pudrimos	hemos podrido	habíamos podrido
2	pudristeis	habéis podrido	habíais podrido
3	pudrieron	han podrido	habían podrido

PASSÉ ANTÉRIEUR
hube podrido, etc.

FUTUR ANTÉRIEUR
habré podrido, etc.

CONDITIONNEL / *IMPÉRATIF*

	PRÉSENT	PASSÉ	IMPÉRATIF
1	pudriría	habría podrido	
2	pudrirías	habrías podrido	(tú) pudre
3	pudriría	habría podrido	(Vd) pudra
1	pudriríamos	habríamos podrido	(nosotros) pudramos
2	pudriríais	habríais podrido	(vosotros) pudrid
3	pudrirían	habrían podrido	(Vds) pudran

SUBJONCTIF

	PRÉSENT	IMPARFAIT	PLUS-QUE-PARFAIT
1	pudra	pudr-iera/iese	hubiera podrido
2	pudras	pudr-ieras/ieses	hubieras podrido
3	pudra	pudr-iera/iese	hubiera podrido
1	pudramos	pudr-iéramos/iésemos	hubiéramos podrido
2	pudráis	pudr-ierais/ieseis	hubierais podrido
3	pudran	pudr-ieran/iesen	hubieran podrido

PASSÉ COMPOSÉ haya podrido, etc.

INFINITIF

PRÉSENT
pudrir

PASSÉ
haber podrido

PARTICIPE

PRÉSENT
pudriendo

PASSÉ
podrido

PRÉSENT	IMPARFAIT	FUTUR
1 quiero	quería	querré
2 quieres	querías	querrás
3 quiere	quería	querrá
1 queremos	queríamos	querremos
2 queréis	queríais	querréis
3 quieren	querían	querrán

PASSÉ SIMPLE	PASSÉ COMPOSÉ	PLUS-QUE-PARFAIT
1 quise	he querido	había querido
2 quisiste	has querido	habías querido
3 quiso	ha querido	había querido
1 quisimos	hemos querido	habíamos querido
2 quisisteis	habéis querido	habíais querido
3 quisieron	han querido	habían querido

PASSÉ ANTÉRIEUR
hube querido, etc.

FUTUR ANTÉRIEUR
habré querido, etc.

CONDITIONNEL

PRÉSENT	PASSÉ
1 querría	habría querido
2 querrías	habrías querido
3 querría	habría querido
1 querríamos	habríamos querido
2 querríais	habríais querido
3 querrían	habrían querido

IMPÉRATIF

(tú) quiere
(Vd) quiera
(nosotros) queramos
(vosotros) quered
(Vds) quieran

SUBJONCTIF

PRÉSENT	IMPARFAIT	PLUS-QUE-PARFAIT
1 quiera	quis-iera/iese	hubiera querido
2 quieras	quis-ieras/ieses	hubieras querido
3 quiera	quis-iera/iese	hubiera querido
1 queramos	quis-iéramos/iésemos	hubiéramos querido
2 queráis	quis-ierais/ieseis	hubierais querido
3 quieran	quis-ieran/iesen	hubieran querido

PASSÉ COMPOSÉ haya querido, etc.

INFINITIF

PRÉSENT
querer

PASSÉ
haber querido

PARTICIPE

PRÉSENT
queriendo

PASSÉ
querido

RECIBIR 160 *recevoir*

	PRÉSENT	**IMPARFAIT**	**FUTUR**
1	recibo	recibía	recibiré
2	recibes	recibías	recibirás
3	recibe	recibía	recibirá
1	recibimos	recibíamos	recibiremos
2	recibís	recibíais	recibiréis
3	reciben	recibían	recibirán
	PASSÉ SIMPLE	**PASSÉ COMPOSÉ**	**PLUS-QUE-PARFAIT**
1	recibí	he recibido	había recibido
2	recibiste	has recibido	habías recibido
3	recibió	ha recibido	había recibido
1	recibimos	hemos recibido	habíamos recibido
2	recibisteis	habéis recibido	habíais recibido
3	recibieron	han recibido	habían recibido
	PASSÉ ANTÉRIEUR		**FUTUR ANTÉRIEUR**
	hube recibido, etc.		habré recibido, etc.

	CONDITIONNEL		*IMPÉRATIF*
	PRÉSENT	**PASSÉ**	
1	recibiría	habría recibido	
2	recibirías	habrías recibido	(tú) recibe
3	recibiría	habría recibido	(Vd) reciba
1	recibiríamos	habríamos recibido	(nosotros) recibamos
2	recibiríais	habríais recibido	(vosotros) recibid
3	recibirían	habrían recibido	(Vds) reciban

SUBJONCTIF

	PRÉSENT	**IMPARFAIT**	**PLUS-QUE-PARFAIT**
1	reciba	recib-iera/iese	hubiera recibido
2	recibas	recib-ieras/ieses	hubieras recibido
3	reciba	recib-iera/iese	hubiera recibido
1	recibamos	recib-iéramos/iésemos	hubiéramos recibido
2	recibáis	recib-ierais/ieseis	hubierais recibido
3	reciban	recib-ieran/iesen	hubieran recibido

PASSÉ COMPOSÉ haya recibido, etc.

INFINITIF	*PARTICIPE*
PRÉSENT	**PRÉSENT**
recibir	recibiendo
PASSÉ	**PASSÉ**
haber recibido	recibido

	PRÉSENT	IMPARFAIT	FUTUR
1	recuerdo	recordaba	recordaré
2	recuerdas	recordabas	recordarás
3	recuerda	recordaba	recordará
1	recordamos	recordábamos	recordaremos
2	recordáis	recordabais	recordaréis
3	recuerdan	recordaban	recordarán

	PASSÉ SIMPLE	PASSÉ COMPOSÉ	PLUS-QUE-PARFAIT
1	recordé	he recordado	había recordado
2	recordaste	has recordado	habías recordado
3	recordó	ha recordado	había recordado
1	recordamos	hemos recordado	habíamos recordado
2	recordasteis	habéis recordado	habíais recordado
3	recordaron	han recordado	habían recordado

PASSÉ ANTÉRIEUR
hube recordado, etc.

FUTUR ANTÉRIEUR
habré recordado, etc.

CONDITIONNEL

	PRÉSENT	PASSÉ
1	recordaría	habría recordado
2	recordarías	habrías recordado
3	recordaría	habría recordado
1	recordaríamos	habríamos recordado
2	recordaríais	habríais recordado
3	recordarían	habrían recordado

IMPÉRATIF

(tú) recuerda
(Vd) recuerde
(nosotros) recordemos
(vosotros) recordad
(Vds) recuerden

SUBJONCTIF

	PRÉSENT	IMPARFAIT	PLUS-QUE-PARFAIT
1	recuerde	record-ara/ase	hubiera recordado
2	recuerdes	record-aras/ases	hubieras recordado
3	recuerde	record-ara/ase	hubiera recordado
1	recordemos	record-áramos/ásemos	hubiéramos recordado
2	recordéis	record-arais/aseis	hubierais recordado
3	recuerden	record-aran/asen	hubieran recordado

PASSÉ COMPOSÉ haya recordado, etc.

INFINITIF

PRÉSENT
recordar

PASSÉ
haber recordado

PARTICIPE

PRÉSENT
recordando

PASSÉ
recordado

REDUCIR
162 *réduire, limiter*

	PRÉSENT	IMPARFAIT	FUTUR
1	reduzco	reducía	reduciré
2	reduces	reducías	reducirás
3	reduce	reducía	reducirá
1	reducimos	reducíamos	reduciremos
2	reducís	reducíais	reduciréis
3	reducen	reducían	reducirán

	PASSÉ SIMPLE	PASSÉ COMPOSÉ	PLUS-QUE-PARFAIT
1	reduje	he reducido	había reducido
2	redujiste	has reducido	habías reducido
3	redujo	ha reducido	había reducido
1	redujimos	hemos reducido	habíamos reducido
2	redujisteis	habéis reducido	habíais reducido
3	redujeron	han reducido	habían reducido

PASSÉ ANTÉRIEUR
hube reducido, etc.

FUTUR ANTÉRIEUR
habré reducido, etc.

CONDITIONNEL

	PRÉSENT	PASSÉ
1	reduciría	habría reducido
2	reducirías	habrías reducido
3	reduciría	habría reducido
1	reduciríamos	habríamos reducido
2	reduciríais	habríais reducido
3	reducirían	habrían reducido

IMPÉRATIF

(tú) reduce
(Vd) reduzca
(nosotros) reduzcamos
(vosotros) reducid
(Vds) reduzcan

SUBJONCTIF

	PRÉSENT	IMPARFAIT	PLUS-QUE-PARFAIT
1	reduzca	reduj-era/ese	hubiera reducido
2	reduzcas	reduj-eras/eses	hubieras reducido
3	reduzca	reduj-era/ese	hubiera reducido
1	reduzcamos	reduj-éramos/ésemos	hubiéramos reducido
2	reduzcáis	reduj-erais/eseis	hubierais reducido
3	reduzcan	reduj-eran/esen	hubieran reducido

PASSÉ COMPOSÉ haya reducido, etc.

INFINITIF

PRÉSENT
reducir

PASSÉ
haber reducido

PARTICIPE

PRÉSENT
reduciendo

PASSÉ
reducido

	PRÉSENT	IMPARFAIT	FUTUR
1	regalo	regalaba	regalaré
2	regalas	regalabas	regalarás
3	regala	regalaba	regalará
1	regalamos	regalábamos	regalaremos
2	regaláis	regalabais	regalaréis
3	regalan	regalaban	regalarán

	PASSÉ SIMPLE	PASSÉ COMPOSÉ	PLUS-QUE-PARFAIT
1	regalé	he regalado	había regalado
2	regalaste	has regalado	habías regalado
3	regaló	ha regalado	había regalado
1	regalamos	hemos regalado	habíamos regalado
2	regalasteis	habéis regalado	habíais regalado
3	regalaron	han regalado	habían regalado

PASSÉ ANTÉRIEUR
hube regalado, etc.

FUTUR ANTÉRIEUR
habré regalado, etc.

CONDITIONNEL

	PRÉSENT	PASSÉ
1	regalaría	habría regalado
2	regalarías	habrías regalado
3	regalaría	habría regalado
1	regalaríamos	habríamos regalado
2	regalaríais	habríais regalado
3	regalarían	habrían regalado

IMPÉRATIF

(tú) regala
(Vd) regale
(nosotros) regalemos
(vosotros) regalad
(Vds) regalen

SUBJONCTIF

	PRÉSENT	IMPARFAIT	PLUS-QUE-PARFAIT
1	regale	regal-ara/ase	hubiera regalado
2	regales	regal-aras/ases	hubieras regalado
3	regale	regal-ara/ase	hubiera regalado
1	regalemos	regal-áramos/ásemos	hubiéramos regalado
2	regaléis	regal-arais/aseis	hubierais regalado
3	regalen	regal-aran/asen	hubieran regalado

PASSÉ COMPOSÉ haya regalado, etc.

INFINITIF

PRÉSENT
regalar

PASSÉ
haber regalado

PARTICIPE

PRÉSENT
regalando

PASSÉ
regalado

REHUIR
164 *fuir, éviter, refuser*

	PRÉSENT	IMPARFAIT	FUTUR
1	rehúyo	rehuía	rehuiré
2	rehúyes	rehuías	rehuirás
3	rehúye	rehuía	rehuirá
1	rehuimos	rehuíamos	rehuiremos
2	rehuís	rehuíais	rehuiréis
3	rehúyen	rehuían	rehuirán

	PASSÉ SIMPLE	PASSÉ COMPOSÉ	PLUS-QUE-PARFAIT
1	rehuí	he rehuido	había rehuido
2	rehuiste	has rehuido	habías rehuido
3	rehuyó	ha rehuido	había rehuido
1	rehuimos	hemos rehuido	habíamos rehuido
2	rehuisteis	habéis rehuido	habíais rehuido
3	rehuyeron	han rehuido	habían rehuido

PASSÉ ANTÉRIEUR
hube rehuido, etc.

FUTUR ANTÉRIEUR
habré rehuido, etc.

CONDITIONNEL

	PRÉSENT	PASSÉ
1	rehuiría	habría rehuido
2	rehuirías	habrías rehuido
3	rehuiría	habría rehuido
1	rehuiríamos	habríamos rehuido
2	rehuiríais	habríais rehuido
3	rehuirían	habrían rehuido

IMPÉRATIF

(tú) rehúye
(Vd) rehúya
(nosotros) rehuyamos
(vosotros) rehuid
(Vds) rehúyan

SUBJONCTIF

	PRÉSENT	IMPARFAIT	PLUS-QUE-PARFAIT
1	rehúya	rehu-yera/yese	hubiera rehuido
2	rehúyas	rehu-yeras/yeses	hubieras rehuido
3	rehúya	rehu-yera/yese	hubiera rehuido
1	rehuyamos	rehu-yéramos/yésemos	hubiéramos rehuido
2	rehuyáis	rehu-yerais/yeseis	hubierais rehuido
3	rehúyan	rehu-yeran/yesen	hubieran rehuido

PASSÉ COMPOSÉ haya rehuido, etc.

INFINITIF

PRÉSENT
rehuir

PASSÉ
haber rehuido

PARTICIPE

PRÉSENT
rehuyendo

PASSÉ
rehuido

	PRÉSENT	IMPARFAIT	FUTUR
1	rehúso	rehusaba	rehusaré
2	rehúsas	rehusabas	rehusarás
3	rehúsa	rehusaba	rehusará
1	rehusamos	rehusábamos	rehusaremos
2	rehusáis	rehusabais	rehusaréis
3	rehúsan	rehusaban	rehusarán
	PASSÉ SIMPLE	**PASSÉ COMPOSÉ**	**PLUS-QUE-PARFAIT**
1	rehusé	he rehusado	había rehusado
2	rehusaste	has rehusado	habías rehusado
3	rehusó	ha rehusado	había rehusado
1	rehusamos	hemos rehusado	habíamos rehusado
2	rehusasteis	habéis rehusado	habíais rehusado
3	rehusaron	han rehusado	habían rehusado

PASSÉ ANTÉRIEUR
hube rehusado, etc.

FUTUR ANTÉRIEUR
habré rehusado, etc.

CONDITIONNEL

	PRÉSENT	PASSÉ	*IMPÉRATIF*
1	rehusaría	habría rehusado	
2	rehusarías	habrías rehusado	(tú) rehúsa
3	rehusaría	habría rehusado	(Vd) rehúse
1	rehusaríamos	habríamos rehusado	(nosotros) rehusemos
2	rehusaríais	habríais rehusado	(vosotros) rehusad
3	rehusarían	habrían rehusado	(Vds) rehúsen

SUBJONCTIF

	PRÉSENT	IMPARFAIT	PLUS-QUE-PARFAIT
1	rehúse	rehus-ara/ase	hubiera rehusado
2	rehúses	rehus-aras/ases	hubieras rehusado
3	rehúse	rehus-ara/ase	hubiera rehusado
1	rehusemos	rehus-áramos/ásemos	hubiéramos rehusado
2	rehuséis	rehus-arais/aseis	hubierais rehusado
3	rehúsen	rehus-aran/asen	hubieran rehusado

PASSÉ COMPOSÉ haya rehusado, etc.

INFINITIF	*PARTICIPE*
PRÉSENT	**PRÉSENT**
rehusar	rehusando
PASSÉ	**PASSÉ**
haber rehusado	rehusado

rire

	PRÉSENT	IMPARFAIT	FUTUR
1	río	reía	reiré
2	ríes	reías	reirás
3	ríe	reía	reirá
1	reímos	reíamos	reiremos
2	reís	reíais	reiréis
3	ríen	reían	reirán

	PASSÉ SIMPLE	PASSÉ COMPOSÉ	PLUS-QUE-PARFAIT
1	reí	he reído	había reído
2	reíste	has reído	habías reído
3	rió	ha reído	había reído
1	reímos	hemos reído	habíamos reído
2	reísteis	habéis reído	habíais reído
3	rieron	han reído	habían reído

PASSÉ ANTÉRIEUR
hube reído, etc.

FUTUR ANTÉRIEUR
habré reído, etc.

CONDITIONNEL

	PRÉSENT	PASSÉ
1	reiría	habría reído
2	reirías	habrías reído
3	reiría	habría reído
1	reiríamos	habríamos reído
2	reiríais	habríais reído
3	reirían	habrían reído

IMPÉRATIF

(tú) ríe
(Vd) ría
(nosotros) riamos
(vosotros) reíd
(Vds) rían

SUBJONCTIF

	PRÉSENT	IMPARFAIT	PLUS-QUE-PARFAIT
1	ría	ri-era/ese	hubiera reído
2	rías	ri-eras/eses	hubieras reído
3	ría	ri-era/ese	hubiera reído
1	riamos	ri-éramos/ésemos	hubiéramos reído
2	riáis	ri-erais/eseis	hubierais reído
3	rían	ri-eran/esen	hubieran reído

PASSÉ COMPOSÉ haya reído, etc.

INFINITIF

PRÉSENT
reír

PASSÉ
haber reído

PARTICIPE

PRÉSENT
riendo

PASSÉ
reído

	PRÉSENT	IMPARFAIT	FUTUR
1	renuevo	renovaba	renovaré
2	renuevas	renovabas	renovarás
3	renueva	renovaba	renovará
1	renovamos	renovábamos	renovaremos
2	renováis	renovabais	renovaréis
3	renuevan	renovaban	renovarán

	PASSÉ SIMPLE	PASSÉ COMPOSÉ	PLUS-QUE-PARFAIT
1	renové	he renovado	había renovado
2	renovaste	has renovado	habías renovado
3	renovó	ha renovado	había renovado
1	renovamos	hemos renovado	habíamos renovado
2	renovasteis	habéis renovado	habíais renovado
3	renovaron	han renovado	habían renovado

PASSÉ ANTÉRIEUR
hube renovado, etc.

FUTUR ANTÉRIEUR
habré renovado, etc.

CONDITIONNEL

	PRÉSENT	PASSÉ
1	renovaría	habría renovado
2	renovarías	habrías renovado
3	renovaría	habría renovado
1	renovaríamos	habríamos renovado
2	renovaríais	habríais renovado
3	renovarían	habrían renovado

IMPÉRATIF

(tú) renueva
(Vd) renueve
(nosotros) renovemos
(vosotros) renovad
(Vds) renueven

SUBJONCTIF

	PRÉSENT	IMPARFAIT	PLUS-QUE-PARFAIT
1	renueve	renov-ara/ase	hubiera renovado
2	renueves	renov-aras/ases	hubieras renovado
3	renueve	renov-ara/ase	hubiera renovado
1	renovemos	renov-áramos/ásemos	hubiéramos renovado
2	renovéis	renov-arais/aseis	hubierais renovado
3	renueven	renov-aran/asen	hubieran renovado

PASSÉ COMPOSÉ haya renovado, etc.

INFINITIF

PRÉSENT
renovar

PASSÉ
haber renovado

PARTICIPE

PRÉSENT
renovando

PASSÉ
renovado

 gronder, réprimander

	PRÉSENT	IMPARFAIT	FUTUR
1	riño	reñía	reñiré
2	riñes	reñías	reñirás
3	riñe	reñía	reñirá
1	reñimos	reñíamos	reñiremos
2	reñís	reñíais	reñiréis
3	riñen	reñían	reñirán

	PASSÉ SIMPLE	PASSÉ COMPOSÉ	PLUS-QUE-PARFAIT
1	reñí	he reñido	había reñido
2	reñiste	has reñido	habías reñido
3	riñó	ha reñido	había reñido
1	reñimos	hemos reñido	habíamos reñido
2	reñisteis	habéis reñido	habíais reñido
3	riñeron	han reñido	habían reñido

PASSÉ ANTÉRIEUR
hube reñido, etc.

FUTUR ANTÉRIEUR
habré reñido, etc.

CONDITIONNEL

	PRÉSENT	PASSÉ
1	reñiría	habría reñido
2	reñirías	habrías reñido
3	reñiría	habría reñido
1	reñiríamos	habríamos reñido
2	reñiríais	habríais reñido
3	reñirían	habrían reñido

IMPÉRATIF

(tú) riñe
(Vd) riña
(nosotros) riñamos
(vosotros) reñid
(Vds) riñan

SUBJONCTIF

	PRÉSENT	IMPARFAIT	PLUS-QUE-PARFAIT
1	riña	riñ-era/ese	hubiera reñido
2	riñas	riñ-eras/eses	hubieras reñido
3	riña	riñ-era/ese	hubiera reñido
1	riñamos	riñ-éramos/ésemos	hubiéramos reñido
2	riñáis	riñ-erais/eseis	hubierais reñido
3	riñan	riñ-eran/esen	hubieran reñido

PASSÉ COMPOSÉ haya reñido, etc.

INFINITIF

PRÉSENT
reñir

PASSÉ
haber reñido

PARTICIPE

PRÉSENT
riñendo

PASSÉ
reñido

	PRÉSENT	IMPARFAIT	FUTUR
1	repito	repetía	repetiré
2	repites	repetías	repetirás
3	repite	repetía	repetirá
1	repetimos	repetíamos	repetiremos
2	repetís	repetíais	repetiréis
3	repiten	repetían	repetirán

	PASSÉ SIMPLE	PASSÉ COMPOSÉ	PLUS-QUE-PARFAIT
1	repetí	he repetido	había repetido
2	repetiste	has repetido	habías repetido
3	repitió	ha repetido	había repetido
1	repetimos	hemos repetido	habíamos repetido
2	repetisteis	habéis repetido	habíais repetido
3	repitieron	han repetido	habían repetido

PASSÉ ANTÉRIEUR
hube repetido, etc.

FUTUR ANTÉRIEUR
habré repetido, etc.

CONDITIONNEL

	PRÉSENT	PASSÉ
1	repetiría	habría repetido
2	repetirías	habrías repetido
3	repetiría	habría repetido
1	repetiríamos	habríamos repetido
2	repetiríais	habríais repetido
3	repetirían	habrían repetido

IMPÉRATIF

(tú) repite
(Vd) repita
(nosotros) repitamos
(vosotros) repetid
(Vds) repitan

SUBJONCTIF

	PRÉSENT	IMPARFAIT	PLUS-QUE-PARFAIT
1	repita	repit-iera/iese	hubiera repetido
2	repitas	repit-ieras/ieses	hubieras repetido
3	repita	repit-iera/iese	hubiera repetido
1	repitamos	repit-iéramos/iésemos	hubiéramos repetido
2	repitáis	repit-ierais/ieseis	hubierais repetido
3	repitan	repit-ieran/iesen	hubieran repetido

PASSÉ COMPOSÉ haya repetido, etc.

INFINITIF

PRÉSENT
repetir

PASSÉ
haber repetido

PARTICIPE

PRÉSENT
repitiendo

PASSÉ
repetido

ROER 170

grignoter, ronger

	PRÉSENT	IMPARFAIT	FUTUR
1	roo/roigo/royo	roía	roeré
2	roes	roías	roerás
3	roe	roía	roerá
1	roemos	roíamos	roeremos
2	roéis	roíais	roeréis
3	roen	roían	roerán

	PASSÉ SIMPLE	PASSÉ COMPOSÉ	PLUS-QUE-PARFAIT
1	roí	he roído	había roído
2	roíste	has roído	habías roído
3	royó	ha roído	había roído
1	roímos	hemos roído	habíamos roído
2	roísteis	habéis roído	habíais roído
3	royeron	han roído	habían roído

PASSÉ ANTÉRIEUR
hube roído, etc.

FUTUR ANTÉRIEUR
habré roído, etc.

CONDITIONNEL

	PRÉSENT	PASSÉ
1	roería	habría roído
2	roerías	habrías roído
3	roería	habría roído
1	roeríamos	habríamos roído
2	roeríais	habríais roído
3	roerían	habrían roído

IMPÉRATIF

(tú) roe
(Vd) roa
(nosotros) roamos
(vosotros) roed
(Vds) roan

SUBJONCTIF

	PRÉSENT	IMPARFAIT	PLUS-QUE-PARFAIT
1	roa/roiga/roya	ro-yera/yese	hubiera roído
2	roas	ro-yeras/yeses	hubieras roído
3	roa	ro-yera/yese	hubiera roído
1	roamos	ro-yéramos/yésemos	hubiéramos roído
2	roáis	ro-yerais/yeseis	hubierais roído
3	roan	ro-yeran/yesen	hubieran roído

PASSÉ COMPOSÉ haya roído, etc.

INFINITIF

PRÉSENT
roer

PASSÉ
haber roído

PARTICIPE

PRÉSENT
royendo

PASSÉ
roído

	PRÉSENT	IMPARFAIT	FUTUR
1	ruego	rogaba	rogaré
2	ruegas	rogabas	rogarás
3	ruega	rogaba	rogará
1	rogamos	rogábamos	rogaremos
2	rogáis	rogabais	rogaréis
3	ruegan	rogaban	rogarán
	PASSÉ SIMPLE	**PASSÉ COMPOSÉ**	**PLUS-QUE-PARFAIT**
1	rogué	he rogado	había rogado
2	rogaste	has rogado	habías rogado
3	rogó	ha rogado	había rogado
1	rogamos	hemos rogado	habíamos rogado
2	rogasteis	habéis rogado	habíais rogado
3	rogaron	han rogado	habían rogado
	PASSÉ ANTÉRIEUR		**FUTUR ANTÉRIEUR**
	hube rogado, etc.		habré rogado, etc.

CONDITIONNEL — *IMPÉRATIF*

	PRÉSENT	PASSÉ	IMPÉRATIF
1	rogaría	habría rogado	
2	rogarías	habrías rogado	(tú) ruega
3	rogaría	habría rogado	(Vd) ruegue
1	rogaríamos	habríamos rogado	(nosotros) roguemos
2	rogaríais	habríais rogado	(vosotros) rogad
3	rogarían	habrían rogado	(Vds) rueguen

SUBJONCTIF

	PRÉSENT	IMPARFAIT	PLUS-QUE-PARFAIT
1	ruegue	rog-ara/ase	hubiera rogado
2	ruegues	rog-aras/ases	hubieras rogado
3	ruegue	rog-ara/ase	hubiera rogado
1	roguemos	rog-áramos/ásemos	hubiéramos rogado
2	roguéis	rog-arais/aseis	hubierais rogado
3	rueguen	rog-aran/asen	hubieran rogado

PASSÉ COMPOSÉ haya rogado, etc.

INFINITIF — *PARTICIPE*

INFINITIF	PARTICIPE
PRÉSENT	**PRÉSENT**
rogar	rogando
PASSÉ	**PASSÉ**
haber rogado	rogado

ROMPER
172 *casser*

	PRÉSENT	IMPARFAIT	FUTUR
1	rompo	rompía	romperé
2	rompes	rompías	romperás
3	rompe	rompía	romperá
1	rompemos	rompíamos	romperemos
2	rompéis	rompíais	romperéis
3	rompen	rompían	romperán

	PASSÉ SIMPLE	PASSÉ COMPOSÉ	PLUS-QUE-PARFAIT
1	rompí	he roto	había roto
2	rompiste	has roto	habías roto
3	rompió	ha roto	había roto
1	rompimos	hemos roto	habíamos roto
2	rompisteis	habéis roto	habíais roto
3	rompieron	han roto	habían roto

PASSÉ ANTÉRIEUR
hube roto, etc.

FUTUR ANTÉRIEUR
habré roto, etc.

CONDITIONNEL

	PRÉSENT	PASSÉ
1	rompería	habría roto
2	romperías	habrías roto
3	rompería	habría roto
1	romperíamos	habríamos roto
2	romperíais	habríais roto
3	romperían	habrían roto

IMPÉRATIF

(tú) rompe
(Vd) rompa
(nosotros) rompamos
(vosotros) romped
(Vds) rompan

SUBJONCTIF

	PRÉSENT	IMPARFAIT	PLUS-QUE-PARFAIT
1	rompa	romp-iera/iese	hubiera roto
2	rompas	romp-ieras/ieses	hubieras roto
3	rompa	romp-iera/iese	hubiera roto
1	rompamos	romp-iéramos/iésemos	hubiéramos roto
2	rompáis	romp-ierais/ieseis	hubierais roto
3	rompan	romp-ieran/iesen	hubieran roto

PASSÉ COMPOSÉ haya roto, etc.

INFINITIF

PRÉSENT
romper

PASSÉ
haber roto

PARTICIPE

PRÉSENT
rompiendo

PASSÉ
roto

	PRÉSENT	IMPARFAIT	FUTUR
1	sé	sabía	sabré
2	sabes	sabías	sabrás
3	sabe	sabía	sabrá
1	sabemos	sabíamos	sabremos
2	sabéis	sabíais	sabréis
3	saben	sabían	sabrán

	PASSÉ SIMPLE	PASSÉ COMPOSÉ	PLUS-QUE-PARFAIT
1	supe	he sabido	había sabido
2	supiste	has sabido	habías sabido
3	supo	ha sabido	había sabido
1	supimos	hemos sabido	habíamos sabido
2	supisteis	habéis sabido	habíais sabido
3	supieron	han sabido	habían sabido

PASSÉ ANTÉRIEUR
hube sabido, etc.

FUTUR ANTÉRIEUR
habré sabido, etc.

CONDITIONNEL

	PRÉSENT	PASSÉ	*IMPÉRATIF*
1	sabría	habría sabido	
2	sabrías	habrías sabido	(tú) sabe
3	sabría	habría sabido	(Vd) sepa
1	sabríamos	habríamos sabido	(nosotros) sepamos
2	sabríais	habríais sabido	(vosotros) sabed
3	sabrían	habrían sabido	(Vds) sepan

SUBJONCTIF

	PRÉSENT	IMPARFAIT	PLUS-QUE-PARFAIT
1	sepa	sup-iera/iese	hubiera sabido
2	sepas	sup-ieras/ieses	hubieras sabido
3	sepa	sup-iera/iese	hubiera sabido
1	sepamos	sup-iéramos/iésemos	hubiéramos sabido
2	sepáis	sup-ierais/ieseis	hubierais sabido
3	sepan	sup-ieran/iesen	hubieran sabido

PASSÉ COMPOSÉ haya sabido, etc.

INFINITIF	*PARTICIPE*
PRÉSENT	**PRÉSENT**
saber	sabiendo
PASSÉ	**PASSÉ**
haber sabido	sabido

SACAR
174 *enlever, sortir*

	PRÉSENT	IMPARFAIT	FUTUR
1	saco	sacaba	sacaré
2	sacas	sacabas	sacarás
3	saca	sacaba	sacará
1	sacamos	sacábamos	sacaremos
2	sacáis	sacabais	sacaréis
3	sacan	sacaban	sacarán
	PASSÉ SIMPLE	**PASSÉ COMPOSÉ**	**PLUS-QUE-PARFAIT**
1	saqué	he sacado	había sacado
2	sacaste	has sacado	habías sacado
3	sacó	ha sacado	había sacado
1	sacamos	hemos sacado	habíamos sacado
2	sacasteis	habéis sacado	habíais sacado
3	sacaron	han sacado	habían sacado
	PASSÉ ANTÉRIEUR		**FUTUR ANTÉRIEUR**
	hube sacado, etc.		habré sacado, etc.

CONDITIONNEL / *IMPÉRATIF*

	PRÉSENT	PASSÉ	IMPÉRATIF
1	sacaría	habría sacado	
2	sacarías	habrías sacado	(tú) saca
3	sacaría	habría sacado	(Vd) saque
1	sacaríamos	habríamos sacado	(nosotros) saquemos
2	sacaríais	habríais sacado	(vosotros) sacad
3	sacarían	habrían sacado	(Vds) saquen

SUBJONCTIF

	PRÉSENT	IMPARFAIT	PLUS-QUE-PARFAIT
1	saque	sac-ara/ase	hubiera sacado
2	saques	sac-aras/ases	hubieras sacado
3	saque	sac-ara/ase	hubiera sacado
1	saquemos	sac-áramos/ásemos	hubiéramos sacado
2	saquéis	sac-arais/aseis	hubierais sacado
3	saquen	sac-aran/asen	hubieran sacado

PASSÉ COMPOSÉ haya sacado, etc.

INFINITIF	*PARTICIPE*
PRÉSENT	**PRÉSENT**
sacar	sacando
PASSÉ	**PASSÉ**
haber sacado	sacado

	PRÉSENT	IMPARFAIT	FUTUR
1	salgo	salía	saldré
2	sales	salías	saldrás
3	sale	salía	saldrá
1	salimos	salíamos	saldremos
2	salís	salíais	saldréis
3	salen	salían	saldrán

	PASSÉ SIMPLE	PASSÉ COMPOSÉ	PLUS-QUE-PARFAIT
1	salí	he salido	había salido
2	saliste	has salido	habías salido
3	salió	ha salido	había salido
1	salimos	hemos salido	habíamos salido
2	salisteis	habéis salido	habíais salido
3	salieron	han salido	habían salido

PASSÉ ANTÉRIEUR
hube salido, etc.

FUTUR ANTÉRIEUR
habré salido, etc.

CONDITIONNEL

	PRÉSENT	PASSÉ	*IMPÉRATIF*
1	saldría	habría salido	
2	saldrías	habrías salido	(tú) sal
3	saldría	habría salido	(Vd) salga
1	saldríamos	habríamos salido	(nosotros) salgamos
2	saldríais	habríais salido	(vosotros) salid
3	saldrían	habrían salido	(Vds) salgan

SUBJONCTIF

	PRÉSENT	IMPARFAIT	PLUS-QUE-PARFAIT
1	salga	sal-iera/iese	hubiera salido
2	salgas	sal-ieras/ieses	hubieras salido
3	salga	sal-iera/iese	hubiera salido
1	salgamos	sal-iéramos/iésemos	hubiéramos salido
2	salgáis	sal-ierais/ieseis	hubierais salido
3	salgan	sal-ieran/iesen	hubieran salido

PASSÉ COMPOSÉ haya salido, etc.

INFINITIF	*PARTICIPE*
PRÉSENT	**PRÉSENT**
salir	saliendo
PASSÉ	**PASSÉ**
haber salido	salido

SATISFACER 176 *satisfaire*

	PRÉSENT	IMPARFAIT	FUTUR
1	satisfago	satisfacía	satisfaré
2	satisfaces	satisfacías	satisfarás
3	satisface	satisfacía	satisfará
1	satisfacemos	satisfacíamos	satisfaremos
2	satisfacéis	satisfacíais	satisfaréis
3	satisfacen	satisfacían	satisfarán

	PASSÉ SIMPLE	PASSÉ COMPOSÉ	PLUS-QUE-PARFAIT
1	satisfice	he satisfecho	había satisfecho
2	satisficiste	has satisfecho	habías satisfecho
3	satisfizo	ha satisfecho	había satisfecho
1	satisficimos	hemos satisfecho	habíamos satisfecho
2	satisficisteis	habéis satisfecho	habíais satisfecho
3	satisficieron	han satisfecho	habían satisfecho

PASSÉ ANTÉRIEUR
hube satisfecho, etc.

FUTUR ANTÉRIEUR
habré satisfecho, etc.

CONDITIONNEL

	PRÉSENT	PASSÉ
1	satisfaría	habría satisfecho
2	satisfarías	habrías satisfecho
3	satisfaría	habría satisfecho
1	satisfaríamos	habríamos satisfecho
2	satisfaríais	habríais satisfecho
3	satisfarían	habrían satisfecho

IMPÉRATIF

(tú) satisface/satisfaz
(Vd) satisfaga
(nosotros) satisfagamos
(vosotros) satisfaced
(Vds) satisfagan

SUBJONCTIF

	PRÉSENT	IMPARFAIT	PLUS-QUE-PARFAIT
1	satisfaga	satisfic-iera/iese	hubiera satisfecho
2	satisfagas	satisfic-ieras/ieses	hubieras satisfecho
3	satisfaga	satisfic-iera/iese	hubiera satisfecho
1	satisfagamos	satisfic-iéramos/iésemos	hubiéramos satisfecho
2	satisfagáis	satisfic-ierais/ieseis	hubierais satisfecho
3	satisfagan	satisfic-ieran/iesen	hubieran satisfecho

PASSÉ COMPOSÉ haya satisfecho, etc.

INFINITIF

PRÉSENT
satisfacer

PASSÉ
haber satisfecho

PARTICIPE

PRÉSENT
satisfaciendo

PASSÉ
satisfecho

	PRÉSENT	IMPARFAIT	FUTUR
1	seco	secaba	secaré
2	secas	secabas	secarás
3	seca	secaba	secará
1	secamos	secábamos	secaremos
2	secáis	secabais	secaréis
3	secan	secaban	secarán

	PASSÉ SIMPLE	PASSÉ COMPOSÉ	PLUS-QUE-PARFAIT
1	sequé	he secado	había secado
2	secaste	has secado	habías secado
3	secó	ha secado	había secado
1	secamos	hemos secado	habíamos secado
2	secasteis	habéis secado	habíais secado
3	secaron	han secado	habían secado

PASSÉ ANTÉRIEUR
hube secado, etc.

FUTUR ANTÉRIEUR
habré secado, etc.

CONDITIONNEL / *IMPÉRATIF*

	PRÉSENT	PASSÉ	IMPÉRATIF
1	secaría	habría secado	
2	secarías	habrías secado	(tú) seca
3	secaría	habría secado	(Vd) seque
1	secaríamos	habríamos secado	(nosotros) sequemos
2	secaríais	habríais secado	(vosotros) secad
3	secarían	habrían secado	(Vds) sequen

SUBJONCTIF

	PRÉSENT	IMPARFAIT	PLUS-QUE-PARFAIT
1	seque	sec-ara/ase	hubiera secado
2	seques	sec-aras/ases	hubieras secado
3	seque	sec-ara/ase	hubiera secado
1	sequemos	sec-áramos/ásemos	hubiéramos secado
2	sequéis	sec-arais/aseis	hubierais secado
3	sequen	sec-aran/asen	hubieran secado

PASSÉ COMPOSÉ haya secado, etc.

INFINITIF	*PARTICIPE*
PRÉSENT	**PRÉSENT**
secar	secando
PASSÉ	**PASSÉ**
haber secado	secado

SEGUIR 178 *suivre*

	PRÉSENT	IMPARFAIT	FUTUR
1	sigo	seguía	seguiré
2	sigues	seguías	seguirás
3	sigue	seguía	seguirá
1	seguimos	seguíamos	seguiremos
2	seguís	seguíais	seguiréis
3	siguen	seguían	seguirán
	PASSÉ SIMPLE	**PASSÉ COMPOSÉ**	**PLUS-QUE-PARFAIT**
1	seguí	he seguido	había seguido
2	seguiste	has seguido	habías seguido
3	siguió	ha seguido	había seguido
1	seguimos	hemos seguido	habíamos seguido
2	seguisteis	habéis seguido	habíais seguido
3	siguieron	han seguido	habían seguido
	PASSÉ ANTÉRIEUR		**FUTUR ANTÉRIEUR**
	hube seguido, etc.		habré seguido, etc.

CONDITIONNEL / *IMPÉRATIF*

	PRÉSENT	PASSÉ	IMPÉRATIF
1	seguiría	habría seguido	
2	seguirías	habrías seguido	(tú) sigue
3	seguiría	habría seguido	(Vd) siga
1	seguiríamos	habríamos seguido	(nosotros) sigamos
2	seguiríais	habríais seguido	(vosotros) seguid
3	seguirían	habrían seguido	(Vds) sigan

SUBJONCTIF

	PRÉSENT	IMPARFAIT	PLUS-QUE-PARFAIT
1	siga	sigu-iera/iese	hubiera seguido
2	sigas	sigu-ieras/ieses	hubieras seguido
3	siga	sigu-iera/iese	hubiera seguido
1	sigamos	sigu-iéramos/iésemos	hubiéramos seguido
2	sigáis	sigu-ierais/ieseis	hubierais seguido
3	sigan	sigu-ieran/iesen	hubieran seguido

PASSÉ COMPOSÉ haya seguido, etc.

INFINITIF	*PARTICIPE*
PRÉSENT	**PRÉSENT**
seguir	siguiendo
PASSÉ	**PASSÉ**
haber seguido	seguido

	PRÉSENT	IMPARFAIT	FUTUR
1	me siento	me sentaba	me sentaré
2	te sientas	te sentabas	te sentarás
3	se sienta	se sentaba	se sentará
1	nos sentamos	nos sentábamos	nos sentaremos
2	os sentáis	os sentabais	os sentaréis
3	se sientan	se sentaban	se sentarán

	PASSÉ SIMPLE	PASSÉ COMPOSÉ	PLUS-QUE-PARFAIT
1	me senté	me he sentado	me había sentado
2	te sentaste	te has sentado	te habías sentado
3	se sentó	se ha sentado	se había sentado
1	nos sentamos	nos hemos sentado	nos habíamos sentado
2	os sentasteis	os habéis sentado	os habíais sentado
3	se sentaron	se han sentado	se habían sentado

PASSÉ ANTÉRIEUR
me hube sentado, etc.

FUTUR ANTÉRIEUR
me habré sentado, etc.

CONDITIONNEL

	PRÉSENT	PASSÉ
1	me sentaría	me habría sentado
2	te sentarías	te habrías sentado
3	se sentaría	se habría sentado
1	nos sentaríamos	nos habríamos sentado
2	os sentaríais	os habríais sentado
3	se sentarían	se habrían sentado

IMPÉRATIF

(tú) siéntate
(Vd) siéntese
(nosotros) sentémonos
(vosotros) sentaos
(Vds) siéntense

SUBJONCTIF

	PRÉSENT	IMPARFAIT	PLUS-QUE-PARFAIT
1	me siente	me sent-ara/ase	me hubiera sentado
2	te sientes	te sent-aras/ases	te hubieras sentado
3	se siente	se sent-ara/ase	se hubiera sentado
1	nos sentemos	nos sent-áramos/ásemos	nos hubiéramos sentado
2	os sentéis	os sent-arais/aseis	os hubierais sentado
3	se sienten	se sent-aran/asen	se hubieran sentado

PASSÉ COMPOSÉ me haya sentado, etc.

INFINITIF

PRÉSENT
sentarse

PASSÉ
haberse sentado

PARTICIPE

PRÉSENT
sentándose

PASSÉ
sentado

SENTIR 180 *sentir, regretter*

	PRÉSENT	IMPARFAIT	FUTUR
1	siento	sentía	sentiré
2	sientes	sentías	sentirás
3	siente	sentía	sentirá
1	sentimos	sentíamos	sentiremos
2	sentís	sentíais	sentiréis
3	sienten	sentían	sentirán

	PASSÉ SIMPLE	PASSÉ COMPOSÉ	PLUS-QUE-PARFAIT
1	sentí	he sentido	había sentido
2	sentiste	has sentido	habías sentido
3	sintió	ha sentido	había sentido
1	sentimos	hemos sentido	habíamos sentido
2	sentisteis	habéis sentido	habíais sentido
3	sintieron	han sentido	habían sentido

PASSÉ ANTÉRIEUR
hube sentido, etc.

FUTUR ANTÉRIEUR
habré sentido, etc.

CONDITIONNEL

	PRÉSENT	PASSÉ
1	sentiría	habría sentido
2	sentirías	habrías sentido
3	sentiría	habría sentido
1	sentiríamos	habríamos sentido
2	sentiríais	habríais sentido
3	sentirían	habrían sentido

IMPÉRATIF

(tú) siente
(Vd) sienta
(nosotros) sintamos
(vosotros) sentid
(Vds) sientan

SUBJONCTIF

	PRÉSENT	IMPARFAIT	PLUS-QUE-PARFAIT
1	sienta	sint-iera/iese	hubiera sentido
2	sientas	sint-ieras/ieses	hubieras sentido
3	sienta	sint-iera/iese	hubiera sentido
1	sintamos	sint-iéramos/iésemos	hubiéramos sentido
2	sintáis	sint-ierais/ieseis	hubierais sentido
3	sientan	sint-ieran/iesen	hubieran sentido

PASSÉ COMPOSÉ haya sentido, etc.

INFINITIF

PRÉSENT
sentir

PASSÉ
haber sentido

PARTICIPE

PRÉSENT
sintiendo

PASSÉ
sentido

	PRÉSENT	IMPARFAIT	FUTUR
1	soy	era	seré
2	eres	eras	serás
3	es	era	será
1	somos	éramos	seremos
2	sois	erais	seréis
3	son	eran	serán

	PASSÉ SIMPLE	PASSÉ COMPOSÉ	PLUS-QUE-PARFAIT
1	fui	he sido	había sido
2	fuiste	has sido	habías sido
3	fue	ha sido	había sido
1	fuimos	hemos sido	habíamos sido
2	fuisteis	habéis sido	habíais sido
3	fueron	han sido	habían sido

PASSÉ ANTÉRIEUR
hube sido, etc.

FUTUR ANTÉRIEUR
habré sido, etc.

CONDITIONNEL

	PRÉSENT	PASSÉ
1	sería	habría sido
2	serías	habrías sido
3	sería	habría sido
1	seríamos	habríamos sido
2	seríais	habríais sido
3	serían	habrían sido

IMPÉRATIF

(tú) sé
(Vd) sea
(nosotros) seamos
(vosotros) sed
(Vds) sean

SUBJONCTIF

	PRÉSENT	IMPARFAIT	PLUS-QUE-PARFAIT
1	sea	fu-era/ese	hubiera sido
2	seas	fu-eras/eses	hubieras sido
3	sea	fu-era/ese	hubiera sido
1	seamos	fu-éramos/ésemos	hubiéramos sido
2	seáis	fu-erais/eseis	hubierais sido
3	sean	fu-eran/esen	hubieran sido

PASSÉ COMPOSÉ haya sido, etc.

INFINITIF

PRÉSENT
ser

PASSÉ
haber sido

PARTICIPE

PRÉSENT
siendo

PASSÉ
sido

SERVIR
182 *servir*

	PRÉSENT	IMPARFAIT	FUTUR
1	sirvo	servía	serviré
2	sirves	servías	servirás
3	sirve	servía	servirá
1	servimos	servíamos	serviremos
2	servís	servíais	serviréis
3	sirven	servían	servirán

	PASSÉ SIMPLE	PASSÉ COMPOSÉ	PLUS-QUE-PARFAIT
1	serví	he servido	había servido
2	serviste	has servido	habías servido
3	sirvió	ha servido	había servido
1	servimos	hemos servido	habíamos servido
2	servisteis	habéis servido	habíais servido
3	sirvieron	han servido	habían servido

PASSÉ ANTÉRIEUR
hube servido, etc.

FUTUR ANTÉRIEUR
habré servido, etc.

CONDITIONNEL

	PRÉSENT	PASSÉ
1	serviría	habría servido
2	servirías	habrías servido
3	serviría	habría servido
1	serviríamos	habríamos servido
2	serviríais	habríais servido
3	servirían	habrían servido

IMPÉRATIF

(tú) sirve
(Vd) sirva
(nosotros) sirvamos
(vosotros) servid
(Vds) sirvan

SUBJONCTIF

	PRÉSENT	IMPARFAIT	PLUS-QUE-PARFAIT
1	sirva	sirv-iera/iese	hubiera servido
2	sirvas	sirv-ieras/ieses	hubieras servido
3	sirva	sirv-iera/iese	hubiera servido
1	sirvamos	sirv-iéramos/iésemos	hubiéramos servido
2	sirváis	sirv-ierais/ieseis	hubierais servido
3	sirvan	sirv-ieran/iesen	hubieran servido

PASSÉ COMPOSÉ haya servido, etc.

INFINITIF

PRÉSENT
servir

PASSÉ
haber servido

PARTICIPE

PRÉSENT
sirviendo

PASSÉ
servido

	PRÉSENT	IMPARFAIT	FUTUR
1	sitúo	situaba	situaré
2	sitúas	situabas	situarás
3	sitúa	situaba	situará
1	situamos	situábamos	situaremos
2	situáis	situabais	situaréis
3	sitúan	situaban	situarán

	PASSÉ SIMPLE	PASSÉ COMPOSÉ	PLUS-QUE-PARFAIT
1	situé	he situado	había situado
2	situaste	has situado	habías situado
3	situó	ha situado	había situado
1	situamos	hemos situado	habíamos situado
2	situasteis	habéis situado	habíais situado
3	situaron	han situado	habían situado

PASSÉ ANTÉRIEUR
hube situado, etc.

FUTUR ANTÉRIEUR
habré situado, etc.

CONDITIONNEL

	PRÉSENT	PASSÉ
1	situaría	habría situado
2	situarías	habrías situado
3	situaría	habría situado
1	situaríamos	habríamos situado
2	situaríais	habríais situado
3	situarían	habrían situado

IMPÉRATIF

(tú) sitúa
(Vd) sitúe
(nosotros) situemos
(vosotros) situad
(Vds) sitúen

SUBJONCTIF

	PRÉSENT	IMPARFAIT	PLUS-QUE-PARFAIT
1	sitúe	situ-ara/ase	hubiera situado
2	sitúes	situ-aras/ases	hubieras situado
3	sitúe	situ-ara/ase	hubiera situado
1	situemos	situ-áramos/ásemos	hubiéramos situado
2	situéis	situ-arais/aseis	hubierais situado
3	sitúen	situ-aran/asen	hubieran situado

PASSÉ COMPOSÉ haya situado, etc.

INFINITIF

PRÉSENT
situar

PASSÉ
haber situado

PARTICIPE

PRÉSENT
situando

PASSÉ
situado

SOLER 184 *avoir l'habitude de*

	PRÉSENT	IMPARFAIT	FUTUR
1	suelo	solía	
2	sueles	solías	
3	suele	solía	
1	solemos	solíamos	
2	soléis	solíais	
3	suelen	solían	

PASSÉ SIMPLE **PASSÉ COMPOSÉ** **PLUS-QUE-PARFAIT**

PASSÉ ANTÉRIEUR **FUTUR ANTÉRIEUR**

CONDITIONNEL

PRÉSENT **PASSÉ**

IMPÉRATIF

SUBJONCTIF

	PRÉSENT	IMPARFAIT	PLUS-QUE-PARFAIT
1	suela		
2	suelas		
3	suela		
1	solamos		
2	soláis		
3	suelan		

PASSÉ COMPOSÉ

INFINITIF

PRÉSENT
soler

PASSÉ

PARTICIPE

PRÉSENT

PASSÉ

N.B.

Les autres temps sont rarement utilisés.

	PRÉSENT	IMPARFAIT	FUTUR
1	sueño	soñaba	soñaré
2	sueñas	soñabas	soñarás
3	sueña	soñaba	soñará
1	soñamos	soñábamos	soñaremos
2	soñáis	soñabais	soñaréis
3	sueñan	soñaban	soñarán

	PASSÉ SIMPLE	PASSÉ COMPOSÉ	PLUS-QUE-PARFAIT
1	soñé	he soñado	había soñado
2	soñaste	has soñado	habías soñado
3	soñó	ha soñado	había soñado
1	soñamos	hemos soñado	habíamos soñado
2	soñasteis	habéis soñado	habíais soñado
3	soñaron	han soñado	habían soñado

PASSÉ ANTÉRIEUR
hube soñado, etc.

FUTUR ANTÉRIEUR
habré soñado, etc.

CONDITIONNEL / *IMPÉRATIF*

	PRÉSENT	PASSÉ	
1	soñaría	habría soñado	
2	soñarías	habrías soñado	(tú) sueña
3	soñaría	habría soñado	(Vd) sueñe
1	soñaríamos	habríamos soñado	(nosotros) soñemos
2	soñaríais	habríais soñado	(vosotros) soñad
3	soñarían	habrían soñado	(Vds) sueñen

SUBJONCTIF

	PRÉSENT	IMPARFAIT	PLUS-QUE-PARFAIT
1	sueñe	soñ-ara/ase	hubiera soñado
2	sueñes	soñ-aras/ases	hubieras soñado
3	sueñe	soñ-ara/ase	hubiera soñado
1	soñemos	soñ-áramos/ásemos	hubiéramos soñado
2	soñéis	soñ-arais/aseis	hubierais soñado
3	sueñen	soñ-aran/asen	hubieran soñado

PASSÉ COMPOSÉ haya soñado, etc.

INFINITIF	*PARTICIPE*
PRÉSENT	**PRÉSENT**
soñar	soñando
PASSÉ	**PASSÉ**
haber soñado	soñado

SUBIR 186 *monter*

	PRÉSENT	IMPARFAIT	FUTUR
1	subo	subía	subiré
2	subes	subías	subirás
3	sube	subía	subirá
1	subimos	subíamos	subiremos
2	subís	subíais	subiréis
3	suben	subían	subirán

	PASSÉ SIMPLE	PASSÉ COMPOSÉ	PLUS-QUE-PARFAIT
1	subí	he subido	había subido
2	subiste	has subido	habías subido
3	subió	ha subido	había subido
1	subimos	hemos subido	habíamos subido
2	subisteis	habéis subido	habíais subido
3	subieron	han subido	habían subido

PASSÉ ANTÉRIEUR
hube subido, etc.

FUTUR ANTÉRIEUR
habré subido, etc.

CONDITIONNEL / *IMPÉRATIF*

	PRÉSENT	PASSÉ	IMPÉRATIF
1	subiría	habría subido	
2	subirías	habrías subido	(tú) sube
3	subiría	habría subido	(Vd) suba
1	subiríamos	habríamos subido	(nosotros) subamos
2	subiríais	habríais subido	(vosotros) subid
3	subirían	habrían subido	(Vds) suban

SUBJONCTIF

	PRÉSENT	IMPARFAIT	PLUS-QUE-PARFAIT
1	suba	sub-iera/iese	hubiera subido
2	subas	sub-ieras/ieses	hubieras subido
3	suba	sub-iera/iese	hubiera subido
1	subamos	sub-iéramos/iésemos	hubiéramos subido
2	subáis	sub-ierais/ieseis	hubierais subido
3	suban	sub-ieran/iesen	hubieran subido

PASSÉ COMPOSÉ haya subido, etc.

INFINITIF

PRÉSENT
subir

PASSÉ
haber subido

PARTICIPE

PRÉSENT
subiendo

PASSÉ
subido

	PRÉSENT	IMPARFAIT	FUTUR
1	sugiero	sugería	sugeriré
2	sugieres	sugerías	sugerirás
3	sugiere	sugería	sugerirá
1	sugerimos	sugeríamos	sugeriremos
2	sugerís	sugeríais	sugeriréis
3	sugieren	sugerían	sugerirán

	PASSÉ SIMPLE	PASSÉ COMPOSÉ	PLUS-QUE-PARFAIT
1	sugerí	he sugerido	había sugerido
2	sugeriste	has sugerido	habías sugerido
3	sugirió	ha sugerido	había sugerido
1	sugerimos	hemos sugerido	habíamos sugerido
2	sugeristeis	habéis sugerido	habíais sugerido
3	sugirieron	han sugerido	habían sugerido

PASSÉ ANTÉRIEUR
hube sugerido, etc.

FUTUR ANTÉRIEUR
habré sugerido, etc.

CONDITIONNEL / *IMPÉRATIF*

	PRÉSENT	PASSÉ	IMPÉRATIF
1	sugeriría	habría sugerido	
2	sugerirías	habrías sugerido	(tú) sugiere
3	sugeriría	habría sugerido	(Vd) sugiera
1	sugeriríamos	habríamos sugerido	(nosotros) sugiramos
2	sugeriríais	habríais sugerido	(vosotros) sugerid
3	sugerirían	habrían sugerido	(Vds) sugieran

SUBJONCTIF

	PRÉSENT	IMPARFAIT	PLUS-QUE-PARFAIT
1	sugiera	sugir-iera/iese	hubiera sugerido
2	sugieras	sugir-ieras/ieses	hubieras sugerido
3	sugiera	sugir-iera/iese	hubiera sugerido
1	sugiramos	sugir-iéramos/iésemos	hubiéramos sugerido
2	sugiráis	sugir-ierais/ieseis	hubierais sugerido
3	sugieran	sugir-ieran/iesen	hubieran sugerido

PASSÉ COMPOSÉ haya sugerido, etc.

INFINITIF

PRÉSENT
sugerir

PASSÉ
haber sugerido

PARTICIPE

PRÉSENT
sugiriendo

PASSÉ
sugerido

TENER 188 *avoir*

	PRÉSENT	IMPARFAIT	FUTUR
1	tengo	tenía	tendré
2	tienes	tenías	tendrás
3	tiene	tenía	tendrá
1	tenemos	teníamos	tendremos
2	tenéis	teníais	tendréis
3	tienen	tenían	tendrán
	PASSÉ SIMPLE	**PASSÉ COMPOSÉ**	**PLUS-QUE-PARFAIT**
1	tuve	he tenido	había tenido
2	tuviste	has tenido	habías tenido
3	tuvo	ha tenido	había tenido
1	tuvimos	hemos tenido	habíamos tenido
2	tuvisteis	habéis tenido	habíais tenido
3	tuvieron	han tenido	habían tenido
	PASSÉ ANTÉRIEUR		**FUTUR ANTÉRIEUR**
	hube tenido, etc.		habré tenido, etc.

CONDITIONNEL / *IMPÉRATIF*

	PRÉSENT	PASSÉ	IMPÉRATIF
1	tendría	habría tenido	
2	tendrías	habrías tenido	(tú) ten
3	tendría	habría tenido	(Vd) tenga
1	tendríamos	habríamos tenido	(nosotros) tengamos
2	tendríais	habríais tenido	(vosotros) tened
3	tendrían	habrían tenido	(Vds) tengan

SUBJONCTIF

	PRÉSENT	IMPARFAIT	PLUS-QUE-PARFAIT
1	tenga	tuv-iera/iese	hubiera tenido
2	tengas	tuv-ieras/ieses	hubieras tenido
3	tenga	tuv-iera/iese	hubiera tenido
1	tengamos	tuv-iéramos/iésemos	hubiéramos tenido
2	tengáis	tuv-ierais/ieseis	hubierais tenido
3	tengan	tuv-ieran/iesen	hubieran tenido

PASSÉ COMPOSÉ haya tenido, etc.

INFINITIF / *PARTICIPE*

INFINITIF	PARTICIPE
PRÉSENT	**PRÉSENT**
tener	teniendo
PASSÉ	**PASSÉ**
haber tenido	tenido

	PRÉSENT	IMPARFAIT	FUTUR
1	termino	terminaba	terminaré
2	terminas	terminabas	terminarás
3	termina	terminaba	terminará
1	terminamos	terminábamos	terminaremos
2	termináis	terminabais	terminaréis
3	terminan	terminaban	terminarán
	PASSÉ SIMPLE	**PASSÉ COMPOSÉ**	**PLUS-QUE-PARFAIT**
1	terminé	he terminado	había terminado
2	terminaste	has terminado	habías terminado
3	terminó	ha terminado	había terminado
1	terminamos	hemos terminado	habíamos terminado
2	terminasteis	habéis terminado	habíais terminado
3	terminaron	han terminado	habían terminado
	PASSÉ ANTÉRIEUR		**FUTUR ANTÉRIEUR**
	hube terminado, etc.		habré terminado, etc.

CONDITIONNEL / *IMPÉRATIF*

	PRÉSENT	PASSÉ	IMPÉRATIF
1	terminaría	habría terminado	
2	terminarías	habrías terminado	(tú) termina
3	terminaría	habría terminado	(Vd) termine
1	terminaríamos	habríamos terminado	(nosotros) terminemos
2	terminaríais	habríais terminado	(vosotros) terminad
3	terminarían	habrían terminado	(Vds) terminen

SUBJONCTIF

	PRÉSENT	IMPARFAIT	PLUS-QUE-PARFAIT
1	termine	termin-ara/ase	hubiera terminado
2	termines	termin-aras/ases	hubieras terminado
3	termine	termin-ara/ase	hubiera terminado
1	terminemos	termin-áramos/ásemos	hubiéramos terminado
2	terminéis	termin-arais/aseis	hubierais terminado
3	terminen	termin-aran/asen	hubieran terminado

PASSÉ COMPOSÉ haya terminado, etc.

INFINITIF / *PARTICIPE*

INFINITIF	PARTICIPE
PRÉSENT	**PRÉSENT**
terminar	terminando
PASSÉ	**PASSÉ**
haber terminado	terminado

TOCAR
190 *toucher*

	PRÉSENT	IMPARFAIT	FUTUR
1	toco	tocaba	tocaré
2	tocas	tocabas	tocarás
3	toca	tocaba	tocará
1	tocamos	tocábamos	tocaremos
2	tocáis	tocabais	tocaréis
3	tocan	tocaban	tocarán

	PASSÉ SIMPLE	PASSÉ COMPOSÉ	PLUS-QUE-PARFAIT
1	toqué	he tocado	había tocado
2	tocaste	has tocado	habías tocado
3	tocó	ha tocado	había tocado
1	tocamos	hemos tocado	habíamos tocado
2	tocasteis	habéis tocado	habíais tocado
3	tocaron	han tocado	habían tocado

PASSÉ ANTÉRIEUR
hube tocado, etc.

FUTUR ANTÉRIEUR
habré tocado, etc.

CONDITIONNEL

	PRÉSENT	PASSÉ
1	tocaría	habría tocado
2	tocarías	habrías tocado
3	tocaría	habría tocado
1	tocaríamos	habríamos tocado
2	tocaríais	habríais tocado
3	tocarían	habrían tocado

IMPÉRATIF

(tú) toca
(Vd) toque
(nosotros) toquemos
(vosotros) tocad
(Vds) toquen

SUBJONCTIF

	PRÉSENT	IMPARFAIT	PLUS-QUE-PARFAIT
1	toque	toc-ara/ase	hubiera tocado
2	toques	toc-aras/ases	hubieras tocado
3	toque	toc-ara/ase	hubiera tocado
1	toquemos	toc-áramos/ásemos	hubiéramos tocado
2	toquéis	toc-arais/aseis	hubierais tocado
3	toquen	toc-aran/asen	hubieran tocado

PASSÉ COMPOSÉ haya tocado, etc.

INFINITIF

PRÉSENT
tocar

PASSÉ
haber tocado

PARTICIPE

PRÉSENT
tocando

PASSÉ
tocado

PRÉSENT	IMPARFAIT	FUTUR
1 tomo	tomaba	tomaré
2 tomas	tomabas	tomarás
3 toma	tomaba	tomará
1 tomamos	tomábamos	tomaremos
2 tomáis	tomabais	tomaréis
3 toman	tomaban	tomarán

PASSÉ SIMPLE	PASSÉ COMPOSÉ	PLUS-QUE-PARFAIT
1 tomé	he tomado	había tomado
2 tomaste	has tomado	habías tomado
3 tomó	ha tomado	había tomado
1 tomamos	hemos tomado	habíamos tomado
2 tomasteis	habéis tomado	habíais tomado
3 tomaron	han tomado	habían tomado

PASSÉ ANTÉRIEUR
hube tomado, etc.

FUTUR ANTÉRIEUR
habré tomado, etc.

CONDITIONNEL

PRÉSENT	PASSÉ
1 tomaría	habría tomado
2 tomarías	habrías tomado
3 tomaría	habría tomado
1 tomaríamos	habríamos tomado
2 tomaríais	habríais tomado
3 tomarían	habrían tomado

IMPÉRATIF

(tú) toma
(Vd) tome
(nosotros) tomemos
(vosotros) tomad
(Vds) tomen

SUBJONCTIF

PRÉSENT	IMPARFAIT	PLUS-QUE-PARFAIT
1 tome	tom-ara/ase	hubiera tomado
2 tomes	tom-aras/ases	hubieras tomado
3 tome	tom-ara/ase	hubiera tomado
1 tomemos	tom-áramos/ásemos	hubiéramos tomado
2 toméis	tom-arais/aseis	hubierais tomado
3 tomen	tom-aran/asen	hubieran tomado

PASSÉ COMPOSÉ haya tomado, etc.

INFINITIF

PRÉSENT
tomar

PASSÉ
haber tomado

PARTICIPE

PRÉSENT
tomando

PASSÉ
tomado

TORCER
192 *tordre, dévier*

	PRÉSENT	IMPARFAIT	FUTUR
1	tuerzo	torcía	torceré
2	tuerces	torcías	torcerás
3	tuerce	torcía	torcerá
1	torcemos	torcíamos	torceremos
2	torcéis	torcíais	torceréis
3	tuercen	torcían	torcerán

	PASSÉ SIMPLE	PASSÉ COMPOSÉ	PLUS-QUE-PARFAIT
1	torcí	he torcido	había torcido
2	torciste	has torcido	habías torcido
3	torció	ha torcido	había torcido
1	torcimos	hemos torcido	habíamos torcido
2	torcisteis	habéis torcido	habíais torcido
3	torcieron	han torcido	habían torcido

PASSÉ ANTÉRIEUR
hube torcido, etc.

FUTUR ANTÉRIEUR
habré torcido, etc.

CONDITIONNEL

	PRÉSENT	PASSÉ
1	torcería	habría torcido
2	torcerías	habrías torcido
3	torcería	habría torcido
1	torceríamos	habríamos torcido
2	torceríais	habríais torcido
3	torcerían	habrían torcido

IMPÉRATIF

(tú) tuerce
(Vd) tuerza
(nosotros) torzamos
(vosotros) torced
(Vds) tuerzan

SUBJONCTIF

	PRÉSENT	IMPARFAIT	PLUS-QUE-PARFAIT
1	tuerza	torc-iera/iese	hubiera torcido
2	tuerzas	torc-ieras/ieses	hubieras torcido
3	tuerza	torc-iera/iese	hubiera torcido
1	torzamos	torc-iéramos/iésemos	hubiéramos torcido
2	torzáis	torc-ierais/ieseis	hubierais torcido
3	tuerzan	torc-ieran/iesen	hubieran torcido

PASSÉ COMPOSÉ haya torcido, etc.

INFINITIF

PRÉSENT
torcer

PASSÉ
haber torcido

PARTICIPE

PRÉSENT
torciendo

PASSÉ
torcido

	PRÉSENT	IMPARFAIT	FUTUR
1	toso	tosía	toseré
2	toses	tosías	toserás
3	tose	tosía	toserá
1	tosemos	tosíamos	toseremos
2	toséis	tosíais	toseréis
3	tosen	tosían	toserán

	PASSÉ SIMPLE	PASSÉ COMPOSÉ	PLUS-QUE-PARFAIT
1	tosí	he tosido	había tosido
2	tosiste	has tosido	habías tosido
3	tosió	ha tosido	había tosido
1	tosimos	hemos tosido	habíamos tosido
2	tosisteis	habéis tosido	habíais tosido
3	tosieron	han tosido	habían tosido

PASSÉ ANTÉRIEUR
hube tosido, etc.

FUTUR ANTÉRIEUR
habré tosido, etc.

CONDITIONNEL / *IMPÉRATIF*

	PRÉSENT	PASSÉ	IMPÉRATIF
1	tosería	habría tosido	
2	toserías	habrías tosido	(tú) tose
3	tosería	habría tosido	(Vd) tosa
1	toseríamos	habríamos tosido	(nosotros) tosamos
2	toseríais	habríais tosido	(vosotros) tosed
3	toserían	habrían tosido	(Vds) tosan

SUBJONCTIF

	PRÉSENT	IMPARFAIT	PLUS-QUE-PARFAIT
1	tosa	tos-iera/iese	hubiera tosido
2	tosas	tos-ieras/ieses	hubieras tosido
3	tosa	tos-iera/iese	hubiera tosido
1	tosamos	tos-iéramos/iésemos	hubiéramos tosido
2	tosáis	tos-ierais/ieseis	hubierais tosido
3	tosan	tos-ieran/iesen	hubieran tosido

PASSÉ COMPOSÉ haya tosido, etc.

INFINITIF / *PARTICIPE*

	INFINITIF	PARTICIPE
PRÉSENT	toser	tosiendo
PASSÉ	haber tosido	tosido

TRABAJAR
194 *travailler*

	PRÉSENT	IMPARFAIT	FUTUR
1	trabajo	trabajaba	trabajaré
2	trabajas	trabajabas	trabajarás
3	trabaja	trabajaba	trabajará
1	trabajamos	trabajábamos	trabajaremos
2	trabajáis	trabajabais	trabajaréis
3	trabajan	trabajaban	trabajarán

	PASSÉ SIMPLE	PASSÉ COMPOSÉ	PLUS-QUE-PARFAIT
1	trabajé	he trabajado	había trabajado
2	trabajaste	has trabajado	habías trabajado
3	trabajó	ha trabajado	había trabajado
1	trabajamos	hemos trabajado	habíamos trabajado
2	trabajasteis	habéis trabajado	habíais trabajado
3	trabajaron	han trabajado	habían trabajado

PASSÉ ANTÉRIEUR
hube trabajado, etc.

FUTUR ANTÉRIEUR
habré trabajado, etc.

CONDITIONNEL

	PRÉSENT	PASSÉ
1	trabajaría	habría trabajado
2	trabajarías	habrías trabajado
3	trabajaría	habría trabajado
1	trabajaríamos	habríamos trabajado
2	trabajaríais	habríais trabajado
3	trabajarían	habrían trabajado

IMPÉRATIF

(tú) trabaja
(Vd) trabaje
(nosotros) trabajemos
(vosotros) trabajad
(Vds) trabajen

SUBJONCTIF

	PRÉSENT	IMPARFAIT	PLUS-QUE-PARFAIT
1	trabaje	trabaj-ara/ase	hubiera trabajado
2	trabajes	trabaj-aras/ases	hubieras trabajado
3	trabaje	trabaj-ara/ase	hubiera trabajado
1	trabajemos	trabaj-áramos/ásemos	hubiéramos trabajado
2	trabajéis	trabaj-arais/aseis	hubierais trabajado
3	trabajen	trabaj-aran/asen	hubieran trabajado

PASSÉ COMPOSÉ haya trabajado, etc.

INFINITIF

PRÉSENT
trabajar

PASSÉ
haber trabajado

PARTICIPE

PRÉSENT
trabajando

PASSÉ
trabajado

	PRÉSENT	IMPARFAIT	FUTUR
1	traduzco	traducía	traduciré
2	traduces	traducías	traducirás
3	traduce	traducía	traducirá
1	traducimos	traducíamos	traduciremos
2	traducís	traducíais	traduciréis
3	traducen	traducían	traducirán

	PASSÉ SIMPLE	PASSÉ COMPOSÉ	PLUS-QUE-PARFAIT
1	traduje	he traducido	había traducido
2	tradujiste	has traducido	habías traducido
3	tradujo	ha traducido	había traducido
1	tradujimos	hemos traducido	habíamos traducido
2	tradujisteis	habéis traducido	habíais traducido
3	tradujeron	han traducido	habían traducido

PASSÉ ANTÉRIEUR
hube traducido, etc.

FUTUR ANTÉRIEUR
habré traducido, etc.

CONDITIONNEL

	PRÉSENT	PASSÉ
1	traduciría	habría traducido
2	traducirías	habrías traducido
3	traduciría	habría traducido
1	traduciríamos	habríamos traducido
2	traduciríais	habríais traducido
3	traducirían	habrían traducido

IMPÉRATIF

(tú) traduce
(Vd) traduzca
(nosotros) traduzcamos
(vosotros) traducid
(Vds) traduzcan

SUBJONCTIF

	PRÉSENT	IMPARFAIT	PLUS-QUE-PARFAIT
1	traduzca	traduj-era/ese	hubiera traducido
2	traduzcas	traduj-eras/eses	hubieras traducido
3	traduzca	traduj-era/ese	hubiera traducido
1	traduzcamos	traduj-éramos/ésemos	hubiéramos traducido
2	traduzcáis	traduj-erais/eseis	hubierais traducido
3	traduzcan	traduj-eran/esen	hubieran traducido

PASSÉ COMPOSÉ haya traducido, etc.

INFINITIF

PRÉSENT
traducir

PASSÉ
haber traducido

PARTICIPE

PRÉSENT
traduciendo

PASSÉ
traducido

TRAER 196

apporter

	PRÉSENT	IMPARFAIT	FUTUR
1	traigo	traía	traeré
2	traes	traías	traerás
3	trae	traía	traerá
1	traemos	traíamos	traeremos
2	traéis	traíais	traeréis
3	traen	traían	traerán

	PASSÉ SIMPLE	PASSÉ COMPOSÉ	PLUS-QUE-PARFAIT
1	traje	he traído	había traído
2	trajiste	has traído	habías traído
3	trajo	ha traído	había traído
1	trajimos	hemos traído	habíamos traído
2	trajisteis	habéis traído	habíais traído
3	trajeron	han traído	habían traído

PASSÉ ANTÉRIEUR
hube traído, etc.

FUTUR ANTÉRIEUR
habré traído, etc.

CONDITIONNEL

	PRÉSENT	PASSÉ
1	traería	habría traído
2	traerías	habrías traído
3	traería	habría traído
1	traeríamos	habríamos traído
2	traeríais	habríais traído
3	traerían	habrían traído

IMPÉRATIF

(tú) trae
(Vd) traiga
(nosotros) traigamos
(vosotros) traed
(Vds) traigan

SUBJONCTIF

	PRÉSENT	IMPARFAIT	PLUS-QUE-PARFAIT
1	traiga	traj-era/ese	hubiera traído
2	traigas	traj-eras/eses	hubieras traído
3	traiga	traj-era/ese	hubiera traído
1	traigamos	traj-éramos/ésemos	hubiéramos traído
2	traigáis	traj-erais/eseis	hubierais traído
3	traigan	traj-eran/esen	hubieran traído

PASSÉ COMPOSÉ haya traído, etc.

INFINITIF

PRÉSENT
traer

PASSÉ
haber traído

PARTICIPE

PRÉSENT
trayendo

PASSÉ
traído

	PRÉSENT	IMPARFAIT	FUTUR
3	truena	tronaba	tronará

	PASSÉ SIMPLE	PASSÉ COMPOSÉ	PLUS-QUE-PARFAIT
3	tronó	ha tronado	había tronado

PASSÉ ANTÉRIEUR
hubo tronado

FUTUR ANTÉRIEUR
habrá tronado

CONDITIONNEL

	PRÉSENT	PASSÉ
3	tronaría	habría tronado

IMPÉRATIF

SUBJONCTIF

	PRÉSENT	IMPARFAIT	PLUS-QUE-PARFAIT
3	truene	tron-ara/ase	hubiera tronado

PASSÉ COMPOSÉ haya tronado

INFINITIF

PRÉSENT
tronar

PASSÉ
haber tronado

PARTICIPE

PRÉSENT
tronando

PASSÉ
tronado

TROPEZAR 198 *trébucher*

	PRÉSENT	IMPARFAIT	FUTUR
1	tropiezo	tropezaba	tropezaré
2	tropiezas	tropezabas	tropezarás
3	tropieza	tropezaba	tropezará
1	tropezamos	tropezábamos	tropezaremos
2	tropezáis	tropezabais	tropezaréis
3	tropiezan	tropezaban	tropezarán

	PASSÉ SIMPLE	PASSÉ COMPOSÉ	PLUS-QUE-PARFAIT
1	tropecé	he tropezado	había tropezado
2	tropezaste	has tropezado	habías tropezado
3	tropezó	ha tropezado	había tropezado
1	tropezamos	hemos tropezado	habíamos tropezado
2	tropezasteis	habéis tropezado	habíais tropezado
3	tropezaron	han tropezado	habían tropezado

PASSÉ ANTÉRIEUR
hube tropezado, etc.

FUTUR ANTÉRIEUR
habré tropezado, etc.

CONDITIONNEL

	PRÉSENT	PASSÉ
1	tropezaría	habría tropezado
2	tropezarías	habrías tropezado
3	tropezaría	habría tropezado
1	tropezaríamos	habríamos tropezado
2	tropezaríais	habríais tropezado
3	tropezarían	habrían tropezado

IMPÉRATIF

(tú) tropieza
(Vd) tropiece
(nosotros) tropecemos
(vosotros) tropezad
(Vds) tropiecen

SUBJONCTIF

	PRÉSENT	IMPARFAIT	PLUS-QUE-PARFAIT
1	tropiece	tropez-ara/ase	hubiera tropezado
2	tropieces	tropez-aras/ases	hubieras tropezado
3	tropiece	tropez-ara/ase	hubiera tropezado
1	tropecemos	tropez-áramos/ásemos	hubiéramos tropezado
2	tropecéis	tropez-arais/aseis	hubierais tropezado
3	tropiecen	tropez-aran/asen	hubieran tropezado

PASSÉ COMPOSÉ haya tropezado, etc.

INFINITIF

PRÉSENT
tropezar

PASSÉ
haber tropezado

PARTICIPE

PRÉSENT
tropezando

PASSÉ
tropezado

	PRÉSENT	IMPARFAIT	FUTUR
1	vacío	vaciaba	vaciaré
2	vacías	vaciabas	vaciarás
3	vacía	vaciaba	vaciará
1	vaciamos	vaciábamos	vaciaremos
2	vaciáis	vaciabais	vaciaréis
3	vacían	vaciaban	vaciarán
	PASSÉ SIMPLE	**PASSÉ COMPOSÉ**	**PLUS-QUE-PARFAIT**
1	vacié	he vaciado	había vaciado
2	vaciaste	has vaciado	habías vaciado
3	vació	ha vaciado	había vaciado
1	vaciamos	hemos vaciado	habíamos vaciado
2	vaciasteis	habéis vaciado	habíais vaciado
3	vaciaron	han vaciado	habían vaciado
	PASSÉ ANTÉRIEUR		**FUTUR ANTÉRIEUR**
	hube vaciado, etc.		habré vaciado, etc.

	CONDITIONNEL		*IMPÉRATIF*
	PRÉSENT	**PASSÉ**	
1	vaciaría	habría vaciado	
2	vaciarías	habrías vaciado	(tú) vacía
3	vaciaría	habría vaciado	(Vd) vacíe
1	vaciaríamos	habríamos vaciado	(nosotros) vaciemos
2	vaciaríais	habríais vaciado	(vosotros) vaciad
3	vaciarían	habrían vaciado	(Vds) vacíen

SUBJONCTIF

	PRÉSENT	IMPARFAIT	PLUS-QUE-PARFAIT
1	vacíe	vaci-ara/ase	hubiera vaciado
2	vacíes	vaci-aras/ases	hubieras vaciado
3	vacíe	vaci-ara/ase	hubiera vaciado
1	vaciemos	vaci-áramos/ásemos	hubiéramos vaciado
2	vaciéis	vaci-arais/aseis	hubierais vaciado
3	vacíen	vaci-aran/asen	hubieran vaciado

PASSÉ COMPOSÉ haya vaciado, etc.

INFINITIF	*PARTICIPE*
PRÉSENT	**PRÉSENT**
vaciar	vaciando
PASSÉ	**PASSÉ**
haber vaciado	vaciado

VALER
200 *valoir*

	PRÉSENT	IMPARFAIT	FUTUR
1	valgo	valía	valdré
2	vales	valías	valdrás
3	vale	valía	valdrá
1	valemos	valíamos	valdremos
2	valéis	valíais	valdréis
3	valen	valían	valdrán

	PASSÉ SIMPLE	PASSÉ COMPOSÉ	PLUS-QUE-PARFAIT
1	valí	he valido	había valido
2	valiste	has valido	habías valido
3	valió	ha valido	había valido
1	valimos	hemos valido	habíamos valido
2	valisteis	habéis valido	habíais valido
3	valieron	han valido	habían valido

PASSÉ ANTÉRIEUR
hube valido, etc.

FUTUR ANTÉRIEUR
habré valido, etc.

CONDITIONNEL / *IMPÉRATIF*

	PRÉSENT	PASSÉ	IMPÉRATIF
1	valdría	habría valido	
2	valdrías	habrías valido	(tú) vale
3	valdría	habría valido	(Vd) valga
1	valdríamos	habríamos valido	(nosotros) valgamos
2	valdríais	habríais valido	(vosotros) valed
3	valdrían	habrían valido	(Vds) valgan

SUBJONCTIF

	PRÉSENT	IMPARFAIT	PLUS-QUE-PARFAIT
1	valga	val-iera/iese	hubiera valido
2	valgas	val-ieras/ieses	hubieras valido
3	valga	val-iera/iese	hubiera valido
1	valgamos	val-iéramos/iésemos	hubiéramos valido
2	valgáis	val-ierais/ieseis	hubierais valido
3	valgan	val-ieran/iesen	hubieran valido

PASSÉ COMPOSÉ haya valido, etc.

INFINITIF

PRÉSENT
valer

PASSÉ
haber valido

PARTICIPE

PRÉSENT
valiendo

PASSÉ
valido

	PRÉSENT	IMPARFAIT	FUTUR
1	venzo	vencía	venceré
2	vences	vencías	vencerás
3	vence	vencía	vencerá
1	vencemos	vencíamos	venceremos
2	vencéis	vencíais	venceréis
3	vencen	vencían	vencerán

	PASSÉ SIMPLE	PASSÉ COMPOSÉ	PLUS-QUE-PARFAIT
1	vencí	he vencido	había vencido
2	venciste	has vencido	habías vencido
3	venció	ha vencido	había vencido
1	vencimos	hemos vencido	habíamos vencido
2	vencisteis	habéis vencido	habíais vencido
3	vencieron	han vencido	habían vencido

PASSÉ ANTÉRIEUR
hube vencido, etc.

FUTUR ANTÉRIEUR
habré vencido, etc.

CONDITIONNEL

	PRÉSENT	PASSÉ
1	vencería	habría vencido
2	vencerías	habrías vencido
3	vencería	habría vencido
1	venceríamos	habríamos vencido
2	venceríais	habríais vencido
3	vencerían	habrían vencido

IMPÉRATIF

(tú) vence
(Vd) venza
(nosotros) venzamos
(vosotros) venced
(Vds) venzan

SUBJONCTIF

	PRÉSENT	IMPARFAIT	PLUS-QUE-PARFAIT
1	venza	venc-iera/iese	hubiera vencido
2	venzas	venc-ieras/ieses	hubieras vencido
3	venza	venc-iera/iese	hubiera vencido
1	venzamos	venc-iéramos/iésemos	hubiéramos vencido
2	venzáis	venc-ierais/ieseis	hubierais vencido
3	venzan	venc-ieran/iesen	hubieran vencido

PASSÉ COMPOSÉ haya vencido, etc.

INFINITIF

PRÉSENT
vencer

PASSÉ
haber vencido

PARTICIPE

PRÉSENT
venciendo

PASSÉ
vencido

VENDER
202 *vendre*

	PRÉSENT	IMPARFAIT	FUTUR
1	vendo	vendía	venderé
2	vendes	vendías	venderás
3	vende	vendía	venderá
1	vendemos	vendíamos	venderemos
2	vendéis	vendíais	venderéis
3	venden	vendían	venderán

	PASSÉ SIMPLE	PASSÉ COMPOSÉ	PLUS-QUE-PARFAIT
1	vendí	he vendido	había vendido
2	vendiste	has vendido	habías vendido
3	vendió	ha vendido	había vendido
1	vendimos	hemos vendido	habíamos vendido
2	vendisteis	habéis vendido	habíais vendido
3	vendieron	han vendido	habían vendido

PASSÉ ANTÉRIEUR
hube vendido, etc.

FUTUR ANTÉRIEUR
habré vendido, etc.

CONDITIONNEL / *IMPÉRATIF*

	PRÉSENT	PASSÉ	
1	vendería	habría vendido	
2	venderías	habrías vendido	(tú) vende
3	vendería	habría vendido	(Vd) venda
1	venderíamos	habríamos vendido	(nosotros) vendamos
2	venderíais	habríais vendido	(vosotros) vended
3	venderían	habrían vendido	(Vds) vendan

SUBJONCTIF

	PRÉSENT	IMPARFAIT	PLUS-QUE-PARFAIT
1	venda	vend-iera/iese	hubiera vendido
2	vendas	vend-ieras/ieses	hubieras vendido
3	venda	vend-iera/iese	hubiera vendido
1	vendamos	vend-iéramos/iésemos	hubiéramos vendido
2	vendáis	vend-ierais/ieseis	hubierais vendido
3	vendan	vend-ieran/iesen	hubieran vendido

PASSÉ COMPOSÉ haya vendido, etc.

INFINITIF

PRÉSENT
vender

PASSÉ
haber vendido

PARTICIPE

PRÉSENT
vendiendo

PASSÉ
vendido

	PRÉSENT	IMPARFAIT	FUTUR
1	vengo	venía	vendré
2	vienes	venías	vendrás
3	viene	venía	vendrá
1	venimos	veníamos	vendremos
2	venís	veníais	vendréis
3	vienen	venían	vendrán

	PASSÉ SIMPLE	PASSÉ COMPOSÉ	PLUS-QUE-PARFAIT
1	vine	he venido	había venido
2	viniste	has venido	habías venido
3	vino	ha venido	había venido
1	vinimos	hemos venido	habíamos venido
2	vinisteis	habéis venido	habíais venido
3	vinieron	han venido	habían venido

PASSÉ ANTÉRIEUR
hube venido, etc.

FUTUR ANTÉRIEUR
habré venido, etc.

CONDITIONNEL

	PRÉSENT	PASSÉ
1	vendría	habría venido
2	vendrías	habrías venido
3	vendría	habría venido
1	vendríamos	habríamos venido
2	vendríais	habríais venido
3	vendrían	habrían venido

IMPÉRATIF

(tú) ven
(Vd) venga
(nosotros) vengamos
(vosotros) venid
(Vds) vengan

SUBJONCTIF

	PRÉSENT	IMPARFAIT	PLUS-QUE-PARFAIT
1	venga	vin-iera/iese	hubiera venido
2	vengas	vin-ieras/ieses	hubieras venido
3	venga	vin-iera/iese	hubiera venido
1	vengamos	vin-iéramos/iésemos	hubiéramos venido
2	vengáis	vin-ierais/ieseis	hubierais venido
3	vengan	vin-ieran/iesen	hubieran venido

PASSÉ COMPOSÉ haya venido, etc.

INFINITIF

PRÉSENT
venir

PASSÉ
haber venido

PARTICIPE

PRÉSENT
viniendo

PASSÉ
venido

VER 204 *voir*

	PRÉSENT	IMPARFAIT	FUTUR
1	veo	veía	veré
2	ves	veías	verás
3	ve	veía	verá
1	vemos	veíamos	veremos
2	veis	veíais	veréis
3	ven	veían	verán

	PASSÉ SIMPLE	PASSÉ COMPOSÉ	PLUS-QUE-PARFAIT
1	vi	he visto	había visto
2	viste	has visto	habías visto
3	vio	ha visto	había visto
1	vimos	hemos visto	habíamos visto
2	visteis	habéis visto	habíais visto
3	vieron	han visto	habían visto

PASSÉ ANTÉRIEUR
hube visto, etc.

FUTUR ANTÉRIEUR
habré visto, etc.

CONDITIONNEL

	PRÉSENT	PASSÉ
1	vería	habría visto
2	verías	habrías visto
3	vería	habría visto
1	veríamos	habríamos visto
2	veríais	habríais visto
3	verían	habrían visto

IMPÉRATIF

(tú) ve
(Vd) vea
(nosotros) veamos
(vosotros) ved
(Vds) vean

SUBJONCTIF

	PRÉSENT	IMPARFAIT	PLUS-QUE-PARFAIT
1	vea	v-iera/iese	hubiera visto
2	veas	v-ieras/ieses	hubieras visto
3	vea	v-iera/iese	hubiera visto
1	veamos	v-iéramos/iésemos	hubiéramos visto
2	veáis	v-ierais/ieseis	hubierais visto
3	vean	v-ieran/iesen	hubieran visto

PASSÉ COMPOSÉ haya visto, etc.

INFINITIF

PRÉSENT
ver

PASSÉ
haber visto

PARTICIPE

PRÉSENT
viendo

PASSÉ
visto

	PRÉSENT	IMPARFAIT	FUTUR
1	me visto	me vestía	me vestiré
2	te vistes	te vestías	te vestirás
3	se viste	se vestía	se vestirá
1	nos vestimos	nos vestíamos	nos vestiremos
2	os vestís	os vestíais	os vestiréis
3	se visten	se vestían	se vestirán
	PASSÉ SIMPLE	**PASSÉ COMPOSÉ**	**PLUS-QUE-PARFAIT**
1	me vestí	me he vestido	me había vestido
2	te vestiste	te has vestido	te habías vestido
3	se vistió	se ha vestido	se había vestido
1	nos vestimos	nos hemos vestido	nos habíamos vestido
2	os vestisteis	os habéis vestido	os habíais vestido
3	se vistieron	se han vestido	se habían vestido
	PASSÉ ANTÉRIEUR		**FUTUR ANTÉRIEUR**
	me hube vestido, etc.		me habré vestido, etc.

	CONDITIONNEL		*IMPÉRATIF*
	PRÉSENT	**PASSÉ**	
1	me vestiría	me habría vestido	
2	te vestirías	te habrías vestido	(tú) vístete
3	se vestiría	se habría vestido	(Vd) vístase
1	nos vestiríamos	nos habríamos vestido	(nosotros) vistámonos
2	os vestiríais	os habríais vestido	(vosotros) vestíos
3	se vestirían	se habrían vestido	(Vds) vístanse

SUBJONCTIF

	PRÉSENT	IMPARFAIT	PLUS-QUE-PARFAIT
1	me vista	me vist-iera/iese	me hubiera vestido
2	te vistas	te vist-ieras/ieses	te hubieras vestido
3	se vista	se vist-iera/iese	se hubiera vestido
1	nos vistamos	nos vist-iéramos/iésemos	nos hubiéramos vestido
2	os vistáis	os vist-ierais/ieseis	os hubierais vestido
3	se vistan	se vist-ieran/iesen	se hubieran vestido

PASSÉ COMPOSÉ me haya vestido, etc.

INFINITIF	*PARTICIPE*
PRÉSENT	**PRÉSENT**
vestirse	vistiéndose
PASSÉ	**PASSÉ**
haberse vestido	vestido

VIAJAR 206 *voyager*

	PRÉSENT	IMPARFAIT	FUTUR
1	viajo	viajaba	viajaré
2	viajas	viajabas	viajarás
3	viaja	viajaba	viajará
1	viajamos	viajábamos	viajaremos
2	viajáis	viajabais	viajaréis
3	viajan	viajaban	viajarán

	PASSÉ SIMPLE	PASSÉ COMPOSÉ	PLUS-QUE-PARFAIT
1	viajé	he viajado	había viajado
2	viajaste	has viajado	habías viajado
3	viajó	ha viajado	había viajado
1	viajamos	hemos viajado	habíamos viajado
2	viajasteis	habéis viajado	habíais viajado
3	viajaron	han viajado	habían viajado

PASSÉ ANTÉRIEUR
hube viajado, etc.

FUTUR ANTÉRIEUR
habré viajado, etc.

CONDITIONNEL

	PRÉSENT	PASSÉ
1	viajaría	habría viajado
2	viajarías	habrías viajado
3	viajaría	habría viajado
1	viajaríamos	habríamos viajado
2	viajaríais	habríais viajado
3	viajarían	habrían viajado

IMPÉRATIF

(tú) viaja
(Vd) viaje
(nosotros) viajemos
(vosotros) viajad
(Vds) viajen

SUBJONCTIF

	PRÉSENT	IMPARFAIT	PLUS-QUE-PARFAIT
1	viaje	viaj-ara/ase	hubiera viajado
2	viajes	viaj-aras/ases	hubieras viajado
3	viaje	viaj-ara/ase	hubiera viajado
1	viajemos	viaj-áramos/ásemos	hubiéramos viajado
2	viajéis	viaj-arais/aseis	hubierais viajado
3	viajen	viaj-aran/asen	hubieran viajado

PASSÉ COMPOSÉ haya viajado, etc.

INFINITIF

PRÉSENT
viajar

PASSÉ
haber viajado

PARTICIPE

PRÉSENT
viajando

PASSÉ
viajado

	PRÉSENT	IMPARFAIT	FUTUR
1	vivo	vivía	viviré
2	vives	vivías	vivirás
3	vive	vivía	vivirá
1	vivimos	vivíamos	viviremos
2	vivís	vivíais	viviréis
3	viven	vivían	vivirán

	PASSÉ SIMPLE	PASSÉ COMPOSÉ	PLUS-QUE-PARFAIT
1	viví	he vivido	había vivido
2	viviste	has vivido	habías vivido
3	vivió	ha vivido	había vivido
1	vivimos	hemos vivido	habíamos vivido
2	vivisteis	habéis vivido	habíais vivido
3	vivieron	han vivido	habían vivido

PASSÉ ANTÉRIEUR
hube vivido, etc.

FUTUR ANTÉRIEUR
habré vivido, etc.

CONDITIONNEL

	PRÉSENT	PASSÉ
1	viviría	habría vivido
2	vivirías	habrías vivido
3	viviría	habría vivido
1	viviríamos	habríamos vivido
2	viviríais	habríais vivido
3	vivirían	habrían vivido

IMPÉRATIF

(tú) vive
(Vd) viva
(nosotros) vivamos
(vosotros) vivid
(Vds) vivan

SUBJONCTIF

	PRÉSENT	IMPARFAIT	PLUS-QUE-PARFAIT
1	viva	viv-iera/iese	hubiera vivido
2	vivas	viv-ieras/ieses	hubieras vivido
3	viva	viv-iera/iese	hubiera vivido
1	vivamos	viv-iéramos/iésemos	hubiéramos vivido
2	viváis	viv-ierais/ieseis	hubierais vivido
3	vivan	viv-ieran/iesen	hubieran vivido

PASSÉ COMPOSÉ haya vivido, etc.

INFINITIF

PRÉSENT
vivir

PASSÉ
haber vivido

PARTICIPE

PRÉSENT
viviendo

PASSÉ
vivido

VOLAR 208 *voler (en l'air)*

	PRÉSENT	IMPARFAIT	FUTUR
1	vuelo	volaba	volaré
2	vuelas	volabas	volarás
3	vuela	volaba	volará
1	volamos	volábamos	volaremos
2	voláis	volabais	volaréis
3	vuelan	volaban	volarán

	PASSÉ SIMPLE	PASSÉ COMPOSÉ	PLUS-QUE-PARFAIT
1	volé	he volado	había volado
2	volaste	has volado	habías volado
3	voló	ha volado	había volado
1	volamos	hemos volado	habíamos volado
2	volasteis	habéis volado	habíais volado
3	volaron	han volado	habían volado

PASSÉ ANTÉRIEUR
hube volado, etc.

FUTUR ANTÉRIEUR
habré volado, etc.

CONDITIONNEL

	PRÉSENT	PASSÉ
1	volaría	habría volado
2	volarías	habrías volado
3	volaría	habría volado
1	volaríamos	habríamos volado
2	volaríais	habríais volado
3	volarían	habrían volado

IMPÉRATIF

(tú) vuela
(Vd) vuele
(nosotros) volemos
(vosotros) volad
(Vds) vuelen

SUBJONCTIF

	PRÉSENT	IMPARFAIT	PLUS-QUE-PARFAIT
1	vuele	vol-ara/ase	hubiera volado
2	vueles	vol-aras/ases	hubieras volado
3	vuele	vol-ara/ase	hubiera volado
1	volemos	vol-áramos/ásemos	hubiéramos volado
2	voléis	vol-arais/aseis	hubierais volado
3	vuelen	vol-aran/asen	hubieran volado

PASSÉ COMPOSÉ haya volado, etc.

INFINITIF

PRÉSENT
volar

PASSÉ
haber volado

PARTICIPE

PRÉSENT
volando

PASSÉ
volado

PRÉSENT		IMPARFAIT	FUTUR
1	vuelco	volcaba	volcaré
2	vuelcas	volcabas	volcarás
3	vuelca	volcaba	volcará
1	volcamos	volcábamos	volcaremos
2	volcáis	volcabais	volcaréis
3	vuelcan	volcaban	volcarán

PASSÉ SIMPLE		PASSÉ COMPOSÉ	PLUS-QUE-PARFAIT
1	volqué	he volcado	había volcado
2	volcaste	has volcado	habías volcado
3	volcó	ha volcado	había volcado
1	volcamos	hemos volcado	habíamos volcado
2	volcasteis	habéis volcado	habíais volcado
3	volcaron	han volcado	habían volcado

PASSÉ ANTÉRIEUR
hube volcado, etc.

FUTUR ANTÉRIEUR
habré volcado, etc.

CONDITIONNEL

PRÉSENT		PASSÉ
1	volcaría	habría volcado
2	volcarías	habrías volcado
3	volcaría	habría volcado
1	volcaríamos	habríamos volcado
2	volcaríais	habríais volcado
3	volcarían	habrían volcado

IMPÉRATIF

(tú) vuelca
(Vd) vuelque
(nosotros) volquemos
(vosotros) volcad
(Vds) vuelquen

SUBJONCTIF

PRÉSENT		IMPARFAIT	PLUS-QUE-PARFAIT
1	vuelque	volc-ara/ase	hubiera volcado
2	vuelques	volc-aras/ases	hubieras volcado
3	vuelque	volc-ara/ase	hubiera volcado
1	volquemos	volc-áramos/ásemos	hubiéramos volcado
2	volquéis	volc-arais/aseis	hubierais volcado
3	vuelquen	volc-aran/asen	hubieran volcado

PASSÉ COMPOSÉ haya volcado, etc.

INFINITIF

PRÉSENT
volcar

PASSÉ
haber volcado

PARTICIPE

PRÉSENT
volcando

PASSÉ
volcado

VOLVER
210 *tourner, retourner*

	PRÉSENT	**IMPARFAIT**	**FUTUR**
1	vuelvo	volvía	volveré
2	vuelves	volvías	volverás
3	vuelve	volvía	volverá
1	volvemos	volvíamos	volveremos
2	volvéis	volvíais	volveréis
3	vuelven	volvían	volverán

	PASSÉ SIMPLE	**PASSÉ COMPOSÉ**	**PLUS-QUE-PARFAIT**
1	volví	he vuelto	había vuelto
2	volviste	has vuelto	habías vuelto
3	volvió	ha vuelto	había vuelto
1	volvimos	hemos vuelto	habíamos vuelto
2	volvisteis	habéis vuelto	habíais vuelto
3	volvieron	han vuelto	habían vuelto

PASSÉ ANTÉRIEUR
hube vuelto, etc.

FUTUR ANTÉRIEUR
habré vuelto, etc.

CONDITIONNEL

	PRÉSENT	**PASSÉ**
1	volvería	habría vuelto
2	volverías	habrías vuelto
3	volvería	habría vuelto
1	volveríamos	habríamos vuelto
2	volveríais	habríais vuelto
3	volverían	habrían vuelto

IMPÉRATIF

(tú) vuelve
(Vd) vuelva
(nosotros) volvamos
(vosotros) volved
(Vds) vuelvan

SUBJONCTIF

	PRÉSENT	**IMPARFAIT**	**PLUS-QUE-PARFAIT**
1	vuelva	volv-iera/iese	hubiera vuelto
2	vuelvas	volv-ieras/ieses	hubieras vuelto
3	vuelva	volv-iera/iese	hubiera vuelto
1	volvamos	volv-iéramos/iésemos	hubiéramos vuelto
2	volváis	volv-ierais/ieseis	hubierais vuelto
3	vuelvan	volv-ieran/iesen	hubieran vuelto

PASSÉ COMPOSÉ haya vuelto, etc.

INFINITIF

PRÉSENT
volver

PASSÉ
haber vuelto

PARTICIPE

PRÉSENT
volviendo

PASSÉ
vuelto

	PRÉSENT	IMPARFAIT	FUTUR
1	yazgo/yago/yazco	yacía	yaceré
2	yaces	yacías	yacerás
3	yace	yacía	yacerá
1	yacemos	yacíamos	yaceremos
2	yacéis	yacíais	yaceréis
3	yacen	yacían	yacerán

	PASSÉ SIMPLE	PASSÉ COMPOSÉ	PLUS-QUE-PARFAIT
1	yací	he yacido	había yacido
2	yaciste	has yacido	habías yacido
3	yació	ha yacido	había yacido
1	yacimos	hemos yacido	habíamos yacido
2	yacisteis	habéis yacido	habíais yacido
3	yacieron	han yacido	habían yacido

PASSÉ ANTÉRIEUR
hube yacido, etc.

FUTUR ANTÉRIEUR
habré yacido, etc.

CONDITIONNEL

	PRÉSENT	PASSÉ
1	yacería	habría yacido
2	yacerías	habrías yacido
3	yacería	habría yacido
1	yaceríamos	habríamos yacido
2	yaceríais	habríais yacido
3	yacerían	habrían yacido

IMPÉRATIF

(tú) yace
(Vd) yazga
(nosotros) yazgamos
(vosotros) yaced
(Vds) yazgan

SUBJONCTIF

	PRÉSENT	IMPARFAIT	PLUS-QUE-PARFAIT
1	yazga	yac-iera/iese	hubiera yacido
2	yazgas	yac-ieras/ieses	hubieras yacido
3	yazga	yac-iera/iese	hubiera yacido
1	yazgamos	yac-iéramos/iésemos	hubiéramos yacido
2	yazgáis	yac-ierais/ieseis	hubierais yacido
3	yazgan	yac-ieran/iesen	hubieran yacido

PASSÉ COMPOSÉ haya yacido, etc.

INFINITIF

PRÉSENT
yacer

PASSÉ
haber yacido

PARTICIPE

PRÉSENT
yaciendo

PASSÉ
yacido

N.B.

Au subjonctif présent, on trouve aussi les formes suivantes : yazca/yaga, etc.

ZURCIR

212 *raccommoder*

	PRÉSENT	IMPARFAIT	FUTUR
1	zurzo	zurcía	zurciré
2	zurces	zurcías	zurcirás
3	zurce	zurcía	zurcirá
1	zurcimos	zurcíamos	zurciremos
2	zurcís	zurcíais	zurciréis
3	zurcen	zurcían	zurcirán
	PASSÉ SIMPLE	**PASSÉ COMPOSÉ**	**PLUS-QUE-PARFAIT**
1	zurcí	he zurcido	había zurcido
2	zurciste	has zurcido	habías zurcido
3	zurció	ha zurcido	había zurcido
1	zurcimos	hemos zurcido	habíamos zurcido
2	zurcisteis	habéis zurcido	habíais zurcido
3	zurcieron	han zurcido	habían zurcido
	PASSÉ ANTÉRIEUR		**FUTUR ANTÉRIEUR**
	hube zurcido, etc.		habré zurcido, etc.

CONDITIONNEL / *IMPÉRATIF*

	PRÉSENT	PASSÉ	IMPÉRATIF
1	zurciría	habría zurcido	
2	zurcirías	habrías zurcido	(tú) zurce
3	zurciría	habría zurcido	(Vd) zurza
1	zurciríamos	habríamos zurcido	(nosotros) zurzamos
2	zurciríais	habríais zurcido	(vosotros) zurcid
3	zurcirían	habrían zurcido	(Vds) zurzan

SUBJONCTIF

	PRÉSENT	IMPARFAIT	PLUS-QUE-PARFAIT
1	zurza	zurc-iera/iese	hubiera zurcido
2	zurzas	zurc-ieras/ieses	hubieras zurcido
3	zurza	zurc-iera/iese	hubiera zurcido
1	zurzamos	zurc-iéramos/iésemos	hubiéramos zurcido
2	zurzáis	zurc-ierais/ieseis	hubierais zurcido
3	zurzan	zurc-ieran/iesen	hubieran zurcido

PASSÉ COMPOSÉ haya zurcido, etc.

INFINITIF / *PARTICIPE*

INFINITIF	PARTICIPE
PRÉSENT	**PRÉSENT**
zurcir	zurciendo
PASSÉ	**PASSÉ**
haber zurcido	zurcido

INDEX

Les verbes dont on a donné la conjugaison dans les tableaux précédents peuvent être utilisés comme modèles pour la conjugaison d'autres verbes espagnols que vous trouverez dans cet index. Le chiffre qui suit chaque verbe correspond au numéro du **tableau de conjugaison** auquel il se réfère.

Cet index comporte aussi les formes les plus courantes des verbes irréguliers. Chacune d'elles est suivie de son infinitif.

On renvoie à un verbe modèle pour tous les verbes de cet index à chaque fois que cela est possible. Ainsi, la plupart des verbes réfléchis auront pour modèle un verbe réfléchi. Cependant, si ce verbe modèle n'est pas réfléchi, il suffit de lui ajouter un pronom réfléchi.

Les verbes en bleu sont les verbes donnés comme modèles.

Le verbe suivi d'un a entre parenthèses (a), à la différence du verbe modèle, perd le i non accentué après ñ, aux troisièmes personnes du singulier et du pluriel au passé simple, ainsi qu'au subjonctif imparfait.

Le verbe suivi d'un b entre parenthèses (b), à la différence du verbe modèle, a un ú accentué comme le verbe 164.

A

D

E

G

H

Y

Z